Dawa Dzöcen

Das kommende Paradies

Unser Weg zur Kosmischen Evolution

**Das Problem des Zwölf-Elf und das
Ende der galaktischen Fahnenstange**

Eine Zivilisation bekundet in ihren Medien den Willen zur „Eroberung z.B. des Mars" oder gar „Kolonisierung und Eroberung des Weltraums, nachdem sie ihren „eigenen" Planeten regelrecht liquidierte. Mutwillige Zerstörung ganzer Planeten nebst ihrer Monde trotz mehrmaliger Verwarnungen. Gefährdung des Fortbestandes eines ganzen Sonnensystems. Potentielle Provokation eines Schwarzen Loches, ergo zwangsläufige Zerstörung zumindest von Teilbereichen dieser Galaxie. Teufeleien über Teufeleien, so dass am Ende nur noch mehr schlecht als recht geflickte Seelen diesen Planeten verlassen und sämtliche Nachschulhäuser wegen Überfüllung die Pforten dicht gemacht haben. Da hört sich der Spaß auf. Deswegen wird diesem Treiben ein Ende bereitet – daher sind Fristen gesetzt, die bereits begonnen haben. (Halle der Urkunden, Dr. Pastor)

Impressum

Autorin: Dawa Dzöcen
Lektorat: G.Michael V. & Hanne B.
Bilder: Dawa Dzöcen
Layout:..   Werner Lederer

2.Auflage 2015

Herstellung und Verlag:
BoD - Books on Demand, Norderstedt

ISBN 978-3-8370-6121-5

Das Problem: Am 30.11.2726 v. Chr. sprengten die Bewohner ihre Erde Mallona, sein Überbleibsel sind die Asteroiden. An diesem Tag stand der Mond in den Fischen, Jupiter im Steinbock, Saturn im Schützen und Mars neben Mallona im Krebs.
Damals war Schütze das 11.,Steinbock das 12. und Krebs das 6. Zeichen. Übrigens hieß dieses Sternbild in Babylon auch „Tor der Menschheit". Saturn stand mit Merkur am 30.11.2726 v. Chr. im Schützen und zeigte somit zum Zentrum unserer Galaxie. Daher Saturn als Wappen Michaels, einem Führer gemäß dem Willen des Einen.
Versetzt euch geistig um 4700 Jahre zurück in einen Priester-Astronomen jener Zeit, als er sah, wie der rote Kriegsplanet neben dem prächtigen Planeten stand, als er erlosch.
Dies ist die Lösung aller Sagen und Berichte über Tiamat usw. Und wenige Zeit später fielen die Riesenleichen von Mallona auf das Land der Ägypter (es wurde ein bisserl nachgeholfen!) Sie mussten die Leichen nach etlichen Jahren ängstlichen Bewachens zersägen und stückweise verbrennen.
20 Meter große Kolosse, kaum verweslich wegen der anderen materiellen Verhältnisse dieses Erdplaneten, der zehnmal größer als unsere Erde war. Der zweite Erdplanet in unserem System, wie unsere Erde vor Trillionen Jahren ausgeboren als Komet aus der Urzentralsonne Regulus, der Urka und Zentralsonne dieses lokalen Universums. So schnell geht's. Da schaut man aus dem All herab auf so ein Juwel und sieht mit bloßem Auge nur die verwaschenen Konturen seiner Kontinente und Ozeane, während auf seiner Oberfläche die Bewohner wie bösartige Infusorien es fertig bringen, ihn zu sprengen. All dies aus Habgier, Herrschsucht und einer besonderen Ideologie von Weltordnung. (Schöpfungs-Geheimnisse von Mayerhofer, der das Werk Lorbers nach dessen Tod fortführte).

Das kommende Paradies

Unser Weg zur Kosmischen Evolution

Jede Geschichte hat ein Ende
Die bisherige Geschichte der Erde geht jetzt ihrem Ende zu

Dr. Pastor: „Halle der Urkunden" schreibt:
Dem Drachen wurden die Flügel gestuzt (Sprengung des Planeten Mallona am 30.11.2726 v. Chr. – die Sündflut auf der Erde ca um 2500 v. Chr.), und dem Drachen werden wieder die Flügel gestuzt - heute in der Zeit nach der 101. großen Konjunktion Jupiter-Saturn durch eine verheerende Großkatastrophe, die dem Planeten seine Selbsterneuerung ermöglicht.
Der 22. Juli ist der letzte Tag des Krebses. Die eigentliche Katastrophe wird dazu führen, dass durch die dann waltenden Kräfte auch die unter normalen Verhältissen unsterblichen feinstofflichen Seelenkörper in ihre Ausgangspartikel zerlegt werden. Diese Menschen könnnen nicht wiedergeboren werden, sondern sie müssen ganz von unten durch das Pflanzen- und Tierreich hindurch die Leiter über Millionen von Jahren hinweg von neuem erklimmen. Dieses ist der zweite Tod.
Sure 101 gehört zum 30. Teil des Koran. Sie heißt „Das Verhängnis" – „Die Katastrophe" – „ein verheerendes Feuer". Sie meint damit die Großkatastrophe in der Zeit nach der 101. Konjunktion Jupiter-Saturn seit der Geburt des Täufers vor 2000 Jahren. Das Datum 13.8.2000 bedeutet: 13=wenn es den Menschen 12 Uhr geschlagen hat, befinden sie sich in der 13 Stunde. 8= die Sonne. Es ist das „Leuchtphänomen" in der Atmosphäre, ähnlich „zwei zusammenprallenden Sternen", welches Conchita (Hauptseherin aus Garabandal) ankündigte. Die menschen gemachte Apokalypse wäre schon vorbei, hätte das Himmelsheer sie nicht durch verschiedene Maßnahmen schon seit längerem verzögert.

**Selig ist der Mensch, der den Nächsten
in einer Unzulänglichkeit
genau so erträgt, wie er von ihm
ertragen werden möchte.**

Franz von Assisi

Widmung

Das Buch widme ich dem höchsten Schöpfer und Erschaffer aller Welten und den weiteren Göttern, die als Erschaffer in allen Welten tätig waren und noch immer tätig sind.

Dann widme ich das Buch allen Ur-Ur Vätern dieser Menschheit – dem Erzengel Michael, dem Vater Bhagavan Sri Sathya Sai Baba Varu und allen anderen, die sich unermüdlich bemühten, diesen Planeten in der Entwicklung weiter voranzutreiben.

Außerdem möchte ich besonders der Konföderation unserer Milchstraße, Ashtar Sheran , Orthon, den Brüdern vom Om – On System, auch Psychianer genannt, und allen anderen Brüdern und Schwestern, die zur Zeit im Einsatz für die Erde tätig sind, mein Buch widmen.

Ebenso widme ich mein Buch den Brüdern und den Schwestern, die Ihre Erdenmission zu früh beenden mussten, weil sie durch Verfolgung ums Leben kamen.

Dann widme ich mein Buch meinen lieben Erdengeschwistern, meiner Erdenmutter,dem Mineral-, Pflanzen-, Tierreich-, und allen lieben Elementarwesen, die zur Zeit genauso krank sind und leiden wie diese Menschheit.

DANKSAGUNG

Mein Dank gilt allen Helfern, die bei der Herstellung des Buches mitgeholfen haben: Meinem Mann G.M.V.sowie meiner Freundin Hanne. B. danke ich von ganzem Herzen für das Lektorieren des Buches. Meinem Lehrer. Werner L. danke ich besonders für die Bildergestaltung und.Layout. D.S. danke ich für Ihre Hilfe, da sie mir ihren Computer und Drucker zur Verfügung stellte.

Inhaltsverzeichnis

Kapitel I – Einführung

Kapitel II – Unsere Helfer

Kapitel III – Der Kosmos und wir

Kapitel IV – Die biblische Endzeit ist jetzt

Kapitel V – Das Wirken der Lichtkräfte

Kapitel VI – Kosmische Telepathie

Kapitel VII – Belehrungen von Jesus Christus, Herrn und Führenden Geist dieser Galaxie

Dr. Pastor schrieb:
Zitat aus Gr. Ev. Joh. 10/156, ff „Über das letzte Gericht"
Das römische Wort "Taurus" entstammt dem urägyptischen T A OUR SAT oder TI A OUR SAT= des Stieres Zeit. Ich ergänze: das Wort „Saturn" hat darin sein Wurzel. Es leitet sich ab von SAT OUR ON=ON (er) OUR (Zeit) SAT...Ihr lebt in der Zeit, wo einer sich erhebt, der das ZEICHEN DES SATURN VERKÖRPERT. Denn die 101. Große Konjunktion dieses Jahres von Jupiter - Saturn (1999) lag im Sternbild Stier. Dort liegen auch die beiden bekannten Sternhaufen Plejaden und Hyaden. Diese bilden das „Goldene Tor der Ekliptik", durch welches die Sonne im Jahresverlauf hindurchzieht.
„April" oder das lateinische „Aprilis" leitet sich ab von A (der Stier) UPERI (tue auf) LIZ oder LIZU (das Gesicht), also:

STIER, ÖFFNE DAS TOR! DAS TOR ZUR HERDE!

Selbst wenn ihr alles bisher und im folgenden Gesagte vergesst, diesen Satz sollt ihr euch mit glühenden Lettern in die Seelen einbrennen! Denn der Tag, an dem das Tor zur Weide geöffnet wurde, war der 23.Juli 1997, der erste Tag des Löwen. Der Elias und sein Herr öffnet das Tor hinaus zu den STERNEN.

Wer bin ich?   -   zur Person   -   Biographie

Ich bin eine kleine Flamme
die flimmert…
und möchte immer größer werden
um die Welt zu erwärmen.

Ich bin ein Tropfen im Ozean des Wissens
der Dich berührt
um Dich mitzunehmen
ins Reich das jenseits
der weltlichen Stürme liegt.

Es ist ein Reich
des ewigen Friedens
der ewigen Glückseligkeit
und der Liebe
für Dich und alles Seiende.

Vergiß mich nicht
denn ich gehe mit Dir
wenn Du mir folgen möchtest
bis in alle Ewigkeit,
denn wir sind EINS.

Meine Begegnungen mit anderen Welten begannen im Alter von ca 8 Jahren, als ich eine kleine Hirtin war und meine Kühe auf einsamen Waldwiesen hütete. Damals kam mir ein Buch über die Schutzengel in die Hände. Die Gebete zu Ihnen begann ich regelmäßig zu beten. In dieser Zeit hatte ich viel Angst von Erwachsenen und versuchte mich immer im Wald zu verstecken. Der Glaube an meinen persönlichen Schutzengel milderte diese Angst.
Ich bin in Croatien bei Zagreb, geboren. Meine Kindheit verbrachte ich jeden vormittag mit den Kühen und nachmittags hatte ich Schulunterricht. Das Leben zu Hause war schön und für die damaligen Nachkriegverhältnisse harmonisch. Nach der Volksschule ging ich auf die Betriebswirtschaftschule, die ich mit Abiturexamen 1965 beenden durfte. Danach begann ich in Zagreb Ökonomie studieren. Dieses Studium muße ich wegen materieller Problemen frühzeitig abbrechen. Im Jahr 1968, ging ich nach Deutschland, um Geld zu verdienen, da ich zu hause in Croatien keine Arbeit bekam. 1971 kam ich zur Noris Bank und durfte dort als Bankangestellte in meinem gelernten Beruf arbeiten. Gleichzeitig begegnete ich einer damals berühmten Malerin, einer Schülerin des berühmten Naiven Generalic, Marija Matina Imbriovcan. Ich sah ihre wunderschönen naiven Hinterglasbilder und begann selbst zu malen. 1974 nach der Entdeckung durch die Nürnberger Nachrichten folgte die erste Austellung meiner naiven Hinterglasbilder in der Mauthalle Nürnberg.
Meine Bilder waren die Bilder meiner Seele. Ich malte aus innen heraus und holte meine Kindheit und meine Heimat durch meine Bilder zu mir zurück. Es folgten viele Austellungen und die Presse lobte meine Bilder mit Titeln wie: „Die vollendete naive Harmonie" usw. Am 28.April 1978, beim „Großen Preis" des ZDF, gehörte mein Bild mit dem Titel „Mein Freund" von 15000 eingesandten Bildern zu den sechs besten.

Nach 15 Jahren, als ich das Heimweh überwunden hatte, begann ich deutsche Städte zu malen. Die Bilder waren sehr harmonisch in den Farben und nicht so bunt wie meine naiven Bilder.

Etwas später begann ich mich der Seidenmalerei zu widmen. Meine Kleidungsentwürfe, Landschaften, Seidenkissen, Seidenlampen, Aquarelle waren begehrte Kunstobjekte. Die Firma Prandell – eine Herstellerfirma für Seidenmalfarben – brachte einen kleinen farbigen Katalog als Anleitung für Seidenmalerei fast auschliesslich mit meinen Werken heraus. Nach 12 Jahren gab ich mein Beruf als Bankangestellte auf, um als freischaffende Künstlerin arbeiten zu können. In dieser Zeit lernte ich meinen zweiten Mann kennen. Ich war 38 Jahre alt und hoffte auf eine positive Zukunft.

Mein Leben änderte sich schlagartig als ich zum erstenmal nach Thailand reiste. Mir war klar, daß ich hier schon früher gelebt habe. Ich wollte das Land nicht verlassen und weinte im Flugzeug, weil ich nach Deutschland zurückkehrte.

Kurz nach meinem Rückkehr aus Thailand, begann ich die Ausbildungen in der esoterischen Psychologie bei Thorwald Dethlefsen. Gleichzeitig machte ich Ausbildungen als Reinkarnations - Lehrerin in der Akademie von H. Kritzinger. Meine Fähigkeiten und meine Ausdauer in meine früheren Leben einzusteigen und diese zu erforschen waren enorm und ich erforschte meine Vergangenheit manchmal bis zu 8 Studen täglich. Durch diese fleißigen Übungen konnte ich mir einen sehr guten Kontakt zu meinem geistigen Führer Aaron erarbeiten. Bei Herrn Thorwald Dethlefsen lernte ich die westliche esoterische Psychologie, die Mysterien des Grals, der Genesis und des Johannes-Evangeliums esoterisch zu verstehen und mich mit der tiefen Symbolik dieser höheren Wahrheiten auseinanderzusetzen.

In dieser Zeit begann ich regelmäßig und lange zu meditieren. Die Visionen während meiner Meditationen waren klar und deutlich. Sie zeigten mir das ich am richtigen Weg bin. Ich studierte Kabbala, Tantra und Hermetik, fast alles gleichzeitig. Für Malen hatte ich keine Zeit mehr und es interessierte mich auch nicht. Ich wollte nur eines – alles über die Wahrheit wissen. Ich betete zu Gott, mich zur Wahrheit zu führen und mich über meine Person, unseren Planeten Erde und meine Zukunft aufzuklären.

Im Nyingma-Zentrum La Bicanderie in Süd-Frankreich bekam ich von Lama Khetsün Sangpo Rinpoche eine Einweihung in die Praxis des Tantra. Dies war nötig, damit mir die Beschützer des Dharma (Lehre) keine Probleme machen.

Die tantrischen Übungen verband ich gleichzeitig mit Übungen der Alchemie, um schneller in meiner Entwicklung voranzukommen.

Mein geistiger Führer Meister Aaron half mir eine psychologische Arbeitsmethode zur Erforschung des Unbewussten, die zur tiefsten Selbsterkenntnis führt, nach ältesten Säulen der alchemistischen Schulen zu entwickeln. Diese Art der Selbsterkenntnis hilft, unbewusste seelisch - geistige Konflikte, Ängste und schwierige Charaktereigenschaften zu erkennen. Erst dann ist durch gezielte Meditation und geistig - seelische Schulung die Herstellung des Gleichgewichts möglich.

Mein Lehrer, Meister Aaron, sagte mir, daß ich eine Schule gründen soll, da die Erde und Menschen Hilfe benötigen. Er erklärte mir meine Fähigkeiten und überzeugte mich, daß dies unbedingt notwendig sei. Ich hatte damals Angst und fühlte mich für die Aufgabe nicht fähig. Ich soll auch Vorträge halten, meinte mein Lehrer. Ich hatte Panik, vor Menschenmassen zu sprechen. Mein Lehrer erklärte mir einige Visualisierungsmethoden, damit ich diese Angst überwinde. Meinen ersten Vortrag hielte ich dann bei einem esoterischen Kongress in Saarbrücken.

Danach ging alles sehr schnell vorwärts. Mit meinem Mann schrieb ich das erste Buch über die Lehren die zur Befreiung von Wiedergeburt führen. Die Gründung der Mysterienschule für alchemistische Lehren war Beginn meiner öffentlichen Arbeit.

Eines Tages bat mich mein Lehrer Meister Aaron, die Zukunft anzuschauen. Ich wollte nicht, da ich während meiner Schulungen einmal in die Zukunft geführt worden bin und ein schreckliches Zukunftsszenario erlebte, das sich auf unserer Erde abspielte. Mein Lehrer ließ nicht locker. Um Kraft zu tanken für diese Zukunftsschau, flog ich zuvor noch einmal nach Thailand. Danach kam ich zurück und begann die Zukunfts – Erforschung. Eine Woche lang habe ich die Zukunft der Erde erforscht. Danach habe ich 3 Monate geweint, um diese Erlebnisse zu verarbeiten.

Der nächste Auftrag war, in meinen Ausbildungen die Zukunfts – Erforschung einzubauen und Zukunfts – Seminare anzubieten. Mein erstes Zukunfts – Seminar ließ ich auf Video aufnehmen. Ich werde nie vergessen, wie manche Seminarteilnehmer nach diesem Seminar verstört waren. Sie erlebten die jetzigen und kommenden Natur- und andere Katastrophen auf unserem Planeten. Wir waren wegen dieser Erreignisse alle traurig. Aber es gab auch etwas Wunderschönes. Ich führte meine Seminarteilnehmer auf eine Reise in andere Sonnensysteme. Viele von ihnen erlebten wuderschöne Welten und sahen Wesenheiten, die uns weit voraus in der Entwicklung waren. Wir wussten also, daß die andere Welten bevölkert sind.

Kurz danach kam für mich die Zeit mit anderen Welten zu kommunizieren Die Telepathie war für mich kein Problem, da ich mit meinem geistigen Führer Meister Aaron sehr gut kommunizieren konnte. Besser als mit manchen Menschen um mich herum. Das wichtigste bei dieser Arbeit war, daß ich lernte mich zu schützen, damit nicht „falsche Wesenheiten" mit mir ihren „Spass" treiben konnten. Die medialen Arbeitsunterlagen von der Gruppe „Brücke zur Freiheit" aus Berlin haben mir dabei sehr geholfen, wie auch Seminarbesuche bei der Gruppe „Metaria" in Eckernförde. Heute weiß ich, daß diese Arbeit die Vorbereitung für meine jetztige Aufgabe war.

Danach arbeitete ich sehr viel in Deutschland. Mein zweites Buch über Symbolsprache und Botschaften der Seele in der Malerei, Traum, geführter Meditation (Erforschung des Unbewussten durch Reinkarnation, Aurareinigung usw.) erschien sehr bald danach. In diesem Buch sind alle meine Erfahrungen während meiner praktischen Arbeit mit Menschen niedergeschrieben. Mit meinem Lehrer Aaron entwickelte ich Methoden, die zur Selbsterkenntnis führen, denn es heißt: "Andere zu erkennen ist Weisheit, sich selbst zu erkennen ist Erleuchtung".

Als ich die kosmische Telepathie zu praktizieren begann, meldeten sich viele Meister, Lehrer und Raumwesen. Hierfür müsste ich noch ein Buch schreiben, was mir meine Zeit nicht erlaubt. Ich lernte Meister Kuthumi, Hilarion, Christus, Morya, Komandanten der Raumflotte wie Ashtar Sheran und viele andere kennen. Vor allem aber hatte die Raumflotte mit mir etwas vor. Ich wachte oft sehr früh (um ca. 3 Uhr nachts auf) hörte noch das letzte Summen eines Raumschifs und sah es als kleinen runden Teller davon fliegen. Meistens danach war ich traurig. Als ich noch in der Fränkischen Schweiz lebte hatte ich ein Jahr ganz großes Heimweh, immer wenn ich ein Flugobjekt sah.
Bei vielen esoterischen Messen war ich in Deutschland Vortragsgast. Themen meiner Workshops waren:"Kontakt zur Geistigen Führung – eine Einweihung", dann

die „Kosmische Telepathie" oder „Kontakt mit Engeln und anderen Welten". Meistens waren ein paar Mitglieder meiner Schule dabei. In München hatte ich einmal einen Wochenend Workshop mit meinen „Medien": "Die Einweihung zur geistigen Führung". Der Workshop war angemeldet und auf den Messeprospekten gedruckt. Es fehlte nur eines: meine Medien waren alle krank und konnten nicht kommen. Ich war in große Sorge, da ich nicht wusste, was ich jetzt tun soll. Am Abend vor meinem Workshop meditierte ich mit meiner gestigen Führung. Mein Lehrer Aaron teilte mir folgendes mit:" Sorge dich nicht, es ist alles sehr einfach. Du gehst morgen früh in deinen Vortragsraum. Du nimmst dein Musikgerät, einige Kerzen und Räucherstäbchen mit. Wenn du in den Raum kommst ,erklärst du den Menschen, daß deine Medien leider krank sind und nicht kommen konnten. Du sollst folgende Frage stellen:"Wieviele Medien sind in diesem Raum?" Dann fragst du, ob jemand an Gott nicht glaubt. Derjeniege sollte dann den Raum verlassen. Du machst deine Musik, lässt dir helfen, indem die Teilnehmer die Räuscherstäbchen und Kerzen anzünden. Dann lasse die Zettel mit dem Lied „Großer Gott wir loben Dich" verteilen. Am nächsten Tag kam ich mit meinen Kerzen, Musik-Gerät und Räucherstäbchen in den überfüllten Workshop – Raum. Die Menschen mussten am Boden sitzen, da es keine Sitzplätze mehr auf den Stühlen gab. Ich erklärte, daß meine Medien krank sind und fragte, ob jemand da ist und an Gott nicht glaubt. Ein Mann meldete sich. Ich bat ihn den Raum zu verlassen. Danach fragte ich, wie viele Medien sind im Raum. Es meldeten sich mindestens 10 Personen. Danach zündeten wir die Räucherstäbchen und Kerzen an. Wir verteilten den Liedtext und sangen. Dadurch erhöten wir die Schwingung, die für diese Arbeit notwendig war. Unsere Meditation, die danach erfolgte war ein voller Erfolg. Viele in den Raum hatten Kontakt zu ihrer geistigen Führung und waren sehr glücklich.
Durch diese Erfahrung lernte ich mich voll auf meine geistige Führung zu verlassen und arbeitete seit diese Zeit ohne meine „Medien".

Meine Erlebnisse mit Engeln

Ich hatte mit Engeln einige außergewöhnliche Erlebnisse. In Thailand fuhr ich mit einem Motorradfahrer in die Stadt. Bei der Rückfahrt machten wir Kaffeepause in einem Lokal. Ich fühlte eindringlich, daß ich mit den Motorrad nicht weiter fahren soll. Aus diesem Grund fuhr ich mit einem Sammeltaxi zurück in die Bungalowanlage. Am nächsten Morgen beim Früstücken sah ich den Motorradfahrer nicht. Er war die ganze Nacht nicht zurückgekommen. Erst beim Mittagessen in unserer Anlage kam er zurück und erzählte mir, daß sein Motorrad in den Bergen eine Panne hatte und er das Motorad über die Berge schieben mußte, bis ihn am frühen Morgen Leute sahen und sein Motorrad zur Reparatur fuhren.

Ein anderes mal (auch in Thailand) war ich in einer Hoteanlage auf der Insel Koh Samui im Urlaub mit meinem Mann. Am ersten Tag unseres Urlaubs ging mein Mann schwimmen. Ich bat ihn, seine Brille bei mir am Strand zu lassen, da das Wasser aufgewüllt war. Als er aus dem Wasser zurück kam, war er ohne seine Brille, die er im Meer verloren hatte. Ich war recht wütend, da Koh Samui 1000 km von Bangkok entfernt ist und nur in der Stadt hätten wir neue Brille machen lassen können. Danach begab ich mich in Meditation und bekam folgende Unterweisung: " Hier fließt ein kleiner Fluß in das Meer hinein. Um Mitternacht bei Vollmond gehe an diese Stelle, um die Brille zu suchen, denn das Meer wird sich durch die Ebbe zurückziehen". Ich war nicht so überzeugt und wartete ab. Am Abend als sich das Meer zurück zog, hat mein Mann mit einigen Hotelwächtern mit großen Lampen seine Brille am Strand gesucht. Sie fanden nichts. Um Mitternacht ging ich an die Stelle, wo der Fluß in das Meer fließt. Das Wasser hat kaum den Sand bedeckt so

klein war der Fluß. Ich sah im Sand ein goldenes Teilchen von etwas. Das war der Seitenbügel von der Brille meines Mannes. Die Brille war unbeschädigt als ich sie aus dem Sand herauszog.
Ein paar Tage danach fuhren wir zur Insel Koh Pangan. Dort vebrachten wir den Rest unseres Urlaubs. Als wir nach Europa zurück mussten, fuhren wir zuerst nach Koh Samui, um in unserem Hotel noch einmal zu übernachten, da wir die Reise nach Bangkok mit einem Zug fortsetzen mussten. Als wir in das Hotel auf Koh Samui ankamen, schüttelte sich die Managerin des Hotels vor Lachen, was für Thailänder außergewöhnlich ist. Wir waren überrascht und fragten sie, warum sie lacht. Sie teilte uns folgendes mit:" Alle Hotelzimmer (ca. 400 Zimmer und zahlreiche Bungalows) sind voll, da die Chinesen das Neujahrfest feiern; nur ein einziger Bungalow ist frei, nämlich unserer, den wir vor 3 Wochen verließen. Wir lachten dann auch, aber ich wusste, daß hier ganz andere Helfer für uns sorgten, nämlich die Engel.
Ich liebe die Engel seit meiner Kindheit und vertraue auf sie. Immer halfen sie mir in Not und führten mich auf den richtigen Lichtweg, damit ich nicht versage.

Gesundheitlicher Zusammenbruch durch Amalgam und....

1995 erlitt ich einen schweren körperlichen Zusammenbruch. Nach einigen Wochen zahnärztlicher Behandlungen, wie Entfernen von Amalgam und Überkronung der Zähne mit Metallen, brach ich zu Hause zusammen und wachte im Krankenhaus auf. Die Ärzte vermuteten einen Herzinfarkt, aber dies bestätigte sich nicht. Sie wussten nicht, was ich habe. Mein gesundheitlichter Zustand verschlechterte sich von Tag zu Tag. Ich arbeitete zwar, aber ich war sehr schwach und bekam überall körperliche Schmerzen. Wir mussten unser Haus verkaufen, da ich nicht mehr im Haus und Garten arbeiten konnte. Im Jahr1996 zogen wir in eine andere Wohnung. Daraufhin ging es mir körperlich noch viel schlechter. In dieser Zeit suchte ich überall Hilfe. Ich war bei Ärzten und geistigen Heilern, aber nichts half mir. Eine Ärztin der Naturheilkunde sagte mir, daß es für mich gut wäre, in tropischen Ländern zu überwintern, da würde ich durch das warme Klima die Schmerzen besser ertragen können.
Im gleichen Winter ging ich in die Karibik in die Dominikanische Republik, um bis zum Frühjahr dort zu bleiben. Sofort nach meiner Ankunft, am zweiten Tag traf ich eine Frau, die mich zum Besitzer einer Villa brachte, der ein kleines Appartment im Erdgeschoß zu vermieten hatte. Ich mietete es für mehrere Jahre. Der Hausbesitzer, ein Deutscher, Gärtner von Beruf, hatte einen wunderschönen Garten mit vielen Blumen, Rasen, Fruchtbäumen und einen großen Schwimmingpool. Ich war in dieser Zeit sehr einsam und traurig, da ich alleine war. Mein Mann mußte arbeiten.
An einem Nachmittag ging ich in den Schwimmingpool zum Schwimmen. Nach einiger Zeit erholte ich mich stehend im Pool. Ich weinte und schaute zum Himmel. Da bewegten sich auf einmal die Wolken und bildeten am Himmel eine große Engelsgestalt. Ich war verblüfft und fragte telepatisch: "Wer bist Du?" Der Engel antwortete: „ Ich bin ein Elohim und möchte dir etwas mitteilen: Erdenkind hab Mut, es wird aller wieder gut." Ich bedankte mich und kurz darauf löste sich die große Engelsgestalt auf.
In der Karibik konnte ich im Winter mit den dort lebenden Deutschen arbeiten. Das war für mich ein großer Trost. Im Higüey war eine große Gruppe, alles Dominikaner, die Kontakte mit dem Ashtar – Command hatten. Wir haben abends gemeinsam am Dach eines Hauses meditiert. Das war für uns alle unvergesslich schön. Wir ließen uns T-Shirts mit der Aufschrift COMMANDO ASHTAR – PROJEKT

TIERRA – „Mysterien Schule Germany" + Rep. Dom. herstellen. Ich lernte dort in Santo Domingo, in der Hauptstadt der Dom. Rep., viele spirituelle Menschen kennen. Ich wurde zur eine Frau geführt, in deren Haus sich auf einem Bild, das Bhagawan Sri Sathya Sai Baba darstellt, ständig heilige Asche–Vibhuti-materialisiert. Ein sehr netter Familienvater erzählte uns, daß er sich an sein Leben als Juda, der Christus veraten hat, erinnert. Heute führt er eine spirituelle Gruppe und bemüht sich als Lichtarbeiter alle Gruppen zusammen zu führen. In der Dom. Rep. lernte ich viele Anhänger von Bhagawan Sri Satya Sai Baba kennen. Viele von ihnen sind auch von Meistern wie Saint Germain, Morya, Kuthumi und anderen telepathisch kontaktiert worden. Diese Menschen, die einen für unsere Verhältnisse schweren Überlebenskampf wegen ihrer Armut haben, sind wundervolle Brüder und Schwestern, die alles was sie besitzen mit uns teilten.
In der Dom. Rep. lernte ich außerdem eine Frau, die in einem früheren Leben meine jüngere Schwester sowie eine Nonne in meinem Kloster war, kennen. Wir sind bis heute sehr miteinander verbunden. Zwei ihre Kinder aus den damaligen Leben sind auch heute wieder ihre leiblichen Kinder. Sie sind sehr mit mir verbunden, weil ich damals ihre Tante war.

Als ich im Frühjahr 1997 nach Deutschland zurückkehrte, ging es mir bald gesundheitlich wieder schlechter. In diesem Jahr hatte ich wieder ein Ausbildungsseminar. Da ich meine Arbeit sehr liebte, habe ich das Seminar gehalten. Ich versuchte weiterhin den Grund meiner Erkrankung zu finden, aber umsonst. In diesem Jahr verbrachte ich den Winter wieder in der Karibik. Dort konnte ich durch das warme Klima die körperlichen Schmerzen leichter ertragen. Im nächsten Frühjahr kehrte ich wieder nach Deutschland zurück.
1997 war für mich ein sehr wichtiges Jahr. Ich wurde in die Schweiz zu einem großen Kongress, der im Februar stattfand, als Referentin eingeladen. Meine Workshops und Vorträge waren restlos überfüllt. Leider konnte ich bei der Pressekonferenz wenig sagen, da es mir gesundheitlich nicht gut gegangen ist. Ich verlor mein Herz an diese wunderbaren Menschen, die in Zürich immer an meinem Stand waren.
Im gleichen Jahr war auch ein UFO – Kongress in Gütersloh (Deutschland). Der Ventla Verlag, der speziell die Bücher von UFO – Kontaktlern veröffentlicht und seit Jahrzenten in Deutschland besteht, hat diesen Kongress organisiert. Als Referenten waren sehr wichtige Leute dabei: Omnec Onec von der Venus, Howard Menger vom Saturn mit seiner Ehefrau, die von der Venus stammt, dann Major Hans Petersen aus Dänemark, der über Manipulationen der Illuminaten und über die Entführungen sprach. Für uns alle waren die Belehrungen der Brüder vom OMM – ONN System, Psychianer, die vom UFO – Kontaktler Oscar Magosci aus Kanada vorgetragen wurden, die wichtigsten. Wir wurden darüber belehrt, daß bei einer Evakuierung der Erdbevökerung auch eine negative Flotte von Flugobjekten erscheinen wird und daß wir dann die Energien, die die Raumschiffe ausstrahlen unterscheiden müssen. Wenn wir Angst und Agression im Hals- und Herzchakra fühlen, sollten wir weg-rennen. Die ausstrahlende Energie muß als die der Liebe und Harmonie zu fühlen sein. Während des Kongresses erhielten wir von oberhalb von uns stationierten Raumschiffen Schutz und die besondere Schwingung der Liebe und des Friedens. Wir alle waren überglücklich, dabei sein zu dürfen. Beim Abschied nach zweianhalb Tagen umarmten wir uns alle wie wahre Brüder und Schwestern. Ich glaube, wir alle hatten einen gemeinsamen Wusch: uns wieder hier auf der Erde oder irgendwo im Weltraum zu treffen – und das wird noch kommen. Bei diesem Kongress haben die Brüder der Konföderation, die Psychianer, um unsere Hilfe gebeten. Ich meldete

mich als freiwillige Helferin. Sie sagten, das sie mich beim Wort nehmen würden. Und nun versuche ich mein Versprechen einzulösen.

Kurz nach dem UFO – Kongress in Deutschland hatte ich einen Traum. Es hieß, ich soll nach Puttaparthy kommen. Bisher wusste ich von Bhagavan Sri Sathya Sai Baba durch das Lesen eines Buches mit dem Titel:"Sri Sathya Sai Baba – Ein Wunder?", daß er ein großer vollkommene Meister ist. Da ich die Kabbala von Franz Bardon studierte, wusste ich, daß ein vollkommener Mensch alles materialisieren kann und einiges mehr vollbringen kann wie z. B. Beherrschung der Elemente, gleichzeitig an mehreren Orten erscheinen u.s.w. Eine Woche später flog ich mit meinem Mann nach Puttaparthy. Ich wollte Swami bitten, daß er mich zu den Ursachen meiner Erkrankung führt. Wie dieser Besuch verlief, lesen sie bitte weiter hinten im Kapitel: Meine Begegnung mit dem Geist Gottes. Nun kehren wir, nochmals zu meiner Erkrankung zurück.

Als ich aus Puttaparthy nach Deutschland zurückkehrte, rief mich eine Bekannte zum dritten mal an und bat mich innbrünstig das Buch von Dr. Hulda Regehr Clark:„Heilung ist möglich" doch zu lesen. Diesmal war ich bereit, das Buch zu lesen. Ich glaube Swami hat meinen Geist für weitere Wahrheiten geöffnet.

Dr. Hulda Regehr Clark hat dreifache Dr. Titel. Sie ist Dr. der Biochemie, Dr. der Biophysik und Dr. der Naturheildunde. In ihrem ersten Buch schreibt sie warum wir Menschen auf der Erde erkranken. Sie schreibt daß die Ursachen aller Erkrankungen folgende sind: 1. Metalle in den Zähnen, im Trinkwasser, Nahrung, Straßenverkehr (eingeatmete Metalle),in Medikamenten, Vitaminen usw.

2. Chemikalien in der Nahrung, Kleidung, Wohnung, in Baumateriealien, Möbeln, Autos, Medikamenten, Vitaminen usw.

3. Viren, Bakterien Parasiten und Würmer aller Arten die uns überall umgeben.

In dieser Zeit ging es mir gesundheitlich sehr schlecht. Ich hatte Asthma, Gleichgewichtstörungen, ständige Atemnot, Zittern (Tremor), chronische Müdigkeit, Fibromyalgie, Schmerzen im ganzen Körper und konnte mich nicht mehr konzentrieren. Autofahren und Treppensteigen konnte ich nicht mehr. Dazu hatte ich Lähmungen in den Armen und konnte mich nicht mehr alleine anziehen. Wenn ich früh aus dem Bett aufstehen wollte, fiel ich nach hinten zurück in mein Bett, da meine Beinmuskulatur sehr schwach war. Die Schulmediziner versuchen bei Beschreibung von diesen Symptomen einen Menschen als „eingebildeten Kranken" einzustufen, da in ihren Lehrbüchern diese Krankheitssymptome nicht vorhanden sind.

Durch das Lernen der Biochemie nach den Belehrungen von Dr. Hulda Regehr Clark, begann ich als erstes die Parasiten mit dem Zapper und Kräutern aus meinem Körper zu entfernen. Nach einer Woche Zappen war meine Leber so geschwollen, daß ich mich nicht mehr beugen und nicht essen konnte. Sofort machte ich die erste Leberreinigung nach Dr. Clark. Es kamen eine handvoll Cholesterin-Steine heraus. Dies wiedeholte ich alle zwei Wochen, zwei Jahre lang. Eine 2 Liter Flasche war voll von demm aus meiner Leber ausgeschiedenen Cholesterin-Steinen. Diese habe ich eingefroren.

Gleichzeitig ließen wir unsere gemietete Wohnung auf Schadstoffe untersuchen.Den Befundbericht von der Wohnung nahm ich zu einem Onkologen nach Würzburg mit. In dem Wohnstaub fanden die Ingeniuere PCB, TCCP, Schimmelgifte und einiges mehr. Diese Wohngifte aus Baumaterialien, Tepichböden, usw. waren auch alle in meinem Blut und in meinen Organen.

Wir kündigten fristlos die Wohnung und wohnten vorübergehend in einer Ferienwohnung bis wir eine angemessene gesunde Wohnung fanden. Zähne und Kiefer mußte ich bei einem nach Dr. Clark arbeitenden Zahnarzt von Metallen und

Amalgam befreien. Ich litt an starken Schmerzen, aber ich wusste es geht wieder aufwärts.
Durch die Bücher über Amalgam und Umweltgifte von Dr. Max Daunderer, bekanntester deutsche Toxikologe, erfuhr ich von Selbsthilfegruppen von amalgam- und zahnmetallgeschädigten Menschen. In einer solcher Selbshilfegruppe, die im Gebiet Forchheim – Erlangen die Menschen aufklärte, erfuhr ich, daß sich in Körpertumoren tausende von Microgramm von Quecksilber, andere Metalle, Chemikalien und Parasiten aller Arten befinden. Dr. Andersen, ein Amerikaner, nach dessen Methode ich Darmreinigung durchführe, schrieb in seinem Buch „Clean me Out" daß seine Kollegen Chirurgen im Gehirn schon ausgewachsene Bandwürmer gefunden haben.

Die DMPS-Injektionen, die Schwefelsäuere enthalten, mobilisieren im Blut und anderen Organen das Quecksilber, Metalle, Asbest, Chemikalien und einige andere Umweltgifte. Eine Ärztin in Bamberg gab uns Mitgliedern der Selbsthilfegruppe diese Spritzen, alle 3 Monate oder bei Schwerkranken alle 6 Wochen. Im ersten Jahr nach den DMPS-Injektionen hörten die Lähmungen in meinem Körper auf. Zwei Jahre nach diesen Injektionen, Spezial-Behandlungen von einem Pilz-Spezialisten, Zappen und Kräuter-Kuren sowie dem Entfernen von allen Metallen in den Zähnen wurde ich wieder ein normaler Mensch. Die Schmerzen sind alle verschwunden, da ich ohne alle diese Schadstoffe lebe. Ich lebe so gesund wie möglich. Ich esse vegetarisch, meist ohne Milchprodukte. Meine Wäsche wasche ich mit Borax und Waschsoda. Natürlich muß ich alle Schadstoffe von mir fern halten, da ich das multiple chemical Syndrom, MCS (eine Überempfindlichkeit der Zellen auf alle Chemikalien, Metalle, Autogase und Nahrung mit Pestiziden) habe. Meine Vitamine und Mineralien, die ich einnehmen muß, sind schadstofffrei, da sie von Dr. Clark oder Dr. Rath stammen. Mein Trinkwasser wird gefiltert und ich halte mich so weit wie möglich in gesunden Räumen auf.
Dr. Clark schreibt, daß Krebs als Krankheit gar nicht vorhanden ist. Wenn wir alle Umwelt- Schadstoffe, Metalle, Viren, Bakterien, Parasiten sowie alle Arten von Chemikalien aus dem Körper und Wohnbereich entfernen, werden wir krebsfrei.
Ich hoffe allen Kranken hiermit zu mehr Erkenntnis verholfen zu haben. Deswegen habe ich meine Geschichte geschrieben.
In Liebe für Euch,
Dawa Dzöcen

Wie es zu diesem Buch kam

1997 fand ein UFO-Kongress in Gütersloh statt. Wir hatten wunderschöne 3 Tage mit den Brüdern und Schwestern von anderen Planeten. Da war Omnec Onec von der Venus, Oscar Magosci vom OMM-ONN System, Howard Menger von Saturn mit seiner venusischen Frau Heidi und Tochter Connie. Die Brüder von OMM-ONN System, die Psychianer, suchten Freiwillige als Helfer. Ich meldete mich. Und wie schon erwähnt, sagten sie zu mir, sie werden mich beim Wort nehmen. Ich antwortete: "Es gilt".
Seit 1999 studierte ich die Schriften von Dr. Pastor und allen anderen Lehrern, die über die Situation unserer Erde und uns Erdbewohner schrieben. Ich wollte alles genau wissen und betete viel, um zur Wahrheit geführt zu werden. Danach begann ich alles Gelernte aufzuschreiben, um alles besser verstehen zu lernen. Ab und zu weckten mich die Brüder mit dem Raumschiff, blinkten mich ein paar mal an und verschwanden am Nachthimmel. Jedesmal dachte ich, das sind die Psychianer, sie wollen mich an mein Versprechen erinnern. In den letzten Jahren war ich im

Frühjahr immer in San Sebastian de Garabandal. Im Jahr 2007 fuhr ich mit Amerikanern, die jedes Jahr nach Garabandal kommen, mit dem Autobus nach Lourdes. Ich werde diese heilige Stätte der Christen niemals vergessen. Das war der schönste Ort, den ich jemals erlebt habe. Es ist ein Seelen - Ort, ein Ort der höchsten Schwingung, die man sich als irdischer Mensch vorstellen kann. Dort ist man alle Tage im Glücksgefühl. Durch die vielen Messen, die dort täglich in vielen Weltsprachen gehalten werden und die abendliche Lichterprozession mit Gesang : („Gegrüßt seist du Maria"…)ist dort eine Schwingung der Liebe und des Glücks entstanden, die man wirklich erleben soll. Nach dieser unvergesslichen Reise kam ich nach Hause und sah wieder ein Raumschiff, das mich anblinkte… Ich wusste, wer sie sind und warum sie kommen. Nun dachte ich an mein Versprechen. In diesen Tagen bekam ich wieder einen Traum von Swami…In dem Traum hielt er mich an seiner Hand und lief mit mir durch Menschenmassen, die uns verwundert anschauten…

Am 12. Okt. 2007 flog ich nach Puttaparthi. Am 25.12.07 war ich im Ashram beim großen christlichen Weihnachtsprogramm. Es sang wie immer ein Gemeinschaftschor aus Menschen aller Länder der Welt und danach gaben Swamis Studenten ihr Programm. Danach begannen telepathische Durchgaben wie ich alles Swami schreiben und geben soll. Ich sollte alle Schriften von Dr. Pastor und Kopien von den wichtigen Kornkreisen von 2006 und 2007 einpacken. Das war eine großer Brief und Swami wartete schon darauf. Ab 26. 12. 2007 mußte ich im Computer die Schriften verfassen mit dem Namen:"Belehrungen für die Übergangszeit" und auch Swami geben. Was ich in diesen Belehrungen zu schreiben hatte, erhielt ich durch telepathische Anweisungen. Ich beeilte mich und gab den Brief einem Freund am 31.12.07 um ca 14.00 Uhr. Kurz danach, etwa 1 - 2 Stunden später, nahm Swami den Brief. Ich bekam von den Brüdern nachts Unterweisungen über mein Buch,das ich jetzt schreibe. Sie gaben mir durch, was den Inhalt des Buches betrifft und was für uns Erdenmenschen jetzt wichtig ist. Außerdem beginne ich in Indien ein Ashtar – Command Projekt. Als Kern des Dorfes, das selbstversorgend sein soll, wird eine Pyramide für Schulungen und daneben kleine Bungalows entstehen. Um diese Einheit sollen viele kleine Dorfhäuser entstehen, die Menschen ein friedliches Zusammenleben ermöglichen. Wasser ist an diesem Ort überall vorhanden, da hier überall herum Reisfelder sind.

Die Brüder sagten:" Kern eueres Dorfes sollte natürlich ein Streben nach höherem Wissen sein. Hierfür braucht ihr eine Bibliothek mit ausgesuchten Literatur, die euch wirklich auch weiter bringt. Eine Einweihung in Mysterien und eine Führung zur Selbsterkenntnis können euch nur Menschen, die hierfür geschult geworden sind und die Erfahrung und Wissen haben, anbieten.

Auf eurem Planeten gibt es so viele, wie ihr sagt, Scharlatane, deswegen bitten wir euch, lernt zu unterscheiden. Aber auch hierfür ist ein Wissen notwendig, denn wie soll einer, der noch nicht viel von geistig – seelischen Kräften oder von den Mysterien über Gottes Welten weiß, unterscheiden können? Wir hoffen hiermit, euch einen Anhaltspunkt für einen Beginn gegeben zu haben. Alles liegt in Euren Händen…die Hölle oder der Himmel, ihr müsst es selbst wählen.

Noch etwas: Lernt den Kontakt zu eurer eigenen geistigen Führung oder Schutzengel herzustellen, denn dies ist eine Vorstufe für die kosmische Telepathie, die ihr unbedingt braucht, um von uns geführt werden zu können.

Zu diesem Thema hatte ich ein Erlebnis vor kurzem in der Meditation:" Ich kam in meinen Tempel, der eine Kirche war und sah am Boden eine kniende Frau die von Sonnenstrahlen, die durch die Kirchenfenster kamen, beschienen war. Ich wollte etwas sagen, aber die Frau verwandelte sich auf einmal in einen Rauschgold –

Engel. Der Engel sagte:"Komm mit mir." Ich folgte dem Engel in einen großen Raum und sah sehr viele Rauschgoldengel, die da standen. Ich war sehr verwundert und fragte, was sie mir mitteilen möchten. Die Antwort war: „Alle diese Engel sind Schutzengel und warten sehnsüchtig auf die Menschen, die gerne Kontakt mit dem eigenen Schutzengel haben möchten"...

Die Brüder der Konföderation beendeten die Durchgabe mit folgenden Abschiedsworten:"Nun liebe Schwester wir begrüßen dich, danken dir für deine Bereitschaft uns anzuhören... Friede über alle Grenzen... Euere Brüder aus dem Weltraum"...

Meine Begegnung mit dem Geist Gottes

Kurz nach meinem Besuch des UFO – Kongresses in Gütersloh hatte ich einen Traum. Ich soll nach Puttaparthy kommen. In der gleichen Nacht bekam mein Mann denselben Traum. Wir erkundigten uns bei einer Frau, die schon oft dort war über die Reisemöglichkeiten und innerhalb von einer Woche flogen wir zusammen nach Puttaparthy.

Sri Sathya Sai Baba Varu

In Puttaparthy schrieb ich an Swami einen Brief mit der Bitte, die Erde, Menschheit und alle anderen Lebewesen (Mineralien, Pflanzen, Tierreich) zu erreten. Nach dem Bajangesang (Lobgesänge an Gott , 2 x täglich wird im Ashram gesungen) eines nachmittags saß ich in der ersten Reihe im Tempel. Ich nahm mir fest vor, den Brief Swami zu übergeben. Als er bei mir vorbei laufen wollte, warf ich mich vor seine Füße (ein Schüler des Lichtpfades zeigt damit Demut vor Gott und Höher Entwickelte) und hielt den Brief über meinen Kopf. Swami nahm den Brief und stand vor mir. Da ich niederkniete sah ich nicht, was er machte. Als er weiter ging kamen auf einmal viele Frauen zu mir und begannen vom Boden etwas zu sammeln und betupften damit ihre Gesichter. Erst später erklärten mir die Frauen, daß Swami heiliges Vibhutti, (Staub) aus seinen Händen materialisiert und es auf mich gestreut hatte. Das Vibhutti aus Swamis Händen ist im Tempel sehr beliebt, da man es aus Swamis Händen direkt selten erhalten kann.

In Puttaparthy im Museum des Ashrams ist ein großes Bild von Swami, von dem sich Vibhutti ununterbrochen materialisiert. Die Sevas (Tempel-Helfer) sammeln Vibhutti, verpacken es, um es in Läden zu verkaufen, damit alle Menschen diesen heiligen Staub erwerben können. Dieses Vibhutti trinken die Kranken mit Wasser, tragen es auf das dritte Auge auf usw.

Bei dieser ersten Reise saß ich oft auf guten Plätzen im Tempel und konnte Swami beim Früh- und Nachmittags- Darshan (seine Rundgänge durch den Tempel mit Segnungen, materialisieren von Gegenständen und Interviews die er gab, Beschrechungen mit seinen Mitarbeitern, Schüler und Studenten) gut sehen. Die anwesenden Leute, die schon oft in Ashram waren, erzählten uns, daß Swami unseren Geist durch ein Blick verändert. Einmal traf mich Swamis Blick, der so voller Güte und Liebe war, daß ich weinen mußte, weil das tief in meine Seele eindrang.

In den ersten Jahren erlebte ich viele außergewöhnliche Situationen in Ashram von Swami. Damals kamen Menschen aus aller Welt in Massen. An ihren Tüchern, die sie am Hals trugen, stand oft ihr Herkunftsland. Viele Frauen weinten tagelang, manchmal wochenlang im Ashram. Dies war eine Art Reinigung der Seele, da sie diese ersten Begegnungen mit der Liebe Gottes verkraften mußten. Wir waren alle Brüder und Schwestern, diese Zusammengehörigkeit war zu fühlen in unseren Herzen. Ich sah vor meinen Augen viele materialisierte Geschenke, wie Halsketten, Ringe usw., die Swami den Menschen schenkte. Ich wusste, daß diese Geschenke auch mit besonderen geistigen Eigenschaften (Mut, Mitgefühl, Liebe, usw), die die jeweillige Person für ihre Entwicklung benötigt, geladen waren.

Viele Menschen können nur durch Empfangen von materiellen Gegenständen an die Liebe glauben, da sie diese Liebe nicht fühlen. Jedesmal wenn ich zurück nach Europa flog war ich traurig. Ich hatte das Gefühl meinen Vater und Mutter gleichzeitig verlassen zu haben. Wenn ich dann wieder zurükflog nach Puttaparthy war ich voller Freude und Glück, da ich das Gefühl hatte, jetzt nach Hause zurückzukehren. Ich weiß noch, daß ich damals so viel Sehnsucht nach Swami und den Tempel hatte, daß ich während des Schlafes im Astralkörper dorthin flog. All die Jahre hatte ich mit Swami telepathischen Kontakt. Er schickte mich per Telepathie zu Personen, die auf irgendwelche Art meine Hilfe benötigten. Manchmal traf ich Personen, die über die ganze Erd-Problematik Bescheid wussten und so konnte ich mich mit ihnen austauschen oder etwas neues erfahren. Einmal habe ich eine Filmschauspielerin betreut in der Zeit als Swami in Bangalore in seinem anderen Ashram war. So wurde meine Hilfsbereitschft geprüft.

Heute weiß ich daß Swami einer von unseren Ur-Ur-Vätern ist. Mit seinen Worten:Ich bin der Vater, Christus ist der Sohn" gibt er uns ein Hinweis auf seine hierarchische Rolle als „Poorna Avatar" (Gott – Mensch, geistig gemeint, der in diesem Körper die höchste Macht darstellt). Seine Liebe ist unermesslich. Das zeigt er mit seinen Geschenken, die als Süßigkeiten, Saris usw. in Ashram verteilt werden. Die Krankenhäuser, Wasser für viele, viele Dörfe, Studentenheime, Schulen usw. zeigen seine wahre väterliche Liebe täglich.

Seine Inkarnationen auf der Erde sind: Gott Rama, Gott Krishna, Shirdi Baba, das war bevor er als Shri Sathya Sai Baba kam. Wenn er diesen Körper verlässt, kommt er als Prema Sai 7 Jahre nach dem Verlassen diesen Körpers in Mysore zur Welt.

Liebe Leser, so können wir lernen, was Kosmische „GRÖßE" bedeutet und wie sich die „Wahre Liebe" äußert, wenn Not auf einem Planeten herrscht, wie jetzt bei uns auf unserer Erde.

Wir alle sollen danken allen Jenen, die hier kommen, um uns zu führen und uns zu helfen, damit wir weiter in die kosmische Dimension aufsteigen können.

Danke für ihre Aufmerksamkeit und das Lesen dieses Buches.

Transmutation und Selbsterkenntnis

Transmutation ist Arbeit mit den eigenen Energien, die wir natürlich zuerst kennenlernen müssen. Diese erste Stufe nennen die Eingeweihten Selbsterkenntnis. Dieser Schritt ist auf keinen Fall positivem Denken oder ähnlichen Begriffen gleichzusetzen. Durch positives Denken ist es nicht möglich, eine Änderung oder Transmutation der geistigen Energien, der Gedanken, Gefühle und der Sprache zu bewirken. Wenn wir versuchen positiv zu denken, werden wir einige Zeit Erfolg haben; aber es entstehen auch Nachteile, da wir bewußt oder unbewußt alle Schwierigkeiten und Konflikte durch Verdrängung aus dem Wege räumen. Ohne direkte Konfrontation mit dem Schatten, den Untugenden, den Lastern und negativen Aspekten, die tief als verdrängte Inhalte im Unbewußten schlummern, ist keine wirkliche Lösung der Konflikte möglich.

Die geistig-seelischen Konflikte sind Schattenteile, also eigene verdrängte Charaktereigenschaften und Gefühle, die sich irgendwann verstofflichen und als körperliche oder psychische Krankheiten in Erscheinung treten. Die Transmutation ist also Arbeit mit den eigenen Energien, die Produkte unseres Geistes sind. Unser Geist wirkt im Körper durch Gedanken und Gefühle. Wenn wir also Transformation bewirken wollen, sollten wir lernen, durch Schulung des Geistes alle von früher mitgebrachten Gewohnheiten zu ändern. Das bedeutet für uns neu zu sprechen, denken und fühlen lernen.

Im Buddhismus offenbart sich die höchste Einheit, das Absolute als Körper-Rede-Geist. Nicht ohne Grund betrachtet die Tantra-Lehre die Rede als wichtigen Aspekt. Die esoterischen Wissenschaften lehren, daß das Universum durch Klänge entstanden ist. Aum Om Hum sind die ersten Klänge, die sich als göttliche Energien ofenbarten. Die Buchstaben sind Worte, und Worte sind auch Klänge oder Schwingungen. Wenn wir ständig unbewußt Ausdrücke und eine Sprache verwenden, die uns negativ beeinflussen, werden wir auch so, wie wir sprechen und nicht nur das, was wir denken. Selbsterkenntnis ist die Voraussetzung zur genauen Feststellung wie wir denken, sprechen und fühlen.

Alle Charaktereigenschaften, Laster, Untugenden oder negative Aspekte müssen aus dem Unterbewußtsein ins Normalbewußtsein geholt werden, um unserem Ich bewußt zu werden. Dann beginnt die Arbeit am Selbst, die Schulung von Geist-Seele-Körper. Da alle Gedanken, Gefühle und Charaktereigenschaften in Wirklichkeit die Elemente sind, müssen wir also beginnen mit diesen bewußt zu arbeiten.

Über Selbsterkenntnis sagte Padmasambhava, Dzogchen-Guru und Mahasiddha der Nyingma Tradition: „ Es ist ganz unmöglich, Buddha woanders zu finden als im eigenen Bewußtsein. Jemand, der das nicht weiß, mag außen suchen. Aber wie ist es möglich, sich Selbst zu finden, wenn man woanders sucht als in sich selbst? Wer sein eigenes Wesen außen sucht, gleicht einem Narren, der bei einem Auftritt vor einer Menschenmenge vergisst, wer er ist und dann überall herumsucht, um sich selbst zu finden".

Die Wahrheit jedes einzelnen Lebewesens hängt von seinen Erkenntnisfähigkeiten ab. Diese beziehen sich auf erlebte Ereignisse, die die Reife unseres momentanen Bewußtseinszustandes darstellen. Nur diese erlebten Erfahrungen lassen uns Dinge verstehen, die unser Verstand niemals vestehen könnte, da ein polares Bewußtsein die Einheit nicht begreifen kann.

Die Botschaften der Elementarwesen für die Erdenbewohner

Zuerst reiste ich in Bereiche des Feuerelements. Die Reisen waren schön, aber sehr anstrengend weil die feinstoffliche Berreiche durch die veränderte Schwingung sehr anstrengen.

Die mich belehrenden Wesen des Feuer-Elements waren meistens als Krieger angezogen. Jedenfalls hatten sie so ähnliche Kopfbedeckungen wie Wikinger und trugen einen Umhang wie die Römer. Zum Beispiel wurde ich am 23.1.94 in das Erdinnere geführt und sah glühende Lava. Der Führer sagte:" Lava ist notwendig für die Reinigung und wenn oben auf der Erde zu viel verschmutzt ist sowie wenn neue Dinge entsehen sollen, dann wird Lava zu einer bösartigen Masse und greift an. Die Lava ist für die Erde nicht schädlich, nur dann wenn zu viel Aggression vorhanden ist wie jetzt.

Ich sah viele Feuergeister tanzen. „Die freuen sich, sagte mein Führer, bis es so weit ist, daß sie die Lava sprengen lassen können."Die Feuergeister hüpften ständig hoch und herunter oberhalb der Lava. Dann zeigte er mir einen Blitz und sagte:"Wenn zu viele negative Energie in der Luft ist, kommt der Blitz, befreit viele Elektronen und Ionen und dadurch wird das Negative ins Postive umgepolt." Ein anderes mal kam ein anderer Führer, so ähnlich angezogen wie ein römischer Soldat. Auf der Brust trug er ein wie ein Pentragramm aussehendes Zeichen. Er führte mich zu einem Vulkanausbruch. Die Feuergeister bestimmten den Rhythmus der Geschehnisse, hüpften vergnügt um die Flamme und in der Flamme. Ein anderes mal kam wieder der gleiche Führer, aber angezogen wie ein Krieger im Mittelalter, in Rüstung. Ich fragte ihn, warum er heute so anders angezogen ist. Die Antwort war: „Heute habe ich andere Aufgaben zu erledigen." Er zeigte mir eine Feuerbrunst, die Wälder verschlang, danach zeigte er mir unterirdische Lava-Seen, die in Vorbereitung sind. „Es geschieht alles nach dem Gesetz von Ursache und Wirkung, wir warten auf den Befehl…" Ein anderes mal brachte mich ein Krieger mit dem Namen Amaran in ein Schloß. Da sah ich im Empfangsaal einen Stuhl mit einem Widderkopf, er sah aus wie ein Königsstuhl. Als ich fragte, wie man Feuer macht, sagte mein Führer :"Mit Shin." Am 25.1.1995 kam wieder ein Wikinger-Krieger, Ari. Er führte mich zum Vorsteher Amin. Amin hatte am Kopf einen Krieger-Helm mit drei Flammenzungen. Er sagte:" Viel Zerstörung wird statt finden wegen der Läuterung von Hass, Aggression und anderen negativen Energien. Alle Zentren auf der Erde, die mit solchen Energien geladen sind, werden zerstört. Auch große Städte und andere Orte." Danach sah ich brodelnde Lava und tausende und abertausende Salamander. Mich fror direkt, ich bedankte mich und verabschiedete mich mit den gewöhnlichen Zeichen.

   Die Elementarwesen des Luftelemes sind äußerst interessant. Zu mir kamen immer weibliche Wesen mit seidenen Kleidern, langen Haaren mit Diademen geschmückt, sehr graziös und schön. Ich sah Landschaften und tanzende Mädchen, die mir zeigten, wie sie Lufwirbel entstehen lassen und wie sie diese in starke Winde verwandeln können. Sie waren äußerst liebevoll, verspielt, graziös und nett. Sie tanzten um hohe Lufttürme, die sie weit in die Höhe entstehen ließen, dies diene der Reinigung, wurde mir gesagt. Am 17.2.94 kam eine junge Schönheit und führte mich immer tiefer bis zu einem großen See. Ich sah bedrohliche schwarze Wolken und viele Wesen kamen auf mich zu. Wir gingen gemeinsam durch einen Torbogen von zwei Wächtern beschützt. Die Wesen beschwerten sich bei mir über das, was die Menschen mit der Luft machen und sagten, daß das ganze Sylphen-Volk krank ist. Viele hatten eitrige Augen und verstümmelte Glieder. Ich sagte, daß die Menschen unwissend sind, aber dies ließen sie nicht gelten und sagten:" Böse, böse sind die Menschen, es wird ein fürchterliches Ende geben, wenn das nicht aufhört, diese Luft und Wasserverschmutzung. Wir Elementarwesen arbeiten alle zusammen und schau, diese bedrohliche schwarze Wolke, die du siehst, ist Vorbereitung für große Stürme und Orkane." Meine Bemerkung war, diese haben wir bereits. Ein großer Führer des Sylphenreichs mit dem Königstitel sagte:" Die Menschen werden die Früchte ihrer Handlungen ernten, teile ihnen dies mit". Ich habe es damals versprochen und jetzt schreibe ich dies zum erstenmal als eine Warnung an uns alle.

Die Gnomen sind ein ganz besonders fleißiges, arbeitendes Volk. Sie tragen meistens Bärte, Arbeitsmüzen, Schürzen und Lampen. Die Schlümpfe ähneln ihnen. Die Aufgabe der Gnomen ist alle Reichtümer im Erdinneren zu beschützen, zu reinigen, an richtige Orte zu lagern usw. Die Lampen haben sie bei ihren Führungen mit mir immer gebraucht, weil ich wollte alles genau sehen. Ich sah Kohlenwerke, in denen tausende Gnomen arbeiteten und die Reife der Kohlen prüften, dann viele begrabene Knochen, deren Lebensenergie in Erdelement umgewandelt wurde. Ophir, ein Führer, zeigte mir Edelsteine, die in einem Wagen auf Schienen in ein Gebäude zur Untersuchung auf Qualität, Reife usw. transportiert wurden. Im Ural reinigten die Gnomen einen flüssigen giftigen Krater. Sie sagten, daß dies Verdauungsorgane der Erde sind und daß das Gas sehr giftig sei, weil die Erde krank ist. Wenn diese Gase mit Luft vermischt werden, steigen sie hoch als giftiger Damf, der beim Einatmen tödlich ist. Jede Bewegung der Erde ermögliche den Gasen hoch zu steigen an die Oberfläche...Es geschieht alles nach dem Gesetz von Ursache und Wirkung. Die Gnome leiten die Lavakanäle und die Salamander erhitzen sie und halten die Temperatur. Durch Erdölbohrungen entstehen Säulen von Löcher, was auch zur Lockerung der Erde führt und sobald sich die Erde bewegt, wird alles auf der Oberfläche in sich zusammenfallen. Wir Menschen wühlen in der Erde und suchen Kostbarkeiten, dies alles kommt eines Tages auf uns zurück... Ursache und Wirkung, sagen die Elementarwesen.

Die schönsten Elementarwesen sind für mich die Nypmhen, die Elementarwesen des Wasserelements. Sie sind besonders schön und graziös. Sie tragen Muschelkränze um ihre Haare, Muschelschmuck, einmalig schöne Capes mit Kaputzen aus Seide oder glänzenden Materialien, die allen Pasteltönen der Muscheln entsprechen und wie Perlmut glänzen. Einmal kam eine Schönheit mit einem Muschelkranz um ihr glänzendes Haar und führte mich zu einer Frau, die auf einem Stein am Seeufer saß. Sie wartete auf ein Zeichen, um das Seewasser zu bewegen... Ich sah ihre Kultstädte, in denen Dankbarkeitsrituale durchführt wurden...Geopfert wurden Muscheln und Perlen...Ich durfte das Schloß eines Königs besichtigen mit einem Theatersaal in dem Musikaufführungen, wunderschöne Chorgesänge (sehr hohe Töne),Tänze und eigenartige Theateraufführungen statt fanden. Am 16.2.94 kam eine junge, wunderschöne Nymphe mit Namen Amadea mit Fischflosse, die sich später in Füße verwandelte. Sie führte mich ganz tief zum Meeresgrund, dann kamen wir durch ein Felsentor hindurch direkt in ein Schloß zum König Nixa. Er war in Kleidung eines Kriegers und sagte mir folgendes:" Die Menschen sollen aufhören die Gewässer zu vergiften, das Nymphenvolk ist krank." Dann zeigte er mir Algen, die wie Netze aussahen und in denen sich die Nymphen verfangen und dadurch sterbenskrank werden. Danach wurde mir gezeigt was passieren wird, wenn die Nymphen Zerstörungen ausführen werden, nach dem Gesetz von Ursache und Wirkung. Ich sah schrecklich tobende Wasser, versprach alles weiter mitzuteilen und durfte in Begleitung meiner Führerin den König verlassen.

Liebe Brüder und Schwestern, ich bin froh, daß ich jetzt mein damaliges Versprechen einlösen kann. Ihnen allen wünsche ich beim Lesen meines Buches einen offenen Geist, Glaubenskrft und Erkenntnis, weil die Stunde X sehr nahe ist. Einzig und allein wird Euch helfen, die Wahrheit zu erkennen, indem ihr euere Gebete an den höchsten Schöpfer und Erschaffer aller Welten, richtet. Betet darum, denn es heißt:"Wer anklopft, dem wird aufgetan."

Möge die große Liebe und Gnade unseres Schöpfers in jeder Minute bei uns sein, damit wir nicht der Versuchung zum Opfer fallen. In Liebe für alles Seiende d.V

Erfüllen sich die endzeitlichen Prophezeiungen jetzt?

Viele Prophezeiungen geben Hinweise auf die Geschehnisse auf unserem Planeten Erde, die stattfinden, wenn die „Zeit gekommen ist". Diese Zeit stimmt mit den kosmischen Zyklen, Gesetzmäßigkeiten und Plänen der galaktischen Hierarchie überein. Gott ist der Höchste, Allmächtige, Allwissende Schöpfer aller Welten. Seine tätige Energie ist Liebe. Wenn Teile seiner Welten durch Nichterkennen der Liebe gegensätzlich handeln und in Gefahr sind (wie zur Zeit die Erde und ihre Menschen), dann werden Boten Gottes entsandt, Propheten, Lehrer, Lichtarbeiter, Sternenmenschen vieler anderer Universen, um zu helfen.

Boten Gottes auf Erden

Diese hochentwickelte geistige Hierarchie hilft in allen Welten, das Bewusstsein der dortigen Lebewesen in der Entwicklung zur Vollkommenheit voranzutreiben. Dies ist Dienst der tätigen selbstlosen Liebe, einer Grundeigenschaft aller höher entwickelten Wesen. Unser Mutterplanet Erde (auch „Gaia" oder „Shan" genannt) ist seit langer Zeit freiwillige Gastgeberin für viele Seelen. Sie litt und freute sich mit uns, wenn wir Erkenntnisse der Liebe in uns trugen. Nun ist die Zeit der Entscheidung, die so genannte Endzeit der alten Zivilisation und der Eintritt unserer Erdenmutter in die kosmische Evolution ist jetzt gekommen. Unsere älteren Brüder aus höheren Welten haben dies gewusst und den göttlichen Plan unterstützt. Viele freiwillige Menschen befinden sich, zum Teil ohne es zu wissen, in Erdenmission. Einige sehr hoch entwickelte Seelen sind seit ca. 7000 Jahren, andere wiederum erst seit kurzem auf diesem Planeten. All diesen Gralskindern und unserem Himmlischen Vater möchte ich meinen großen Dank für ihre selbstlose Liebe und Hilfe aussprechen. Auch denen, die uns telepathisch schulen, gebührt mein größter Dank, denn ohne sie wären ich und wir alle wirklich verloren.

Der heilige Gral

„Gral" ist ein anderer Name für den „Stein der Weisen", der als Quintessenz der gesamten hermetischen Wissenschaft zu betrachten ist. Ein „Gralskönig" ist ein vollkommener Mensch „wie unser Vater im Himmel vollkommen ist" (eine Aussage Jesu Christi im Neuen Testament). Dieser vollkommene Mensch trägt symbolisch auf seinem Haupt eine silberne, mit Gold umrandete Lotusblume – als Zeichen seiner Göttlichkeit, in der Mitte der Blüte ist der rubinrote Stein der Weisen. Einen Weg zum vollkommenen Menschen hat zum Beispiel unser lieber Lehrer und Helfer Meister Arion unter dem irdischen Namen Franz Bardon in drei Büchern vorgezeichnet.

Exkurs: Das Werk Franz Bardons

Das erste Buch heißt: „Der Weg zum wahren Adepten". Dieser Weg wird durch die erste Tarotkarte „der Magier" symbolisiert. Auf dieser ersten Stufe ist der Mensch der Herrscher der Elemente sowie der Meister über Leben und Tod. Das zweite Buch ist: „Die Praxis der magischen Evokation". Sie wird durch die zweite Tarotkarte „die Hohepriesterin" symbolisiert. Auf der zweiten Stufe erlangt der Mensch durch Schulung von Seele-Geist-Körper das kosmische Allwissen. Das dritte Buch ist „Der Schlüssel zur wahren Kabbalah". Sie wird durch die dritte Tarotkarte „die Herrscherin" symbolisiert. Auf der dritten Stufe erlangt der Mensch kosmische Allmacht durch die Magie des Wortes. Die Praxis ist Buchstabenmystik. Das Buch „Frabato" beschreibt die Autobiographie von Franz Bardon und seine besondere Mission für die Entwicklung der Menschheit sowie die wichtigsten Erlebnisse seiner Inkarnation. Der Meister verließ seinen Körper 1958 wegen der Angriffe der schwarzmagischen 99er-Logen. Die Praktiken schwarzer Logen, Informationen über den Tempel Shambhala, die Weltregierung, die Hierarchie der Eingeweihten (weiße Bruderschaft) sind im „Frabato" klar dargestellt, ebenso seine früheren Erdennamen wie z. B.: Hermes Trismegistos, Lao Tse, Nostradamus. Diese Bücher kann man beim Dieter Rüggeberg Verlag, Postfach 13 08 44, D-42035 Wuppertal, Tel./Fax..+49-0202-592811 oder beim Argo Verlag sowie in jeder Buchhandlung bestellen.

Die unbekannte Geschichte unseres Sonnensystems

Doch wie konnte es eigentlich geschehen, dass sich auf der Erde eine solche Lieblosigkeit Bahn brach, dass die göttliche Vorsehung immer wieder Boten entsenden musste, um die Menschheit an die kosmischen Gesetze zu erinnern?

Erst-Kolonisierung der Erde

Vor ca. 40 Millionen Jahren wurden vier ältere Planeten in diesem Sonnensystem von vier verschiedenen menschlichen Rassen aus vier verschiedenen Galaxien durch Aufforderung der Spirituellen Hierarchie kolonisiert. Diese Sternenwesen waren sehr weit entwickelt. Sie konnten in andere Galaxien, in andere Dimensionen, in die Vergangenheit und in die Zukunft reisen. Per Telepathie kommunizierten sie untereinander und mit anderen Lebensformen wie Engeln, aufgestiegenen Meistern, Tieren, Pflanzen und Mineralien Die gelbe Rasse kolonisierte den Mars, die rote Rasse Saturn, die schwarze Rasse Jupiter und die weiße Rasse die Venus. Zwölf Planeten umkreisten die Sonne und nur neun von ihnen sind bisher auf der Erde bekannt. Die Erde war zu dieser Zeit noch ein Komet. Erst später schlug sie eine Bahn um die Sonne und wurde zu einem wunderschönen Planeten mit vielen Meeren und zwei Monden. Die Tiere, Pflanzen und Mineralien wurden aus unterschiedlichen Galaxien auf die Erde gebracht.

Wie kam es zu Kriegen?

In ganz anderen Sonnensystemen lebten zwei weniger hochentwickelte Zivilisationen. Sie beherrschten ebenfalls die Raumfahrt, befanden sich geistig aber auf der niederfrequenten Stufe von Eroberung und Aggression. Sie gingen auf zwei Beinen und gehörten der Rasse der Dinoiden und Reptiloiden an. Sie kamen auf die Erde, um sich die Bodenschätze wie Mineralien und wertvolle Edelsteine anzueignen. Nach kurzer Zeit bekämpften sie sich untereinander mit Atom- und Laserwaffen. Eine Partei führte einen langen Krieg von einem der irdischen Monde aus, der dabei völlig zerstört wurde, ebenso wie die Oberfläche der Erde. Die meisten Lebensformen sind damals der radioaktiven Verseuchung zum Opfer gefallen und die Erde wurde für lange Zeit unbewohnbar. Die Aggressoren verließen die Erde, ohne ihre Verwundeten mitzunehmen.

Radioaktivität Mutationen und Eiszeit

Von den vier Sternenrassen unseres Sonnensystems, die die Erde ursprünglich kolonisiert hatten, kamen Freiwillige zur Erde, um das Ausmaß der Zerstörung zu untersuchen. Sie konnten danach nicht mehr auf ihre Planeten zurückkehren, weil sie radioaktiv verseucht waren und dadurch ihre Heimat gefährdet hätten. Wegen der Strahlung mutierten die Dinoiden und Reptiloiden zu Dinosauriern und riesigen Reptilien. Die damals auf der Erde befindlichen Menschen mutierten zu dem Geschlecht, das man „Neandertaler" nennt. Danach wurde die Erde von einem Kometen getroffen und es kam zu einer Eiszeit, die alle Lebensformen auslöschte.

Garten Eden, Mu, Lemurien, Atlantis

Als die Erde wieder bewohnbar war und zum Garten Eden gemacht wurde, übersiedelten die jungen Generationen der vier älteren Rassen in Begleitung einiger spiritueller Lehrer auf die Erde. Ihre Heimatplaneten hatten zu der Zeit in ihrem

Lebenszyklus eine Ruhepause erreicht. Die übrige Bevölkerung durfte durch ihren selbstlosen Einsatz ihr Leben auf einer höheren Dimensionsebene fortsetzen und wurden zu Beschützern der Erdbevölkerung. Um ein angenehmes Klima zu schaffen, bauten die damaligen Erdbewohner Konstruktionen entlang des Äquators und erschufen Eispartikel, die diesem Zweck dienten. Sie gründeten die ersten Kolonien, die heutzutage Atlantis, Lemurien und Mu genannt werden. Die Menschen auf der Erde haben auf den Rat der Spirituellen Hierarchie hin besondere geheime Tempel als Dimensiontore gebaut. Diese dienten dazu, während der Meditation andere Dimensionen und die aufgestiegenen Meister zu erreichen.

Dunkle Kräfte aus einer anderen Galaxie

Es gab darüber hinaus auch noch eine weitere Rasse, die mit einer etwas abweichenden genetischen Struktur auf der Erde angesiedelt wurde. Ihre Schöpfer stammten aus einer Galaxie, in der dunkle Kräfte beheimatet waren. Sie besuchten die Erde, um sich die fortschrittlichen Technologien des dortigen Menschengeschlechts zu eigen zu machen.

Da diese Besucher kosmische Gesetze missachteten, wurden ihnen diese Informationen verweigert. Deshalb erklärten die dunklen Kräfte den Erdenmenschen den Krieg. Letztere haben sich nicht verteidigt, sondern zogen sich ins Innere der Erde zurück, wo es heute noch Zivilisationen gibt. Die Flüchtlinge selbst zerstörten ihre Kolonien Atlantis, Lemurien und Mu, um die dort angewandten Technologien vor Missbrauch zu schützen.

Die Sintflut

Durch den Krieg wurden auch die Konstruktionen entlang des Äquators beschädigt und die erschaffenen Eispartikel begannen zu schmelzen. Die Menschen wurden von der Spirituellen Hierarchie vor einer großen Flut gewarnt. Es gab hunderte von Archen (nicht nur die eine, die in der Bibel erwähnt wird), um viele Lebensformen zu retten.

Die Erdenmenschheit wurde geistig verstümmelt

Die dunklen Kräfte warteten genauso wie die Menschen auf den Rückgang der Flut. Sie kehrten zur Erde zurück, nahmen ihre Bewohner gefangen und folterten sie, um über die verborgenen Tempel und über die fortschrittliche Technologie Informationen zu erhalten. Sie wussten, dass die Menschen die Erde immer wieder aufbauen könnten, so lange sie in Kontakt mit den anderen Dimensionen blieben. Um dies zu verhindern, durchtrennten sie ihren Gefangenen die Verbindungen zwischen den Gehirnhälften. Dadurch verloren die Menschen die Fähigkeit, mit anderen Dimensionen zu kommunizieren und sich an vergangene Leben zu erinnern. Sie vergaßen die spirituellen Gesetze sowie ihre technologischen Fähigkeiten. Sie wurden vollständig von den dunklen Kräften manipuliert und verehrten die dunklen Kräfte als Götter der neuen Religionen, die diese zur Ausübung von Macht und Kontrolle eingesetzt hatten. Sie bekämpften sich gegenseitig. Es gab viele Kriege um Macht, Geld und Technologie. Dies ist bis zum heutigen Tag so geblieben.

Hochentwickelte Wesen aus allen Galaxien wollen der Erde helfen

Trotzdem haben viele Menschen tief in ihrer Seele eine unbestimmte Sehnsucht nach ihrer ursprünglichen Heimat. Die Erfindung der Atombombe macht es heute wieder möglich, den ganzen Planeten zu zerstören und dies hätte Auswirkungen für unser Sonnensystem und für das ganze Universum. Die galaktische Bruderschaft sowie die spirituelle Hierarchie in Zusammenarbeit mit allen Wesen, die an der Manipulation beteiligt waren und ihre Fehler korrigieren wollen, hat deshalb beschlossen, diesen Missbrauch von Macht und Technologie friedlich zu beenden. Tausende von Wesen aus verschiedenen Galaxien, menschliche und nichtmenschliche, allesamt hochentwickelte Lebewesen, versuchen seit ca. 1930 die Schwingung der Erde Schritt für Schritt zu erhöhen, um eine nochmalige Zerstörung des Planeten zu verhindern. Dadurch werden die heute bekannten Technologien nicht mehr funktionieren. Dies geschieht langsam.

Viele Raumschiffe senden uns ihre Energien

Seit 1993 sind auch die verborgenen Tempel reaktiviert. Rund um die Erde sind riesige Raumschiffe installiert, die ununterbrochen ihre Schwingungsenergie auf die Erde senden. Alle Tiere auf der Erde wurden angewiesen, ihre Frequenzen zu erhöhen. Die Menschen, die sich ihres kosmischen Erbes und ihrer wahren Herkunft wieder bewusst werden, tragen auf verschiedene Weise zur Steigerung der Schwingung bei.

Ein künstliches Chakrasystem für die heutigen Menschen

Es wurde ein künstliches Chakrasystem geschaffen, um dadurch die beiden Gehirnhälften zu synchronisieren, damit die Menschen die Fähigkeiten wie Telepathie, Intuition, Erinnerungen an frühere Leben und persönliche Kontakte zu den Meistern wieder erlangen. Chakren sind winzige Dimensionstore, durch die wir Kontakt mit der Energie der jeweiligen Dimension aufnehmen.

Kinder die seit 1993 auf die Welt kommen, werden bereits mit dem neuen Chakrasystem und einem neuen Bewusstsein geboren. Es ist sehr wichtig, diese Informationen mit allen Menschen, die dafür offen sind, zu teilen, damit der Erfolg schneller stattfindet. Diese Überlieferung sowie „die Wahrheit über Jesus Christus" stammt von Omnec Onec, unserer Grals-Schwester die von der Venus,die auf die Erde gebracht wurde.

Kommt es trotz aller Hilfen doch zu Kriegen und Katastrophen?

Viele Propheten sahen kein friedliches Ende der Erdengeschichte, sondern einen Kampf zwischen Gut und Böse, der wahrscheinlich in Großkatastrophen und Kriege ausartet. Der irdische Mensch ist heute imstande, sich selbst und alles Leben auf diesem Planeten zu zerstören. Damit mischt er sich auch störend in den Lauf des Universums ein. Das betrifft vor allem die Galaxie, zu der die Erde gehört. Das darf nicht geschehen, denn diese Eigenmacht würde das Leben nicht nur auf anderen Planeten, sondern auch auf vielen Ebenen der Spirituellen Hierarchie gefährden. Aufgrund der kosmischen Gesetze ist dies nicht erlaubt.

Die Spirituelle Hierarchie schickte die Mahnungen durch Heilige Schriften wie die Bibel, danach kam Jakob Lorber, dann die Offenbarungen durch Mutter Maria, Kornkreise, Ufos sowie Menschen, die telepathisch erreicht werden konnten. Viele Gottes-Gesandte kamen freiwillig, um zu helfen. Einige von ihnen schrieben Artikel und Bücher, um die Menschen zu warnen. Viele Menschen sind noch nicht aufgewacht, was Tuella im Buch „Weltevakuierung", erschienen beim Ventla Verlag, beschreibt. Viele andere unserer Brüder und Schwestern haben über ihre Ufo-Kontakte berichtet (ebenfalls beim Ventla Verlag erschienen), aber bisher scheinbar ohne großen Erfolg.

Aus diesem Grund ist die Wahrscheinlichkeit erhöht, dass Kriege und Katastrophen der Erde den Menschen helfen, ihr gemeinsam geschaffenes Karma aufzulösen. Die „Zeit der Ernte" ist jetzt. Wir sind seit langem die gefallenen Menschen, die falsche Götter anbeten.

Wie schätzen Propheten die Situation ein?

Alois Irlmaier wurde am 8. Juni 1894 als Bauernsohn in Scharam, Kreis Traunstein, Bayern, geboren. Er war imstande, besorgten Angehörigen von Frontsoldaten während des Zweiten Weltkrieges präzise Auskünfte über Schicksal und Verbleib ihrer Nächsten zu erteilen. Seine Prophezeiung lautet: Mord und Krieg kommt über Nacht. Dem Krieg soll noch ein fruchtbares Jahr mit viel Obst und Getreide vorausgehen. Zuerst wird ein „dritter Hochgestellter" von zwei dafür bezahlten Männern umgebracht. Danach gehe es über Nacht los, „Zug um Zug". Er sehe deutlich zwei Ziffern: zwei Achter und einen Neuner, sei aber nicht im Stande, sie zu deuten. Also eventuell 889 = 16.9.? Er sehe einen Dreier, wisse aber nicht, ob diese Zahl als drei Tage, drei Wochen oder drei Monaten zu deuten sei. Der Seher weiter: In Italien bricht zu Beginn des Geschehens eine Revolution aus. Es dürfte sich hier um einen „Religionskrieg" handeln. Alle Geistlichen werden umgebracht.

Der blinde Jüngling von Böhmen soll ein tschechischer Hirte gewesen sein. Er wurde 1356 dem böhmischen König und deutschen Kaiser Karl IV. vorgeführt. Seine Prophezeiung sehr verkürzt: Deutschland wird ein großer Trümmerhaufen und nur die Gebiete der blauen Steine werden verschont bleiben. Das Volk in Böhmen wird durch Krieg vernichtet.
Der alte Fließer Pfarrer, Alois Simon Maaß (1758-1846) stammte aus Tirol. Hier seine Prophezeiung: Wenn der Luxus so groß geworden ist, dass man Männer und Frauen an der Kleidung nicht mehr unterscheiden kann, wenn man ohne Pferd die ganze Erde umfahren kann, dann geht es dem Ende der Welt zu. Wenn der Mann im Eis auftaucht, kommt die große Völkerschlacht.

Abbé Curique hatte l872 sein „Voix Prophétiques" selbst veröffentlicht. Hier seine Worte: Ein schrecklicher Krieg wird von Osten kommen. Es wird ein schöner Frühling sein, der Weizen kann noch geerntet werden, Hafer nicht mehr. Eine Hälfte der Welt wird gegen die andere kämpfen. Am Abend zuvor werden sie noch „Friede, Friede!" rufen, am nächsten Morgen werden sie vor unserer Türe stehen. Der Krieg wird nicht lange dauern. Gott wird die Kämpfenden durch eine schreckliche Naturkatastrophe auseinander treiben.

Anton Johansson, ein Eismeerfischer, geboren am 24. Mai 1858 in der schwedischen Provinz Västerbotten, wanderte 1874 mit seiner Familie nach

Norwegen aus. Seine Prophezeiung: Persien und die Türkei werden erobert, verlieren ihre Ölquellen und Bodenschätze. Russland wird Europa überfallen. Bürgerkriege werden toben. Ein ungeheurer Orkan verwüstet und zerstört die Städte in Europa und am Mittelmeer. England und alle Länder um die Nordsee werden von einer Sturmflut zerstört. Kriegsbeginn ist Ende Juli oder Anfang August. Es entsteht ein Bürgerkrieg. Deutsche werden gegen Deutsche kämpfen.

Der Mühlhiasl war ein Seher aus dem Bayerischen Wald (1750-1825). Seine Prophezeiung: Das große Aufräumen geht richtig an, ein Himmelszeichen wird's verkünden. Bayernland wird verheert und verzehrt, das Böhmerland mit eisernen Besen ausgekehrt. Mit den roten Jacken (Kappen?) kommen sie über die böhmischen Berge. Leute werden krank, niemand kann ihnen helfen. Danach ist das Schlimmste vorbei und alles Böse überstanden.

Anna Maria Taigi aus Italien (1769 1837) war Mutter von sieben Kindern. Ihre Prophezeiung: Zwei Strafgerichte wird Gott verhängen: Eines geht von der Erde aus : Kriege, Revolutionen und andere Übel. Das andere Strafgericht geht vom Himmel aus. Es kommen drei Tage Finsternis, die mit einer Luftverpestung verbunden sein wird. Nur geweihte Kerzen werden sich anzünden lassen. Die Menschen sollen in diesen drei Tagen im Haus bleiben, den Rosenkranz beten und Gott um Barmherzigkeit anflehen.

Sepp Wudy lebte um 1910 in Böhmen. Er war Knecht auf einem Bauernhof. Seine Prophezeiung: In der Kirche spielen sie Tanzmusik. Aber da draußen wird das Himmelszeichen stehen, das den Anfang vom großen Unheil ankündigt. Geh nach Bayern, dort hält die Muttergottes ihren Mantel über die Leut', aber auch dort wird alles drunter und drüber gehen. Bauer, sag es deinen Kindern, sie sollen zum Berg rennen, wenn es kracht. Du hast Essen vor dir und darfst es nicht essen, weil es dein Tod ist, und du hast das Wasser im Grandl und darfst es nicht trinken, weil es auch dein Tod ist. Wenn dir die Haare ausfallen, hat es dich erwischt. Der Anlass wird sein, dass die Leut' den Teufel nimmer erkennen, weil er schön gekleidet ist und ihnen alles verspricht.

Katharina aus dem Ötzal lebte als eine einfache Frau und war bekannt für ihre Visionen. Sie verstarb 1951. Ihre Prophezeiung: Zuerst werden die jungen Buben mit komischen Autos abgeholt. Anfangen tut es langsam. Dann plötzlich bricht's. Es kommt noch einmal ein Dritter Weltkrieg! Die Leute sind auf dem Feld, es ist Spätsommer, das Korn schon reif, da kommen sie, ganze Horden schiacher Leute in roten Fetzen und überfallen alles. Sie bringen um, was sie erwischen. Auf den Berg gehen diese plündernden Horden nicht hinauf. Es gibt nur mehr zwei Parteien: Für Herrgott und gegen den Herrgott! Bleibt mir um Gottes Willen katholisch, ihr müsst stark bleiben, auch wenn es euch das Leben kostet, denn die Gottlosen werden zum Schluss vom Herrgott furchtbar gestraft. Auf den Feldern bleibt noch Heu und Getreide stehen, es bringt fast niemand mehr ein, es bleiben so wenig Leute übrig. Ich sah Furchtbares, dass ich es nicht sagen kann! Bleibt mir katholisch! Amen.

Papstweissagung des Heiligen Malachias. Diese Prophetie stammt wahrscheinlich vom Heiligen Philipp Neri (1515 – 26.5.1595). Die „Weissagung über die Päpste" ist die populärste Prophetie bis heute. Sie besteht aus 112 kurzen Denksprüchen. Zwei Denksprüche sollte man besonders erwähnen. Der eine ist: „Pastor angelicus" was „engelsgleicher Hirte" bedeutet. Es handelt sich um Pius XII., 1939-1958. Danach kam Johannes XXIII., 1958-1963. Er wird „Pastor et nauta" genannt, was Hirte und Seefahrer bedeutet. Der Papst stammte aus Venedig, deswegen wurde er Seefahrer genannt. Im Buch „Die Stimme von oben" sagte Jesus Christus, dass diese Pastoren „wahre Hirten" waren und seinen Vorstellungen entsprachen. Für Papst Johannes Paul II. (16.10.1978 – 2005) steht geschrieben: „De labore solis", das heißt übersetzt „Von der Verfinsterung der Sonne" oder „Arbeit der Sonne". Danach schrieb Malachias „Gloria Olivae" – Ruhm des Ölbaumes und am Schluss noch einen einzigen Satz in seiner Prophezeiung: In der letzten Verfolgung der Heiligen Römischen Kirche regiert Petrus der Römer, der seine Schafe weidet in vielen Trübsalen: Wenn diese vorbei sind, wird die Siebenhügelstadt zerstört und der schreckliche Richter wird sein Volk richten.

„Die Prophezeiung des Blühenden Mandelbaumes" hat ein Benediktinermönch in der zweiten Hälfte des 19. Jahrhunderts hinterlassen. Er hat jede Jahreszahl mit einem prophetischen Leitspruch verbunden. Hier die Prophetie: l964 „Glanz des Mondes"; 1968 „Feuer auf den Schnee; l988 „Wahnsinn der Erde"; 1990 „Erscheinung am Himmel"; 1999 „Der neue Petrus"; 2000 „Triumph des Ölbaumes". Diese letzten Leitsprüche sind sehr bedeutend, da auch Nostradamus für das Jahr 1999 den „Roy d'Angoulmois" ankündigt. „Der neue Petrus" und „Triumph des Ölbaumes" sind wohl die Hinweise auf die Erretter und Vollstrecker des göttlichen Gerichts.

Das Lied der Linde wurde angeblich um das Jahr 1850 in dem hohlen Stamm der tausendjährigen Linde in Staffelstein (Franken, Bayern) gefunden. Die Prophezeiung bringe ich in verkürzter Form, vor allem die Strophen, die für unsere jetzige Zeit wichtig sind:

Wer die allermeisten Sünden hat,   *Rom zerhaut wie Vieh die Priesterschar*
Fühlt als Richter sich und höchster Rat, (13)   *Schonet nicht den Greis im Silberhaar, 14)*
Raucht das Blut, wird wilder nur das Tier,   *Über Leichen muß der Höchste fliehn*
Raub zur Arbeit wird und Mord zur Gier.   *Und verfolgt von Ort zu Orte ziehn.*

Gottverlassen scheint es, ist er nicht,   *Winter kommt, drei Tage Finsternis,*
Felsenfest im Glauben, treu der Pflicht, (15)   *Blitz und Donner und der Erde Riss, (16)*
Leistet auch in Not er nicht Verzicht,   *Bet daheim, verlasse nicht das Haus,*
Fehmt den Gottesstreit vor's nah Gericht.   *Auch am Fenster schaue nicht den Graus.*

Eine Kerze gibt die ganze Zeit allein   *Gleiches allen Erdbewohnern droht,*
(Wofern sie brennen will) Dir Schein, (17)   *Doch die Guten sterben sel'gen Tod, (18)*
Gift'ger Odem dringt aus Staubesnacht,   *Viel Getreue bleiben wunderbar*
Schwarze Seuche, schlimmste Menschenschlacht.   *Frei von Menschenkampf und Pestgefahr.*

Eine große Stadt der Schlamm verschlingt   *Zählst Du alle Menschen in der Welt,*
Eine andre mit dem Feuer ringt, (19)   *Wirst Du finden, dass ein Drittel fehlt, (20)*
Alle Städte werden totenstill,   *Was noch übrig, schau in jedes Land,*
Auf dem Wiener Stephansplatz wächst Dill.   *Hat zur Hälft' verloren den Verstand.*

Ab hier bringe ich noch die wichtigsten Strophen bezogen auf die Wendezeit, Polsprung und Errettung!

Nimmt die Erde plötzlich andern Lauf?   *Preis dem 21. Konzil,*
Steigt ein neuer Hoffnungsstern herauf? (23)   *Das den Völkern weist ihr neues Ziel (27)*
„Alles ist verloren!" hier noch klingt.   *Und durch strengen Lebenssatz verbürgt,*
„Alles ist gerettet!" Wien schon singt.   *Dass nun Reich und Arm sich nicht mehr würgt,*

Wenn der engelsgleiche Völkerhirt
Wie Antonius zum Wandrer wird, *(30)*
Den Verirrten barfuß Predigt hält,
Neuer Frühling lacht der ganzen Welt.

Alle Kirchen einig und vereint,
Einer Herde einz'ger Hirt' erscheint *(31)*
Halbmond mählich weicht dem Kreuze ganz
Schwarzes Land erstrahlt im Glaubensglanz.

Zusammenfassung der Prophezeiungen zur Endzeit

Vor Beginn des Dritten Weltkriegs bricht in Italien eine Revolution aus. Dies haben Alois Irlmaier und „Der alten Linden Sang" erwähnt. Die drei Tage Finsternis im Winter sowie den giftigen Odem haben Sepp Wudy, Anna Maria Taigi und „Der alten Linden Sang" beschrieben. Über „Himmelszeichen" berichtet Sepp Wudy und der Mühlhiasl. Wir haben auch ziemlich genaue Angaben zum Beginn des Krieges. Ende Juli, Anfang August wird von Katharina aus dem Ötztal, Abbé Curique und Anton Johansson gesagt. Die „Jankerl mit roten Fetzen" bzw. Kappen, Jacken, haben Katharina aus dem Ötztal, Mühlhiasl und Anton Johansson erwähnt. Deutschland und Böhmen als einen „großen Trümmerhaufen" sowie die Zerstörung der Großstädte haben „Blinder Jüngling", Alois Irlmaier, Mühlhiasl und „Der alten Linden Sang" beschrieben.

Marien- und Engelerscheinungen

Nun komme ich zu den Mutter-Maria-Offenbarungen in Fatima und Garabandal. Über Fatima wissen wir, dass die Kirche nicht die vollständige, sondern eine verfälschte Botschaft veröffentlicht hat. Die Ordensschwester Lucia, damalige „Seherin" hat später nochmals die „Warnung an die Menschheit" im Namen von Mutter Maria verkündet, in dem sie die Zerstörung Roms und den Dritten Weltkrieg erwähnte. In Garabandal (18.06.1961–18.06.1965) ist wohl die wichtigste Botschaft von Mutter Maria und Erzengel Michael an die Erdenmenschen ergangen. Es ist eine Warnung angekündigt, der sich niemand entziehen kann. „Es wird wie ein Feuer sein, das Fleisch nicht verbrennt, aber körperlich und seelisch spürbar sein wird. Vorher wird der Bischof von Santander vom Himmel einen persönlichen Beweis der Echtheit der Erscheinungen von Garabandal erhalten und daraufhin Garabandal den Priestern wieder freigeben." Diese Aufhebung des bischöflichen Garabandal-Verbots ist also eine Art von Vorankündigung, unmittelbar danach kommt die Warnung. „Die Warnung wird auf der ganzen Welt sichtbar sein, nur einige Minuten dauern, und direkt von Gott kommen! Das große Wunder wird an einem Donnerstag um 8.30 Uhr abends stattfinden, zwischen dem 7. und 17. April. Der Tag des Wunders werde mit dem Fest eines Heiligen zusammenfallen, in dessen Leben die Eucharistie eine besondere Rolle spielte. Zwischen Warnung und Wunder liege weniger als ein Jahr. Die angekündigte Strafe werde nach dem Wunder kommen."

Umfassende Hilfe aus dem Weltraum

Nun möchte ich eine der wichtigsten Belehrungen und Offenbarungen von Jesus Christus mitteilen, die in der Nacht vom 20. Februar l967 an Knud Weiking in Dänemark begannen. Diese Belehrungen und Offenbarungen haben durch den Meister den Namen „Universal Link" erhalten und bedeuten „Verbindungsglied". Universal Link ist eine umfassende Hilfe aus dem Weltenraum und an alle Menschen des Planeten Erde gerichtet. Die Belehrungen sind in einem Buch mit dem Namen „Die Stimme von oben" zusammengefasst und von Hans Jacob im Eigenverlag, CH-8623 Wetzikon, in Zusammenarbeit mit Universal Link, Dänemark, Box 23 – DK – 4140 Borup, Dänemark, herausgegeben.

Im Buch ist zu lesen, daß im Verlauf der letzten Jahre hunderte von Verbindungen und Bemühungen zustande gekommen sind. Es gab physische Begegnungen mit gelandeten Ufo-Mannschaften, in anderen Fällen kamen die Kontakte zum Beispiel telepathisch zustande. In der ganzen Welt sind Zentren gegründet worden, um die Botschaft von der bevorstehenden Erlösungs- bzw. Hilfsaktion zu empfangen und zu verbreiten, die sich „Universal Link" oder „Zweites Kommen Christi" nennt.

Die Offenbarungen von „Universal Link"

Nun zu den Offenbarungen durch Christus: „Große Weltereignisse werden sich bald mit voller Kraft und Geschwindigkeit entfalten. Sie werden in China beginnen und sich über China und Russland ausbreiten, bis die Welt eine „Hölle" ist. Es wird großes Leid erwachsen. Dies ist notwendig, weil der Mensch ein technologisches Wissen erreicht hat, das er nicht unter Kontrolle halten kann, weil er ethisch und spirituell unterentwickelt ist. Da der Mensch einen freien Willen hat, wird es ihm erlaubt, bis zur äußersten Grenze zu gehen. Es ist ihm gestattet, dass er von dem Hass, den er gegen seinesgleichen geschürt hat, überall selbst betroffen wird. Dadurch werden schreckliche Dinge kommen und das Ende wird ein Atomkrieg sein. Außerirdische Helfer werden nicht eingreifen, da das Gesetz es verbietet. Der Menschheit wird Hilfe zuteil werden, wenn sie selber um diese Hilfe bittet. Die Hilfe wird jene erreichen, die diese ausdrücklich angefordert haben, und zwar im Sinne der Worte Jesu: „Bittet, so wird euch gegeben!"

Wenn die Verzweiflung ihren Höhepunkt erreicht hat, werden die Brüder und Schwestern aus dem Weltraum kommen. Die Menschen werden sie sehen, hören und spüren. Die Außerirdischen werden das Chaos blitzschnell beenden und eine Massenevakuierung vornehmen. Dadurch „kippt" die Frequenz der Erde und die Pole verlagern sich. Erst dann wird es möglich sein, die Atmosphäre, die der Mensch verseucht hat, von allen Unreinheiten zu befreien. Feuer wird auf die Erde fallen, darin wird sie gereinigt werden. Die mit Hilfe Außerirdischer entrückten Menschen werden Zeugen sein, was mit der Erde geschieht. Der Planet wird wüst und leer sein, wenn sie zurückkehren.

Man vergegenwärtige sich, welch ungeheure Versorgungsmaßnahmen für uns bereit gestellt sein werden: Vorräte auf fast ein Jahr hinaus für die, die zur Erde zurückkehren. In der Kirche wird oft das Vaterunser gesprochen, das Christus lehrte. Eine Zeile daraus lautet: „Dein Reich komme." Jetzt kommt Gottes Reich zur Erde! Gott ist es, der seine Heerscharen sendet. Sie sind Gottes geistige Bürgen für diese Galaxie, und es ist Gott, der hinter ihnen steht, bei diesem Werk das die „Wiederkunft Christi" genannt wird.

„…und der Tod ist nicht mehr"

Durch die Schulung, die in Dänemark gegeben wurde, werden die Menschen die „Operation des Zweiten Kommens Christi" besser verstehen. Die Hilfe wird deshalb gegeben, damit der Mensch erkennen kann, wie er ein Leben in Frieden und Harmonie in Übereinstimmung mit den Gesetzen Gottes führen kann, damit er künftig nicht mehr dem Prinzip des Tötens folgt. Wenn der Mensch aufhört, Fleisch zu essen, dann werden seine Zellen in einer anderen Weise erneuert. Gleichzeitig wird er dann ein ganz neues Wissen über die Struktur seiner Zellen und deren Zusammensetzung erlangen, dieses auf rein medizinisch-wissenschaftlicher Basis, sodaß sie immer jung und frisch bleiben – und so kann es sein, dass einer wie Mitte

Zwanzig aussieht, obwohl er vielleicht 800, 900 Jahre oder gar älter ist. Deshalb wird uns versichert, daß es nach diesem Tag keinen Tod mehr geben wird.

Leben in Übereinstimmung mit den Gesetzen Gottes

Gleichzeitig wird der Mensch dann auch lernen, sich im Weltraum zu bewegen. Der Mensch wird zur gesamten Galaxie, zu der er gehört, Zutritt erhalten und tausende und abertausende Planeten besuchen. Das hängt vom Geist des Einzelnen ab, wobei es wichtig ist, dass der Mensch reine, offene und ehrliche Gedanken hat und sich bemüht, die Gesetze im Universum kennenzulernen, die Gottes Gesetze sind. Der Mensch wird dann rein leben und – auf dieser Ebene – wird er seinen Gott in einer ganz anderen Weise erkennen. Dann wird es kein Töten mehr geben und keinem Tier wird jemals ein Leid zugefügt. Gott lebt rein geistig. Gott ist Energie. Gott ist Lebenskraft. Gott ist die Quelle des Lebens und der Anfang des ganzen Universums. Ohne Gott kein Leben. Gott ist alles und jedes. So habe ich es euch erklärt, und so ist es. Gott ist so gewaltig, eine so gewaltige geistige Energie, eine so gewaltige Lebenskraft, dass niemand ihn je ergründen kann. Gott durchdringt das ganze Universum mit seinem Geist.

Die Entrückten werden geschult

Die erste Schulung wird dem Menschen im Weltraum gegeben, und zwar in der Zeit zwischen den Umwälzungen auf der Erde und der Rückkehr des Menschen zur Erde. Das ist eine Freudenbotschaft, die die Menschen verstehen können. Das ist eine Hilfe, die den Menschen gewährt wird. Dieser Schritt enthält Möglichkeiten für den Menschen, ein enormes Wissen zu erlangen. Hierfür ist ein gewisser Grad Geistigkeit notwendig, damit den Menschen dieses Wissen überhaupt anvertraut werden kann.

Die bisherige Geschichte der Erde geht ihrem Ende zu…

Um die apokalyptischen Warnzeichen (Kornkreise, Bibel, Lorber, Koran, UFO-s, Propheten, Pyramiden und Sphinx, Himmellzeichen, Sternenkonstellationen, Mond- und Sonnenfinsternisse) ernst zu nehmen, ist es notwendig, die Bildersprache der Seele kennen und verstehen zu lernen sowie Kabbala, Tantra, Hermetik und Alchemie (die Lehren die zur Befreiung von Wiedergeburt führen) und einiges mehr. Hierzu gehören die Bücher über UFO-s wie z.B. vom Ventla Verlag, die Bücher von Herrn Korkowski „Kampf der Dimensionen", das Wissen über die göttlichen Gesetze, die u.a. in „Kybalion" beschrieben sind. Außerdem ist notwendig, die Geschichte unserer Erde und unseres Sonnensystems kennenzulernen. Deswegen beginne ich meine Geschichte bevor die Erde zum Garten Eden wurde…

Kapitel III – Der Kosmos und wir

Die Entstehung der Föderation und die Zerstörung des Multiversums

Vor Äonen gab es einein Kampf zwischen den Mächten der Finsternis und den Mächten des Lichtes.

Dabei wurden Millionen von Welten unseres Multiversums zerstört. Dies geschah durch freigelassene titanische Energie. Der Urstoff vieler Reiche wurde in viele Teildimensionen zerissen. Es entstanden kosmische Barrieren, die kosmische Reisen und Verbindungen unmöglich machten. Wenige überlebende Welten, menschliche und fremdartige, wurden wiedergestgellt, einige von den geretteten Welten in einem einigermaßen komfortablen mittleren Zustand, andere wiederum vom völligen Zusammenbruch zu einem primitiven Wiederbeginn gebracht.

Nach Jahrtausenden erreichten die meisten der betroffenen Welten das Stadium blühender Zivilisationen verschiedener Entwicklungsstufen. Fast alle von ihnen beherrschten in bescheidenem Ausmaß wieder die Raumfahrt. Es blühte wieder Handwerk und Austausch zwischen Sternensystemen und Planeten auf. Viele Bereiche verbanden sich miteinander und bildeten eine interregionale Allianz. Die psychische Föderation der Welten war eine solche Region, die dann das Wachstum großer Zusammenschlüsse initiierte. Es entstand ein selbständiger Weltraumsektor, der später als Föderation Sektor 11 bezeichnet wurde.

Später entwickelte sich die große Föderation mit dem Namen: „Interdimensionale Föderation Freier Welten", die 33 große Weltraum-Sektoren umfasst. Dies geschah durch die Mächte des Lichtes, **Konzil der Wächter,** genannt. Sie sind einflussreiche Führer und kosmische Förderer, die als ältere Brüder der Menschheit gelten. Die Wächter erhielten den Auftrag, in allen Systemen weitere kosmische Verwüstung zu verhindern und Schutz gegen die dunklen Mächte zu bieten. Die Wächter des Konzils existieren und fungieren außerhalb der Strukturen des Multiversums in den höchsten Regionen auf einer unstofflichen Ebene, jenseits von Raum und Zeit. Unter den Wächtern sind zahlreiche Große Meister, die als ätherische Wesen leben und sich gelegentlich als Lichtwesen manifestieren. Sie lenken die Entwicklung unserer menschlichen Welten in den kosmischen Bereichen, um ein harmonisches Zusammenleben und anhaltenden Frieden zu gewährleisten.

Die Mitglieder der „Föderation", sind raumreisende Zivilisationen, die aus vielen weitverstreuten Sternsystemen in verschiedenen Galaxien und aus anderen Dimensionen stammen. Die große Föderation wurde vor einigen hundert Jahrtausenden geboren, um die Angelegenheiten ihrer menschlichen Welten-Systeme zu verwalten. Der zentrale Sektor der größeren Föderation ist Sektor 11 mit seinem Kern Psychianischer Welten mit einem leitenden Planeten namens Xathius. Die 33 größeren Sektoren bestehen wiederum aus 5000 größeren Welten-Center-Planeten. Dazu gehören hundertmal mehr bis jetzt noch unerforschter Planeten. Jeder galaktische Sektor hat gut funktionierende Raumschiffe und Technologien. Die Entwicklungsgrade sind verschieden und in ihrer Schwingungsfrequenz einmalig. Ihr Ziel ist weitere geistige Entwicklung auf höherer Schwingungsebenen zu erreichen. Jeder Sektor ist völlig autonom und hat eine Vertretung auf dem Hauptplaneten der Föderation Xanthius. Die Bevölkerung ist menschlich und es gibt viele Bereiche fremdartiger Rassen. Die Mitgliedschaft erfolgt freiwillig durch Volksentscheid. Alle Welten der Föderation sind im Geist vereinigt und sie werden geführt durch das weitentfernte Konzil der Wächter.

Die Raumflotte der Föderation schützt diese Welten und ist nur dem Konzil der Wächter verantwortlich. Die Verbindung wird aufrechterhalten durch „kosmische Förderer". Jeder Planet hat Förderer vom Rang 4 und einige Förderer von Rang 5, 6 und 7, um das System zu überwachen und darüber der erhabenen Körperschaft des Konzils der Wächter zu berichten. Je nach entsprechenden Fähigkeiten und Qualifikationen können sie vom Rang 4 in den Rang 5 und nach zahlosen Jahrtausenden auch in den Rang 6 des ausübenden Bereichs des Konzils aufsteigen (was hauptsächlich in feinstofflichen Zustand erfolgt mit seltenen Verkörperungen).

Außer unserer heimatlichen Dimension gibt es noch viele andere Dimensionen (so lehrt uns auch die Kabbala), die sich teilweise überlappen und nebeneinander bestehen. Alle Dimensionen haben ihre eigenen psychischen Realitäten und können sich gegenseitig nicht entdecken wegen unterschiedlicher Frequenzbereiche. Sie existieren in niedrigeren oder höheren Frequenzen. Es ist sehr schwer für jede fühlende Lebensform, die eigene Schwingung zu erhöhen oder zu erniedrigen. Als Hilfsmittel werden besondere Fahrzeuge und zusätzliche Vertärkungseinrichtungen hierfür benutzt. Alle fremden Raumschiffe fliegen meistens zuerst nach Tibet. Dort wird in Höhlen die Schwingungsfrequenz der Besatzung durch Gesang von Mönchen erhöht beim Verlassen der Erde, bzw. erniedrigt beim Eintreten in die Erdensphäre.

Die Geschwindigkeiten und Dimensionen

Die Erde und das ihr sichtbare Universum gehört zum mittleren Schwingungsbereich VR 3 (Vibratory Realms dritter Dichte). Viele Welten der Föderation gehören zur höheren VR 3 oder zur unteren Gruppe 4. Da die Vibrationsbereiche übereinandergelagert sind und verschiedene Frequenzbereiche haben, können ihre Bewohner von ihren Technologien gegenseitig keinen Gebrauch machen.
Für alle Raumfahrzeuge der Föderation sind Hyper- und Supra-Lichtgeschwindigkeiten erreichbar. Für Güterbeförderung die Geschwindigkeit 200 C (das 200-fache der Lichtgeschwindigkeit). Für wichtige Regierung- und Sternenschiffe beträgt die Reisegeschwindigkeit 500 C.
Unsere linsenförmige Heimat-Galaxie enthält 100 Milliarden Sterne und unser heimatliches Universum enthält 100 Milliarden Galaxien. Die Föderation umfasst 33 Sektoren aus unserem heimischen Universum mit vielen tausend Sternsystemen in den verschiedenen Galaxien. Um diese ungeheurlichen Entfernungen mit Überlichtgeschwindigkeit bereisen zu können, sind Weltraum-Schleusen (Star Gates) künstlich geschaffen worden, die so die Reisezeit auf höchstens einige Wochen reduzieren, wobei auf Wunsch während der Reise künstlicher Schlaf möglich ist. Die Schleusen werden duch computerisierte Einrichtungen und Roboter erhalten und gewartet. Für Reisen in verschiedene Dimensionen sind die Fahrzeuge der Weltraumflotte dazu ausgerüstet, durch die sogenannten „interdimenionalen Transitfenster" reisen zu können. Diese sind reichlich in den meisten Sternensystemen vorhanden. Es sind auch Galaxien - Schleusen vorhanden, die einem Sternenschiff die augenblickliche Reise von einer Galaxie in die andere ermöglichen. In solchen Galaxien-Schleusen befinden sich Labyrinte starker Schwerkraft-Turbulenzen, die ein normales Raumschiff in Stücke zerreisen können. Aus diesem Grund werden für solche Reisen besonders ausgerüstete und speziell hierfür gebaute Raumfahrzeuge benutzt. Das beste bis heute entwickelte ist der „Ultra-Raum-Transport" mit einer Geschwindigkeit von 10.000C.

Übergänge in andere Dimensionen

Interdimensionale Fenster am Südpol mit vielen interdimensionalen Verzweigungen wie Bermuda-Fenster sind eine bequeme Einflugsroute nach New York. Weitere interdimesionale Fenster befindet sich in der Region Hawaii. Das Schamballa Transitfenster ist der wichtigste interdimensionale Transitbereich der westlichen Hemisphäre und ist im Netz der Großen Seen in Nord Amerika mit Sitz in der Niagara Region. Die Schwarzen Löcher werden für Zeitreisen und vieldimensionale Übergangsrouten benutzt.
Nun meine lieben Erdengeschwister, lohnt es sich nicht besser den Geist in den Himmel zu erheben, um zu erkennen, woher wir kommen und wohin wir gehen, als sich einem bösen Wurme gleich immer tiefer und tiefer in die Erde hinen zu bohren, um nach vergänglichen irdischen Schätzen zu wühlen. Hierzu bekamen wir am 11. Juli 2006 einen Kornkreis nahe Aldbourne, Wiltshire :"Dreifach verschachtelte

Halbmondstruktur" oder „Das Wurmloch", wie treffend der Name (siehe Mag. 2000 plus in UFOs und Kornkreise – Spezial 11/230, Kornkreis-Saison 2006) Dies war zur Warnung, damit uns am Ende nicht das gleiche geschieht wie denen da draußen, die auf dem prächtigen Stern Mallona, größer als der Jupiter lebten, bis er plötzlich erlosch, zerstört durch böswilligen Streit und zerstörerische Kriege seiner gierigen und habsüchtigen Bewohner.

Ursprung der Erdenmenschen im Himmel

Die Erdenmenschheit stammt von den zerstreuten Systemen auf den Plejaden, die vor vielen tausend Jahren auf die Erde ausgewandert sind, sagen die Psychianer, unsere Brüder vom Om-On System. Die anderen Menschen von den Plejaden sind in die Galaxis und auch in Sphären anderer Dimensionen ausgewandert. Ihr loser„Staatenbund" in Tausenden von Sternsystemen verschiedener Dimensionen wird als Interdimensionale Föderation freier Welten bezeichnet. Diese Föderation umfasst 33 ausgedehnte Sektoren des multidimensionalen Kosmos. Sirius ist 8,6 Lichtjahre von uns entfernt und befindet sich im Sternbild des Hundes – „des Menschen bester Freund". Siriusmenschen kamen um 4.500, vor unserer Zeitrechnung in materiellen Raumschiffen zur Erde. Zu jener Zeit gab es interstellare Telepathie zwischen dem Siriussystem und der Erde, erleichtert auch durch die große Pyramide in Ägypten. Sirius ist als Sendezentrum für interstellare Botschaften für die Erde benutzt worden, damit unser Planet durch die Föderation auf die **bevorstehende Neugestaltung** vorbereitet werden kann. In ihrem vieltausendjährigen Kontakt mit uns haben die Sirianer und ihre Verbündete das Zeichen des HORUS-AUGES, (ein Auge in einem Dreieck) verwendet. Dieses Dreieck können wir auch auf einer Dollarnote bewundern, das die Illuminati als Symbol für ihre neue Weltordnung, besser gesagt Weltherrschaft, benutzen. Sirius ist die Zentralsonne um die unser Sonnensystem und unser Nachbarsystem Centauri ihre Umlfaufbahn ziehen.

Ashtar Sheran

Die Föderation der Milchstraße ist ein Sektor, die vom Ashtar kommando repräsentiert wird, bezogen auf die Entwicklung der Erde *in Richtung einer möglichen Mitgliederschaft in der Föderation.*
Durch Oscar Magosci aus Kanada haben die Föderations- Brüder folgendes mitgeteilt: „ Die Föderation ist unglücklich über die ausgedente Negativität, psychische Schändung und das Hineinpfuschen in die Naturkräfte durch die Erden-Mächte." Dazu gehören: „Verletzung grundlegender menschlicher Rechte durch Habgier, Hass, Intoleranz, Entstellung der Jugendlichen durch Pronografie und diverse Pervesionen. Die Regierungen können und sollten viel mehr tun für die Menschenrechte und das Leben der Menschen indem sie die öffentliche und private Moral in Ordnung bringen. Wir Erdenmenschen sollten unsere geistig-seelischen Kräfte erforschen.

Das Leben der Föderations-Mitglieder

Die Föderation hat in allen ihren Sektoren vor Äonen einen Gipfel an technischer Entwicklung erreicht.
Die Beförderung und Gewinnung von Rohmaterialien, Fabrikation, Landwirtschaft, erfolgen automatisch. Das gleiche trifft auf Medizin, Transportwesen und Dienstleistungen zu. Der Mensch dient als Koordinator und Überwacher aller Bereiche. Hierzu ist maximal ein Prozent der Gesamtbevölkerung notwendig. In den meisten Bereichen ist das Geld überflüssig, da allgemeine Konsumgüter und Dienstleistungen kostenlos zu bekommen sind. Erholung, Freizeit und Bildungsmöglichkeiten, Transportmittel sind ebenfals kostenlos. Die junge Menschen haben die Möglichkeit außerhalb ihrer Schulbildung ihre Begabungen zu nutzen, sich kreativ zu beschäftigen, eine verantwortungsbewusste Haltung gegenüber sich und der Gesellschaft einzunehmen und vor allem, sich um die spirituelle Transzendenz zu bemühen. Sie werden angespornt sich künstlerisch, handwerklich und sportlich zu betätigen und in der Gemeinschaft aktiv zu werden. Die Unzufriedenen können in einem selbst ausgesuchten Bereich kämpfen, raufen und durch harte Arbeit sowie Beschäftigungstherapie andere Erfahrungen sammeln.
Die Androiden als humanoide Roboter wurden manchmal gebaut, um den Menschen auf irgendeine nützliche Weise zu dienen. Ihre Lebensdauer wurde immer auf höchstens dreißig Jahre beschränkt, damit es nicht zu ungewollten Problemen kommen konnte.
Die Völker glauben an den großen Kosmischen Einen Unteilbaren Gott, der alles erschuf. Die Menschen haben das Recht während ihrer Lebensdauer auf je ein Kind je Person.

Die Dunkelmächte und ihre Erdenhelfer, die Illuminati, geben sich als die „guten Menschen" vom Siriuszentrum aus. Die Illuminati sind ein Druidenorden der Freimauer, an deren Spitze die reichsten Leute der Erde sitzen (die Bilderberger = Bankiere, Rotschild, Rockefeller und andere). Sie betrügen durch ihre teuflischen Lehren die Erdenmenschen um sie auszubeuten. Hierbei benutzen sie ihre verfälschten Texte und Botschaften, die vom Sirius stammen. Sie benutzen selbst das Symbol des Horus Auges (1 Dollar Note). Die MIB-s, Men in Black haben auf den Türen ihrer schwarzen Cadillacs oft das Symbol das Dreieck mit einem Auge.
Die Dunkelmächte möchten, daß wir glauben, sie seien im Orionnebel beheimatet. In Wirklichkeit treiben sie sich am äußeren Rand jener Galaxie herum und sind auf die Erde als die Gefallenen gekommen.
Orion ist das Heim der „Lord des Lichtes" und des „Galaktischen Rates". Arcturus im Sternbild Bootes (Bärenhüter) am N-Himmel ist die Zwischenstation.
Das böse Imperium der dunklen Mächte trägt den Namen „Imperiale Allianz der Rechtschaffenen Welten" und liegt in unserem kosmischen Sektor im Großen Bär, auch „Großer Wagen" (am N-Himmel) genannt. Das Hauptoperations- und Einsatzzentrum ist der Drachen = Draconis, 20° westlich von Großen Bär am N-Himmel.
Als Ausgangspunkt für ihre weiteren Operationen in unserem Sonnensystem dient ihnen die Eiswüste des Planeten Pluto. Für weitere Erdenexpeditionen benutzen sie die Rückseite des Mondes. Diese beiden Stationen stellen eine Verletzung des alten Paktes zwischen der Föderation = gut und der Imperialen Allianz = böse dar. Beide Seiten bemühen sich um Wahrung des alten Waffenstillstandsabkommens von 1908 zwischen der Föderation (mit allen Bereichen, wie z. B. die Psychianer von OMM-ONN System) und der Imperialen Allianz (alle Oppositionskräfte umfassend). Beide

Seiten umgehen häufig die Regelung, aber gleichzeitig versuchen sie schwere Übergriffe zu vermeiden, weil alle eine kosmische Apokalypse befürchten.
Da eine direkte militärische Überwältigung der Erde durch die dunklen Mächte nicht ratsam ist, verfolgen sie die Eroberung durch „Zerrüttung", ausgeführt durch Vertreter wie MIBs, Illuminati, Vertreter der harten Rockmusikszene und andere Helfer. Ihre anderen weiteren Untergebenen sind die rücksichtslosen Politiker und geheimen Organisationen, die ihren habgierigen Zielen dienen. Alle diese Organisationen werden für die Zwecke der dunklen Mächte durch die Illuminati missbraucht.
Die Illuminati sind ein Druidenorden der Freimauer, die über die ganze Erde in 99 schwarzmagischen-Logen verteilt sind. Sie versuchen alle Lichtkräfte von der Erde zu entfernen (siehe Frabato - Biographie von Franz Bardon, alias Lao Tse, Hermes Trismegistos, Nostradamus – Dieter Rüggeberg Verlag).
Die Illuminati verwenden Korruption und größte seelische Schändung der Menschen, Chaos und Verstümmelung, um zu einer Weltregierung zu gelangen, die alles und jeden überwachen kann. Dies wird durch die Geldbarone finanziert. Die dunkle Mächte wollen durch massive Verstärkung der negativen pervertierten psychischen Ausstrahlungen der Erde andere Systeme des Kosmos zerrütten und erobern. Alle Weltkriege werden von der „Unsichtbaren Regierung", die von den Illuminati gelenkt wird, inszeniert. Damit ist auch klar, daß nur die Politiker, die ihren Ideologien zustimmen, an die Regierung kommen und bleiben.
Als ihre Waffen, um die Menschen auszubeuten, manipulieren sie Medien, fördern sie Pornografie,die Psyche schädigende Rockmusik, untergraben Moral und Gesetz, zerstören Familien usw. Zusätzlich werden von der Basisstation auf der Rückseite des Mondes negative Schwingungen der Angst, Depression und Gewalttätigkeit verstärkt von Raumschiffen, die als Relaissender wirken, auf die Erde gestrahlt.
Durch programmierte Sklaven-Menschen (Monarch-Sklaven-Programm) ist es ihnen möglich, unsichtbar alles zu kontrollieren und eine geplante Weltdiktatur einzuführen (vgl. „Die 13 Satanischen Blutlinien", A. Schmid Verlag, Bob Renaud: Meine Tv- und Direktkontakte mit Außerirdischen Bd. I-II-III, Ventla Verl.) Für Störaktionen, Einschüchterung, Terror und Mordanschläge werden gehirngewaschene, bionisch manipulierte, menschliche Zombies, Roboter außerirdischer Herkunft (meistens kurzlebige, klonierte, genetisch identische Kopien), manchmal sogar Poltergeister oder holografische Projektionen von Illuminati oder von den Dunkelmächten, die in einer anderen Höllendimension leben, benutzt. Die Dämonen können auch in einem fleischlichen Leibe in verkörperter Form auf der Erde geboren werden.

Überfälle und Invasionen der Dunklen Mächte

Die Streitkräfte der Dunkelmächte, die auf der Erde arbeiten, benutzen meist dreieckige, fledermausförmige Schlachtschiffe und Erkundungsboote. Bei Tageslicht besitzen sie eine trübschwarze Färbung und nachts zeigen sie feuerrotes Glühen. Sie werden als „Dämonenschiffe" bezeichnet. Sie verursachen böswillige Zerstörungen und sind berüchtigt wegen des Leids und der Entführungen von Menschen sowie Verstümmelung von Tieren. Sie verursachen auch viele Katastrophen und Tragödien (z.B. Massaker in Jonestown 1979 und die Explosion in Mississauga l980). Bei solchen Geschehenissen sind die Dunkelmächte nicht die direkten „Organisatoren", sondern sie begünstigen die Auslösung der Unfälle durch ihre lenkende Eingriffe.
Die UFO-s der Konföderation werden nicht nur von NATO - Streitkräften beschossen, sondern auch von den dreieckigen außerirdischen Jägern der

Imperialen Allianz. Diese sind dämonische Kräfte des Terrors und der Zerstörung. Eine verborgene Basisstation der Dämonen befindet sich über der Eiswüste der Antarktik hinter dem Mount Erebus, mit getarnten zuckerhutförmigen Generatoren für das Kraftfeld (Oscar Magosci).

Die Dunkelmächte arbeiten als Invasoren, indem sie die Armaden von vielen tausend Zerstörern in aufeinanderfolgenden Wellen losschicken. Sie sind Herren der Dunkelkräfte aus widergöttlichen Reichen, die selber im Hintergrund bleiben. Die Invasions-Schiffe werden durch telepatische ferngesteuerte Mannschaften in dämonischen Verkörperungen gesteuert. Hinter diesen Invasionen steckt der Prinz der Dämonen Samael, den wir unter der Namen Satan kennen. Die Föderation nannte ihn die „Weltraum-Plage". Samael selbst erklärte der Föderationsflotte, daß er die friedlich lebenden Welten, die vielen Galaxien erobern oder zerstören möchte. Die Zerstörung geschieht, in dem die Dämonen von Ultra-Technik Gebrauch machen, in Gebieten, die ihnen nicht hörig sein wollen und die Sterne in eine Nova verwandeln (verglühen) lassen.

Belzed von Belzedar – der Sohn Samaels

Der Sohn Samaels, Belzed von Belzedar, von der anderen Seite der Galaxis XX Zero hat diese Technik der Zerstörung angewendet bei Kämpfen um die Skanzen-Liga und wurde damals gezwungen, diese kosmische Region zu verlassen (Oscar Magosci, „Meine Freunde aus dem Weltraum", Ventla Verl.). Belzed befindet sich im Kriegszustand mit einer Nachbarregion der Frondoz-Welten wie auch mit verschiedenen anderen Sternsystemen.

Die Föderation unter der Aufsicht des „Konzils der Wächter" versucht den befallenen Welten zu helfen. So breitete sich „kosmischer Gifthauch" in solchen Welten aus (neulich war eine Nachricht im Fernsehen, daß sich in NewYork irgendwelche Gase unbekannter Herkunft wie ein Nebel über der Stadt ausbreiteten d. V.). Alle Bewohner der Galaxis II Zero mussten fliehen und bei solchen Ereignissen hilft die Föderation, indem sie bei der Evakuierung der Bevölkerung hilft und die ganzen Bewohner an einen sicheren Ort bringt. Solche große Unternehmen, die Milliarden Lebewesen evakuieren, erfordern natürlich besondere Raumschiffe, die gleichzeitig als Kampfschiffe dienen können, da die Föderation tödliche Überfälle und Überaschungsangriffe zwecks Zerstörung bei diesen Operationen schon erlebte.

Die Flüchtlings-Flotten können sehr groß sein. Es wurden schon tausend Milliarden „Schläfer" transportiert von Welten,die von einem solchen Verhängnis betroffen waren. Die evakuierten Lebewesen lassen sich freiwillig während der Evakuierungszeit in künstlichen „Schlaf" versetzen. Das „Dornröschen" Märchen ist eine Botschaft für uns und hat hier ihren Ursprung.

Die Regierungsform in dämonischen Welten ist eine tödliche Bedrohung für jeden Stern und ihre Nachbarn. Die diktatorische Regierungsform ist ein von der Polizei überwachter Staat mit seiner unterdrückenden und tödlichen Macht. Beim leisesten Verdacht, daß jemand eine abweichende Meinung vertritt, drohen politische Gefangenschaft und Hinrichtungen. Kriege, Eroberung neuer Territorien, Verfolgung, Säuberungs- und Vernichtugsaktionen, totale Versklavung aller Lebewesen sind die Methoden in solchen Staaten. Mit Trauer denke ich an alle die gefangenen, hungrigen, ausgebeuteten Menschen und Kinder auf unserem Stern Erde. Wieviele unzählige Kriege waren schon hier und wie viele sind es immer noch? **Darum ist hier eine Zensur, ein Eingriff kosmischen Ausmaßes dringend notwendig, damit die vorhandenen Lebewesen nicht nochmals zu Dinosaurien, Reptiloiden und Affen degenerieren. Wir benötigen dringend**

Hilfe, um die jetzigen Herrscher zu einem Waffelstillstand zu zwingen und sie zu enttrohnen.

Liebe Freunde, liebe Erdengeschwister ich versprach beim UFO - Kongress 1997 in Gütersloh unseren Brüder meine Unterstützung. Aus diesem Grund gebe ich das wichtigste weiter, vor allem diesen wichtigen Bericht, wichtig deswegen, damit wir alle wissen, welche Chancen wir vor uns haben, falls wir die richtige Entscheidung treffen, jeder für sich selbst.
Hiermit möchte ich diesen wichtigen Vortrag von Oscar Magosci, einen Freund der Erdenmenschen, weiter geben:

Epoche END-Zeit
Der Weg zur Kosmischen Evolution

Liebe Freunde hier in Deutschland…
Ich komme aus Kanada, wie Sie wissen. Geboren bin ich aber in Ungarn, wo ich 29 Jahe lang lebte, bis 1956. Ich arbeitete als Elektroingenieur für die CBC Fernsegesellschaft. Der Glaube an die Technik war für mich unerschütterlich, weil ich täglich damit konfrontiert wurde. Ich war also, wenn Sie so wollen, ein wissenschaftlich orientierter Mensch. Aber meine Ansicht darüber änderte sich schnell, als ich l975, also vor 12 Jahren, meine ersten Kontakte mit Raumbrüdern einer anderen Galaxie hatte. Ich mußte feststellen, daß die Wirklichkeit weitaus komplexer ist, als wir sie uns allgemein vorstellen…
Aber wie kommen wir dahin, wohin benachbarte Zivilisationen bereits gelangt sind? Der Weg ist kosmische Evolution. Wir vollbringen zwar heute schon wunderbare Dinge, aber wir sollten uns bewusst sein, daß dies nur ein Anfang ist. Bald wird unsere technologische und ingenieurwissenschaftliche Orientierung in eine andere Dimension vorstoßen, in ein anderes Spektrum der Welt, wo wir mehr mit spirituellen und mentalen Kräften umgehen werden. Wir sind alle die Geschöpfe des einen Gottes, seine Kinder. Es gibt nur einen Gott. Ob auf der Erde, auf anderen Planeten, anderen Galaxien oder in andern Dimensionen. Viele mögen vielleicht einen anderen Namen für ihn haben, aber es ist derselbe Gott, Jesus Christus.
Der Planet Erde hat „ältere Brüder", die mit verantwortlich sind für unseren Planeten, darunter ist auch das Ashtar-Kommando. Die höher entwickelten Planeten unserer Galaxis gehören der Galaktischen Konföderation an und es ist der sehnlichste Wunsch alle ihrer Bewohner, daß auch die Erde irgendwann in naher Zukunft dieser Gemeinschaft angehört.

Die Raumleute, die ich vor 12 Jahren zum ersten Mal traf, kamen von einer Föderation der Interdimensionalen Welten, nicht nur als Vertreter der Galaktischen Konföderation, also der Welten, die wir durch unser Teleskop ersphähen können.
Das ASHTAR-Kommando hat viele der größeren Galaxien um Hilfe gebeten, der Erde beizustehen, falls eine Evakuierung der Erdbevölkerung notwendig wird. Das sind die Hauptgründe für das Hiersein der Delegation der Intergalaktischen Föderation. Die verschiedenen, aber wenigen Repräsetanten und Direktoren, die das Programm auf der Erde leiten, müssen in viele irdische Dinge eingeweiht sein.
Sie sind sehr besorgt um das, was auch Herr Tidemand/Norwegen gestern angesprochen hat, nämlich die Ausbreitung der negativen Kräfte. Sie möchten, daß diese Kräfte vom Planeten Erde vertrieben werden. Es scheint so, daß diese Arbeit auf allen Ebenen stattfindet, ob es jetzt eine niedrige oder höhere Raumebene ist. Wesentlich ist die einzelne Person, denn auf das Einzelne ist alles aufgebaut. Wir

sind alle Brüder, ohne Rücksicht auf die Nationalität, ohne Rücksicht auf planetare oder galaktische Herkunft...

Die Erlebnisse die ich hatte, haben Sie ja sicher in meinem Buch „Meine Weltraum-Odysee in UFOs" nachgelesen, das der Ventla-Verlag in deutsch herausbrachte. Aber in der Zwischenzeit hat sich eine Menge ereignet. Inzwischen hatte ich weitere Begegnungen mit meinen Raumfreunden, etwa einmal im Jahr oder sogar öfter.

Die Mission der Raummenschen dient nicht etwa dazu, eine neue Religion aufzubauen, sondern die Menschen auf etwas Neues, Grandioses vorzubereiten. So ist es Ihre und meine Aufgabe, die Menschen auf die Ankunft der Besucher aus dem Weltraum vorzubereiten, die uns im Falle von schweren globalen Katastrophen und Kataklysmen zu Hilfe kommen.

Das ist eine sehr wichtige Arbeit... Sie wird durchgeführt von vielen Berufenen. Solche die hier zu Ihnen sprechen und die solche Kongresse veranstalten und Menschen, wie Sie hier. Hauptsache ist, die Hilfe wird gegeben. Was wir alle möchten, ist eine bessere Welt, eine bessere Zivilisation. Wir möchten Neues aufbauen, neue Erkentnisse sammeln, mehr Spiritualität in unserem Leben verwirklichen. Kurzum mehr Lebensqualität erlangen. Was wir auch tun, wir werden in allem von den Raumbrüdern unterstüzt, ob aus dem Sonnensystem oder von anderen Galaxien. Sie helfen uns, unsere begonnene Aufgabe zu Ende zu bringen...

Allein in diesem Jahrhundert sind wir von mehr als 100 verschiedenen Zivilisationen besucht worden. Natürlich spreche ich nur über menschlich aussehende Arten von Zivilisationen.

Einige von diesen höheren Zivilisationen kommen zu uns auf die Erde und schenken uns ihr Wissen. Sie werden Sternenmenschen (star-people) genannt. Viele Sternenmenschen sind schon auf diesem Planeten. Einige von ihnen sind hierher gebracht worden, in einem sehr frühen Alter. Andere inkarnierten aus höheren Welten. Eines ist klar, auch wir werden und wir sollten eines Tages Sternenmenschen werden. Es ist nur eine Frage der Zeit...

Die meisten von uns sind veranlasst worden, auf diesem Planeten, zu dieser Zeit, inkarniert zu werden. Ein wesentlicher Grund ist, daß wir alle der Menschheit helfen wollen. Hier sind über 300 Menschen im Saal und bedenken Sie, daß in den anderen Ländern viele Millionen Menschen leben, die noch nicht einmal etwas von dem hörten, worüber wir heute hier sprechen. Es sind eine Menge guter und aufrichtiger Leute dabei. Wir müssen keine Sternenmenschen sein, um gute Menschen zu sein. Gott hat viele Helfer.

Die Raumbüder informierten mich jedoch, daß Sie hier – in Deutschland – zu den Besten gehören. Jedoch, Sie müssen es auch bleiben. Morgen könnten Sie schon einen Fehler machen oder falsch handeln; es gibt also keine Garantie. Doch durch Gebet und Meditation können wir eine Führung von höheren Kräften bekommen...

Von Ihnen meine Damen und Herren sagen die Raumbrüder, Sie seien diejenigen, welche dieses Mal gerettet werden. Jedoch nur, wenn Sie sich weiterhin richtig verhalten. Sie werden in Sicherheit gebracht werden, die neue Welt und das goldene Zeitalter erleben. In der Zwischenzeit werden wir eine Menge Katastrophen haben, auch Harmagedon und die Apokalypse. Das wird der Prozeß der Reinigung von den üblen Dingen, die Einlösung des Karmas der Menschheit sein. Aber Sie werden im Falle der Gefahr evakuiert. Über die Evakuierung und die Details wurde schon in vielen Büchern geschrieben. Das beste in den USA ist Tuella´s „Project World Evacuation". In Europa hat der Ventla-Verlag das deutsche Schlüsselwerk „Evakuierung in den Weltraum" von Leona/Veit bereits in 2 Auflage herausgebracht.

Sie werden gerettet werden! Wann und wie es geschieht spielt keine Rolle. Es wird sich um Sie gekümmert.

Wir – die sogenannten Sternen-Helfer – werden helfen, wenn die Unruhen kommen. Unsere Belohnung ist, daß wir es getan haben, aus unserem Herzen heraus. Es ist Gottes Wille, den anderen zu helfen. Diese Mission ist unsere Arbeit. Aus diesem Grund haben wir viele Kontakte, viele Verbindungen mit anderen Raumwesen.

Ich muß Ihnen jetzt etwas sagen, worum meine Raumfreunde mich gebeten haben, hier und jetzt. Für alle, die Sie hier sind, jeden einzelnen von Ihnen. Das ist kein zufälliges Ereignis. Sie mögen sagen, Sie haben noch nie ein UFO gesehen, doch das stimmt nicht. Sie haben UFOs gesehen, alle von Ihnen haben schon UFOs gesehen. Und Sie alle waren schon in Raumschiffen – in einem frühen Alter, als sie noch Kleinkinder waren. Sie können sich nur nicht mehr daran erinnern…

Menschen, die für die neue Welt, für das neue Zeitalter bestimmt sind, sollten sich nicht Gedanken darüber machen, daß sie keine 20 Jahre jung sind, denn ein weiteres Versprechen ist, daß Sie nach dem Übergang in die neue Welt einen neuen Körper erhalten werden, in dem Sie aussehen werden, wie zu ihren besten Zeiten, vielleicht sogar besser. Welche Beschwerden oder Krankheiten Sie auch hatten, alles wird korrigiert werden. Sie werden vollständig gesund und in Ordnung sein. Diese Zeit, in die Sie hineingehen, wird 1000 Jahre dauern, und das mit einem gesunden Körper.

Diejenigen, die es benötigen, werden eine frühe Evaukierung erleben. Das ist ein Versprechen nicht nur von den Raumbrüdern, sondern von anderen, noch höher geordneten Stellen; und es wird geschehen.

Wir Kontaktler, die wir hier sind, wissen, daß wir gut aufgehoben sind und daß auch Sie es sind. Aber die übrige Menschheit braucht unsere Hilfe. Auch wir werden eine Menge Turbulenzen und Unruhe verspüren. Die Änderung wird kommen, aber unsere Raumbrüder wollen es einfacher, leichter für uns machen. Wir, Sie, die wir an diesem Sonntagvormittag zusammengekommen sind, haben ein Privileg, aber auch eine wichtige Aufgabe. Wir müssen das Licht aus unseren Herzen verbreiten und anderen helfen. Das ist unsere Pflicht unseren Brüdern und Schwestern gegenüber, ja gegenüber der ganzen Menschheit.

Gott schütze Sie alle.

Vielen Dank für das Lesen dieses Berichts! (d.V)

WICHTIGE INFORMATIONEN FÜR UNS - DIE MENSCHEN DER ENDZEIT!

Was geschieht zur Zeit auf unserem Planeten

Es steht fest, daß die Dunkelmächte folgende Mittel benutzen, um die Menschheit total zu versklaven und zerstören:

MINDCONTROL – Überwachungssysteme werden aufgebaut, um alle Kommunikationswege kontrollieren zu können; durch Zinsen werden die Menschen und Staaten in die Verschuldung, Ruin und Abhängigkeit getrieben; durch Kriege gegen Afghanistan, Irak und demnächst Iran wollen sie an die größten und wichtigsten Ölreserven der Erde kommen;die Globalisierung wird vorangetrieben, um die Nahrungsquellen, Medizin und alle Reichtümer des Planeten kontrollieren zu können; weltweit neue Gesetze erlassen, um die Menscheit total versklaven zu können und alle Gegner ihrer neunen „Weltregierung" in Zwangslager oder durch grausame Misshandlungen auszurotten; die Kinder und Jugendlichen zu „dämonisieren" durch Einführung von pornografischen, sadistischen Mord- und Vergewaltigungs Filmen; Fördern von sexueller Unmoral wie Pädophilie, Schwulen, Lesben usw.; weissen Tod aus der Luft über die Staaten der EU zu streuen durch chemische Kondensstreifen, „Chemietrails" genannt, die durch ihre schwadenförmigen Nebel-bzw. Wolkenbänke viele Krankheiten verursachen; alle möglichen gefährlichen Versuche in der Luft sowie in der Erde und an allen Lebewesen durchführen, um die Weltbevöllkerung zu reduzieren; mutwillig unseren Planeten zerstören; mit ihren militärischen Waffensystemen wie „Haarp";Wetterbeeinflussung hervorufen, die Erdatmosphäre erhitzen, die Menschen-Gehirne manipulieren und schädigen, alle Medien wie Fernseh- Presse- Film und Musik- Industrie kontrollieren bzw. zensieren; wichtige Literatur verheimlichen (wie z.B. von Moses das sechste und siebte Buch, die vom Universum und der Lehre von der Inkarnation und Reinkarnation handeln, die die Priester als apokryph erklärten und dem Volk den Besitz bei Strafe verboten – den Inhalt behielten sie als Geheimwissen für sich) sowie viele weitere Bücher verstecken, verbrennen, entfernen, verbieten; Verlage, die die Wahrheit verbreiten unter Druck setzen; Satanskult befürworten und die Sexual-Verbrecher nicht für immer einsprerren und kastrieren; Völkermord („ethnische Säuberungen"), auf bestialische Art durchführen durch Militäreinsätze die sich gezielt auf Zivileinrichtungen und Personen richten (z.B.Kurden in der Türkei, in Jugoslawien Muslime und Albanen, im Irak und weltweit weitere ethnische Gruppen); solche Art von „Säuberungen" befürworten; durch Währungsfonds die Staaten absichtlich in den Ruin treiben wie ehem. Jugoslawien, Argentinien, usw; durch die Uno die Weltherrschaft anstreben; Diktatoren weltweit als Regierungsschefs anerkennen und untestützen; Terror und Gewalt im Nahen Osten befürworten und die Drangsal vieler Völker (Palästinenser, Iraker, Libanesen usw.) somit verursachen; das globale Killernetzwerk und brutale Auftragsmörder dulden, sogar Auträge verteilen; die wahren Lehren über Schöpfung, Schöpfer, Gesetze des Universums, Geschichte der Erde und Menschheit verfälschen und ihre eigenen IRR-LEHREN verbreiten; blutige satanische Rituale durchführen bei denen Menschen, vor allem Kinder durch Sadismus, sexuelle Perversion zu Tode gequält und umgebracht werden; das Geschäft mit menschlichen Organen erlauben und hierfür Kinder kaufen oder kindnappen; Genmanipulation einführen, die schädigend für das Erb-Gut aller Lebewesen ist; mit Chemikalien und Radioaktivität unsere Nahrung und ganze Lebensbereiche, Wasser, Luft, Erde vergiften, was zur DEGENERATION aller Lebewesen führt; in Laboren Gifte, Viren, Bakterien neue Tier-Rassen und androiden Lebewesen erzeugen; das Nahrungs-Recht in größten Teilen des Planeten Erde verletzen;den ganzen Planeten Erde in eine Müll-Kloake verwandeln; alle neuen, für die Welt wichtigen Erfindungen abkaufen, zerstören, verstecken; Menschen, die die Wahrheit verbreiten, foltern und umbringen lassen durch MIB (vervielfältigte menschliche Klone); die Heilpflanzen der Erde weltweit brutal vernichten und zerstören, um ihre Medikamente herzustellen die niemandem gesund machen können, weil sie Gifte beimischen, usw. Diese Liste könnte man ins Unendliche ausweiten, ich glaube das hier erwähnte ist genug

Die direkte INFORMATIONEN der Lichtkräfte

Uns sollte klar sein daß die verborgenen Machenschaften der Dunkelmächte nur durch Licht-Kräfte ans Tageslicht kommen. Ich habe einige Doku-Informationen und Nachrichten des Fernsehens, seit 2004 gesammelt, um zu zeigen, wie wichtig es für uns ist, sich mit den Tatsachen auseinanderzusetzen.
Am 20.10.03 und am 10.04.05 RTL II – Bericht: „Klima Veränderungen und Polsprung" Es wurde folgendes mitgeteilt:"Die Japaner haben einen Sateliten installiert, um Messungen des Magnetfeldes der Erde vorzunehmen. Dieser Satellit funktioniert nicht mehr. Jetzt messen die japanischen Geophysiker mit dem

Magnometer weltweit das Magnetfeld der Erde. Sie wissen, daß die Zugvögel ein intaktes Magnetfeld benötigen, um ihr Ziel finden zu können. Die japanischen Wissenschaftler haben festgestellt, daß die Magnetpole bereits zu wandern beginnen. Ohne Magnetfeld können sich die Vögel nicht mehr orientieren, die Flugzeuge nicht mehr fliegen und weltweit wäre Stromausfall die Folge. Nun, seit Jahren stranden immer wieder Wale und andere Fische und sterben massenweise an Stränden der Weltmeere. Warum? Können die Tiere durch das geschwächte Magnetfeld oder durch die vielen Radaranlagen nicht mehr in ihren tiefen Gewässer bleiben, weil sie getäuscht werden?

Am 20.05.04, RTL, 18.45 Uhr, wurde in den Nachrichten ein Bericht über 10 verschwundene Babys in Albanien, die wegen ihrer Organe verschleppt wurden, gebracht. Die Organ-Mafia, wobei korrupte Ärzte und Polizei mitmachen, haben die Babys über Griechenland weiter nach Europa und Amerika verschleppt. Man hat die Särge der Kinder ausgegraben und diese waren leer, vorher hatte man den frisch gebärenden Müttern mitgeteilt, daß ihre Kinder tot geboren seien.
Am 07.05.04 WDR-Doku, 23.00 Uhr – „General Dallaire, die Blauhelme und das Massaker von Ruanda"; bei dem Massaker von 1994 wurden 800 000 Menschen auf bestialische Weise niedergemetzelt. Der kanadische UNO-General Dallaire forderte vergeblich Verstärkung an. Es wurde gesagt, daß die Menschen in Ruanda 32. USD dafür bezahlten,daß sie mit Gewehren ,anstatt mit Macheten, Keulen oder der Axt getötet wurden.
Am 12.08.04 Doku in Phoenix –„ Giftige Kleider"? Gitftige Chemikalien in Textilien können schwere gesundheitliche Probleme verursachen. In Südindien werden Tausende von Arbeitern mit Pestiziden vergiftet. Ein Filmteam hat die Spur bis nach Deutschland verfolgt. In der Hochsaison bei der Baumwollverarbeitung werden in Südindien pro Tag zwischen 40 und 100 Menschen mit Vergiftungen in Krankenhäuser eingeliefert.Die fertige Kleidung ist hochgiftig. Viele Menschen, vor allem Verkäuferinnen erkranken schwer, entweder durch das Tragen der Kleidung oder durch Einatmen der Gifte. In der Kleidung sind PCB=Nervengift, ACO=hochgiftige karzinogene Farben, Formaldehyd, Cametrin, Lindan, De-De-De. Viele von diesen Chemikalien sind schon längst in der BRD und Europa verboten.
Am 12.04.06 – Südwest um 22.35 Uhr, Auslandreporter:" Guatemala – Land der toten Mädchen". Es sind massenhaft Leichen von schwer gefolterten, toten Mädchen in allen Altersgruppen gezeigt worden. Dort verschwinden täglich Mädchen und niemand hat Interesse an der Aufklärung dieser Verbrechen, da die Polizei, Politiker und viele andere Sadisten an diesen Morden beteiligt sind. Die Bewohner haben natürlich große Angst.
Am 28.04.04 – Südwestnachrichten, Mitteilung, daß jeder vierte Jugendliche hörgeschädigt ist..
AM 28.04.04 – Phoenix – Doku:" Gebrochene Helden – US Soldaten nach dem Irak Krieg". In der Sendung wurde mitgeteilt, daß die Amerikaner im Golfkrieg 300 Tonen Uran für Panzer eingesetzt haben. Die Amerikaner brauchen „Wegwerf- Soldaten". Die Regierung Amerikas kümmert sich nicht um ihre verletzten Soldaten, die nach Hause kommen müssen, weil sie wegen Verletzungen nicht mehr an der Front bleiben können. Die Soldaten erhalten keine Kriegsentschädigung, obwohl sie durch den Krieg schwer erkrankten und sich in materieller Not befinden. Allen Rekruten wird der Krieg durch falsche Kriegspropaganda schmackhaft gemacht. Da viele junge Männer Geld benötigen und mit dem im Krieg verdientem Geld später ihr Studium finanzieren wollten oder sich einen besseren Lebensstandard erhoffen, gehen sie in die Falle. Die Soldaten, hier sind natürlich auch Soldatinnen betroffen, werden zuerst psychisch krank (30-

70%) danach körperlich durch Kriegsimpfungen und eingesetzte Kriegswaffen, die radioaktiv sind.

AM 28.04.04 – ARD – Der Präsident, das Öl, die Amigos. Es wurde mitgeteilt, daß 60% von allen Erdölquellen auf unserem Planeten sich im Persischen Golf befinden. Ein Viertel des weltweiten Verbrauchs an Öl nimmt die USA in Anspruch sagte Jefri Sens , Prof. der Universität in Columbia. Danach komme China auf Platz zwei. Die Firma Shell, Halliburton, Bechtel und texanische Millionäre bestimmen den Welt-Öl-Preis. Sie alle haben den Wahlkampf von Präsident Bush finanziert. Sie wissen natürlich, das derjenige der die Öl-Versorgung kontrolliert, auch den Öl Preis kontrolliert. Der Zugang zum Persischen Golf ist von wichtigster Bedeutung für die amerikanische Sicherheit. Wenn notwendig, werden sich die Amerikaner mit militärischen Mitteln diese Öl-Quellen, sichern.

Die Firma Halliburton und Rumsfeld haben immer mit Sadam Hussein Öl-Geschäfte gemacht, auch damals als über Irak das Imbargo verhängt war. 25% des Öls wird aus dem Irak geschmugelt, sagt das irakische Ministerium. Vier Milliarden US Dollar fehlen auf irakischen Öl-Konten. Das Öl-Geld hat die US Federal Reserve Bank auf ihrem Konto, nicht eine irakische Bank. Im Bericht wurde Mike Baker, ein ehemaliger CIA-Agent in seinem Büro gezeigt, wie er allen Interessierten die Informationen für irakischen-Öl-Kauf vermittelt...

Es gibt auch sehr „wache Amerikaner" wie z.B. Michael Moore. In seinem Buch „Volle Deckung Mr. Bush" schreibt er, daß seitdem die Bush-Regierung an der Macht ist, viele Amerikaner die negativen Handlungen von Bush und Co. ans Tageslicht zu bringen versuchen. Einem Journalisten mit Namen Paul Kruegmann wurde in der NewYork Times eine Seite der Zeitung eingeräumt, um mit der jetztigen Regierung abzurechnen. Michael Moore fand in vielen Quellen wie Büchern, geheimen Akten, Zeitungen, Untesuchungs berichten des US-Senats sowie Menschen die etwas wussten, die Wahrheit über Bush und seine Verbündeten. Acht Rechtsanwäte der Bush-Regierung versuchten, die Berichte und Bücher über die Wahrheit zu verhindern. Es half nichts. Die Licht-Kräfte waren stärker. Hier möchte ich von all den Grausamkeiten der Bush-Regierung eine Liste des Untersuchungs-berichts des US-Senats erwähnen. Diese Liste entält die biologischen Wirkstoffe, die amerikanische Konzerne an Sadam Hussein zwischen 1985 und 1990 mit Genehmigung der US-Regierung verkauften:
BACILLUS ANTHRACIS – ANTHRAX – oder MILZBRAND – ist eine häufig tödlich verlaufende Infektionskrankheit, die durch die Aufnahme von Sporen ausgelöst wird. Sie beginnt mit plötzlichem hohen Fieber, Atembeschwerden und Schmerzen in der Brust. Sie endet mit einer Blutvergiftung.
CLOSTRIDIUM BOTULINUM – die Symptome beginnen mit Erbrechen, Verstopfung, Durst, danach allgemeine Schwächezustände, Kopfschmerzen, Fieber, Schwindel, Doppelt-Sehen, Lähmung der Muskeln, Schluckprobleme, Tod.
HISTOPLASMA CAPSULATUM – ähnelt der Tuberkulose, beginnt mit Lungen-Entzündung, Vergrößerung von Leber und Milz, Anämie, grippenartigen Symptomen und führt zum Tod.
BRUCELLA MELITENSIS – chronische Erschöpfung, Appetitverlust, starke Schweißausbrüche, Gelenk- und Muskelschmerzen, Schlaflosigkeit, Übelkeit und führt zum Tod.
CLOSTRIDIUM PERFRINGENS – ist ein hochgiftiges Bakterium, das Gasbrand verursacht. Das Bakterium produziert Toxine, die an den Muskelbündeln im Körper entlangwandern und Zellen abtöten.
Zusätzlich gingen direkt an die irakischen Atomenergiekommission Lieferungen von Escheria Coli (E. Coli) und genetisches Material, sowie menschliche und bakterielle DNS.

Liebe Leser glauben sie, daß alle diese schrecklichen Erfindungen nur an ihren Ursprungsorten bleiben? Ich kann das nicht glauben, wenn ich sehe, welche schreckliche Krankheiten in Afrika und anderen Ländern, die in Armut leben, vorhanden sind. Inzwischen kennen wir auch den Grippe-Virus Befall aus Asien und die Vogelgrippe in Deutschland usw. Ich weiß aus früheren Berichten, daß die amerikanischen Regierungen, Hitler und Co schon immer grausamste Versuche an Menschen, die sich nicht wehren konnten, wie z.B. an Armen, Gefangenen, etc.durchführten. Ich frage uns alle: „Wozu sollen wir Kinder auf die Welt bringen? Daß sie als Soldat oder Versuchskaninchen sterben?

Am Do 02.11.06 Phoenix 22.15 Uhr – Das Geschäft mit dem Erbgut – Genmanipulation – Nahrungskontrolle. Der große amerikanische Konzern Monsanto will die weltweite Kontrolle über Nahrung. Sie wollen durch Gentechnologie alles beherrschen. Der Monsanto-Konzern kauft Saat-Gut in allen Länder der Erde auf und lässt es patentieren. Danach darf kein Land das gleiche Saat-Gut verwenden, ohne Patentgebühren an Monsanto zu bezahlen. Der Konzern verklagt alle Länder, wie z.B. südamerikanische Staaten, Indien usw., die das gleiche, eigene Saatgut verwenden und verlangt Tausende bis Millionen US-Dollar Entschädigungen. Liebe Leser, können sie sich vorstellen was uns bevorsteht, wenn solche Großkonzerne die totale Macht über unsere Nahrung erlangen und sie total kontrollieren können? Was glauben sie wie viel Gewinn hat die „Vogelgrippe" einigen Konzernen in Europa gebracht? Die Kleinbauern und Privatleute mussten nach der Tötung ihrer eigenen Tiere natürlich irgendwo ihr Fleisch einkaufen, oder?

Die Farmer in Amerika haben festgestellt daß ihre Tiere durch Fütterung mit genmanipulierter Nahrung unfruchtbar wurden. Als die Farmer normale Nahrung den Tieren gaben, gebärten sie wieder. Die Farmer waren gezwungen Saagut von Monsanto zu kaufen sowie die Spritz-Mittel (Impfmittel + „Medizin") und weitere landwirtschaftliche Produkte. Bei Schweinen war die Geburtenrate um 30% zurückgegangen, genauso wie bei der Ernte. Wissen sie liebe Leser, daß in Afrika 75% der Bevölkerung in Armut lebt und hungert. Mit Gen-Saatgut werden sie aussterben. Viele Farmer in Amerika haben ihre Tierzucht durch Fütterung von Gen-Mais und Getreide verloren, ihre hohen Schulden bei den Banken sind aber geblieben. Alle Versuche die Gen-Nahrung untersuchen zu lassen, wurden verhindert. Die Test-Studien wie auch die Labor-Ergebnisse von Monsanto waren alle gefälscht. Es gibt mehrere neue Eiweise (Proteine) in der Gen-Nahrung und niemand weiß etwas über deren Wirkung auf alle Lebewesen. In einem Fernsehbericht wurde von Bienen-Forschern mitgeteilt, daß die Bienen Jahr nach der Einnahme der Rapspollen einen veränderten Darm hatten. Was wird dann mit uns Menschen geschehen, wenn diese bösen Machenschaften nicht aufhören? Die Firma Monsanto hat überall ihre korrupten Freunde. Es bestehen keine Sicherheitsbedenken bei Menschen und Tier, haben die amerikanischen Sicherheitsbehörden mitgeteilt. Präsident Bush teilte mit, man solle die Armut mit Gen-Food bekämpfen. Vielen Zeitungen in Amerika wurde wegen ihrer Veröffentlichungen über Gen-Nahrung und dem Bedenken für die Gesundheit gedroht und die Journalisten wurden entlassen wie z.B. Herr Richard Burggohs. In USA ist 95% der Nahrung gen manipuliert, in Brasilien 75%, in Argentinien 100%. Umwelt- Fachleute sagten, daß mit der Firma Monsanto keine Kooperation möglich ist. Weltweit hat die Monopolisierung durch die Firma Monsanto bereits begonnen. Das genmanipulierte Fleisch muß nicht einmal gekennzeichnet werden.

Am 09.10.06 – Südwest – um 22.25 Degeneration von Lebewesen. In diesem Doku-Bericht wurde mitgeteilt, daß alle Gewässer der Erde, auch die in 4000 Meter Höhe liegenden Seen inzwischen mit Chemikalien vergiftet sind. Diese Chemikalien führen zu Degeneration von Fischen und Menschen, deren Hormone verändert werden, sodaß Zwitter- Wesen entstehen, die weibliche und männliche Geschlechtsteile haben. Es wurden neugeborene Kinder gezeigt die beide Geschlechtsteile haben oder Mädchen, die nur das männliche Hormon Testesteron enthalten. Viele Männer sind inzwischen nicht mehr zeugungsfähig und viele Frauen können keine Kinder bekommen. Die Chemie- Industrie weigert sich dies anzuerkennen und verlangt 100 prozentige Beweise.

Am 28.11.06 kam in Frontal ein Bericht über Agrar-Händler in Europa. Die hochgiftigen, schon längst verbotenen Pflanzenschutzmittel wie E-5, Thionex, E 605 Forte, die die Nerven bei Menschen schädigen, das Hormonsystem drucheinander bringen und in der BRD zu Tode führten, sind in Bodenseefrüchten, Erdbeeren, Äpfeln und Himbeeren gefunden worden. Agrar-Händler aus Frankreich verkaufen diese verbotenen Pflanzenschutzmitell an deutsche Bauern. Die Bauern kaufen sie, weil diese billiger sind als die in Deutschland vorgeschriebenen Produkte.

Kapitel IV

Die biblische Endzeit ist jetzt

„Die Pyramiden und der Sphinx sind ein kosmisches Mahnmal für die Wiederkunft Jesu Christi und ein damit verbundenes allgemeines Gericht über die derzeitige Zivilisation dieses Planeten", bekundete der Amerikaner Edgar Cayce (1877–1945), den man auch den „schlafenden Propheten" nannte. Wenn man solche Sätze liest, werden Assoziationen an alttestamentarische Schreckensszenarien oder die endzeitlichen Visionen in der „Apokalypse des Johannes" wieder wach. In welcher Zeit leben wir? Ist unsere Kultur am Ende? Wartet in der Zukunft ein unvermeidliches Desaster? Können wir etwas tun, um das Schlimmste zu verhindern?

Der heutigen Menschheit sind Fristen gesetzt

Jakob Lorber (1800–1864) schrieb im Buch „Die Zwölf Stunden", dass über die Menschen dieses Planeten nach uraltem, kosmischen Plan Fristen am Ende unserer Zivilisation gesetzt sind. Diese 12 Stunden entsprechen den 2000 Jahren, die seit Christi Geburt vergangen sind.

Die vier Fristen sind: 4 Wochen – 4 Monate – 4 Vierteljahre – 4 Jahre und begannen am 11.08.1999, dem Tag einer Sonnenfinsternis. Daraus resultiert folgende Rechnung: 11. August 1999 plus 4 Monate ergibt den 11. Dezember 1999. Gefolgt von vier Jahren, und wir sind beim 11.12.2003 bzw., um das Jahr voll zu machen, beim 31.12.2003. Danach beginnen 4 Vierteljahre, die am 31.12.2004 endeten.

Jesus Christus, das erlegte Lamm Gottes, wurde am 7. Januar im Jahre 6 vor Chris-

tus um 00:00 Uhr geboren. Als „großer Jäger" erscheint Christus selbst um die Mittagszeit nach den abgelaufenen vier Fristen mit seinem treuen großen Hund und Vorbereiter (am Sternenhimmel ist dies Sirius), Erzengel Michael, der in seiner Inkarnation vor 2000 Jahren als Johannes der Täufer in der Nacht vom 11. auf den 12. Dezember, ebenfalls um Mitternacht, das Licht der Welt erblickte, und der sich in unserer Zeit am 11.12.1953 als Schütze reinkarnierte. Sie werden Menschen mit bestimmten Qualitäten auf einen anderen Planeten entrücken, um mit ihnen zusammen nach der Reinigung unserer Erdenmutter eine neue Hochzivilisation zu begründen.

Beweise für die Fristensetzung sowie über die Herkunft von Christus sind in der so genannten „Halle der Urkunden" in der Anlage von Gizeh (Ägypten) zu finden. Diese Anlage ist als kosmisches Mahnmal für die Menschen in diesem Sonnensystem im Auftrag galaktischer Wächter erbaut worden.

Von wem stammen wir ab?

Jakob Lorber schrieb in seinen Werken „Haushaltung Gottes" und „Das große Evangelium Johannes", dass wir die Nachfahren Adams sind. Dieses Menschengeschlecht existiert laut Kabbala, die vor etwa 2000 Jahren verfasst wurde, seit 4151 Jahren (die Quersumme von 4151 ist die 11, eine der Zahlen von Erzengel Michael). Blickt man vom Jahr 2000 aus auf die Ursprünge dieses Menschengeschlechts zurück, sind um die 6157 Jahre vergangen. Die Menschen, die seit Millionen von Jahren auf der Erde vor Adams Zeiten lebten, nannte Jakob Lorber „Präadamiten".

Mahnmale vergangener Großkatastrophen

Unter der Cheops-Pyramide befindet sich eine Felsenkammer mit zuführendem Schacht.

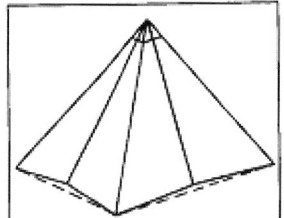

Die Pyramide stellt ein kosmisches Mahnmal für zwei Großkatastrophen in diesem Sonnensystem dar: Die Zerstörung des Planeten Mallona und die in der Bibel dokumentierte Sintflut. In der Cheops-Pyramide gibt es nach Jakob Lorber eine Botschaft und Entsprechung für die Menschen. Sie besagt, dass die Menschheit sich, einem bösen Wurme gleich, „immer tiefer in die Erde hineinbohrt und nach vergänglichen, irdischen Schätzen wühlt, anstatt ihren Geist in den Himmel zu erheben, um zu erkennen, woher sie kommt und wohin sie geht".

Die Felsenkammer in der Pyramide fungiert mit dem zuführenden Schacht als Planetarium und stellt die Konstellation am Tage der Sprengung des Planeten Mallona dar. Das war nach irdischer Zeitrechnung der 30.11.2726 vor Christus. Mallona befand sich in unserem Sonnensystem zwischen Jupiter und Mars und wurde von seinen damaligen Bewohnern aus Habgier und Herrschsucht zerstört. Jupiter (steht für Gott-Vater) stand im Steinbock (Erde), Saturn (Gericht, Wappen des Erzengels Michael) stand im Schützen (der auch das Zeichen Michaels ist). Mallona befand sich in Opposition zur Erde. Sonne, Erde und Mallona bildeten eine fast gerade Linie. Deshalb fielen auch zahlreiche Brocken auf die Erde. Manche Brocken verfügten über hieroglyphenartige Schriftzeichen der dortigen Zivilisation. Nach Jakob Lorber existieren auch in den Alpen große, weiße Steine mit diesen Schriftzeichen.

Von dem zersprengten Planeten Mallona fielen um ca. 3000 vor Christus sieben Riesenleichname auf das Land Ägypten herab (vgl. Lorber: „Das Große Evangelium des Johannes", 4/203). Dies stellte eine Warnung der kosmischen Wächter an die Ägypter dar. Im Zeitraum 2500 bis 3000 vor Christus ereigneten sich in unserem Sonnensystem auf Mallona und auf der Erde einzig und allein durch das ruchlose Treiben ihrer Bewohner Katastrophen.

Die Hanochiten – Wurzel aller Hochkulturen

Die Hanochiten bildeten die Wurzel aller irdischen Hochkulturen. Die Ur-Ägypter beispielsweise stammen von mittelasiatischen Abkömmlingen aus dem Reich der Hanochiten ab. Die ägyptischen Kenntnisse über raffiniertes Schminken, Verschönerungsmethoden sowie die Vorläufer der modernen Glühbirnen aus dem Hathor-Tempel basierten auf den chemischen Kenntnissen der Hanochiten. Papier, Pergament, Feuerwaffen, Geld, Polizeiwesen, Straßennamen und Hausnummern, Ausweiszwang, Sklaverei, Beichte, Inquisition, Ausrufung eines Stellvertreter Gottes auf Erden – das alles gab es bereits bei den Hanochiten. Die damalige dekadente Menschheit wurde, genauso wie heute, mit staatlich geförderter Volks-verdummungs-Maschinerie rund um die Uhr unterhalten. Sie hatten Apparate aller erdenklichen Art, von denen wir uns heute gar keine Vorstellung mehr machen können.
4000 Jahre vor unserer Zeitrechnung begannen die Menschen mit ihrem ver-werflichen Treiben. Sie besaßen bereits zu dieser Zeit alles zerstörende Sprengkörper. Hanoch war die älteste Stadt der Erde und so groß wie der heutige Staat Israel. Nach Jakob Lorber gab es damals auch die Kulturen der Sumerer, der Chinesen, die Ur-Japaner sowie der Ur-Ägypter, von denen schon früh ver-schiedene Stämme auswanderten. Zu dieser Zeit waren bereits die amerikanischen Kontinente von Nachfahren der Adamiten (den Cahin) bevölkert. Auch dort exis-tierten die Frühmenschen, die sich später mit der adamitischen und der prä-adamitischen Rasse vermischten. Sie existieren noch heute und sind von Ausrottung und Aussterben bedroht.

Die biblische Sintflut

Die Hauptstadt Hanoch wurde mit 500 Nachbarstädten, in denen insgesamt eine halbe Milliarde Menschen lebten, durch eine von den Hanochiten selbst ausgelöste Sintflut vernichtet. Dies geschah um ca. 2500 vor Christus durch Sprengung von Bergen, die wie eine Art Deckel auf unterirdischen Meeren lagen. Durch die Explosion öffneten sich gigantische Wasserbassins. Hanoch liegt heute begraben an bestimmten Stellen in Sibirien bzw. Mittelasien, 1000 Meter und tiefer unter der Erde. Von den damaligen Hanochiten wurden bei der Sintflut nur 4 Männer und 4 Frauen mit bestimmten Qualitäten gerettet, während eine halbe Milliarde Menschen umkam.
Jakob Lorber schrieb diese Kundgaben ab Januar 1844 nieder. Bezüglich dieses Da-tums steht die Zahl 18 für den neuen Moses (der bereits auf der Erde ist, nämlich Erzengel Michael) und die Zahl 44 für die 4 Männer und 4 Frauen. Diese Ziffer symbolisiert auch die heutige Menschheit, der 4 Fristen gegeben sind (Dr. Pastor, „Magazin 2000 Plus", im Bericht über die „Halle der Urkunden").

Steht unserer heutigen Kultur der Untergang bevor?

Zunächst sei der vernichtete Planet Mallona für die Mission Jesu Christi ausgewählt worden, erzählt Jakob Lorber. Da dessen Bewohner aber noch verkommener gewesen sind als die damaligen irdischen Menschen, ist die Zerstörung Mallonas schließlich zugelassen worden.
Die totale Zerstörung unserer heutigen Erde ist nicht geplant, weil dies der Planet der Menschwerdung Jesu Christi ist. Die Wächter aus dem All entscheiden über solche Angelegenheiten und teilen uns mit, dass es allein am Verhalten und an der

geistigen Entwicklung der heutigen Menschheit liegt, in welchem Ausmaß die Erde durch katastrophale Ereignisse gereinigt werden muss.

Die Cheops-Pyramide verweist über den oberen Kulminationspunkt des Orion (der für Christus und Sonne steht) im Verlauf seiner präzessionsbedingten, kolben-artigen Auf- und Abbewegung symbolisch auf die Wiederkunft Christi zur Jetztzeit (und nicht auf die des Erdlings Maitreya, eine Lügen-Geschichte der negativen Kräfte).

Die Zukunft könnte eine von den Menschen verschuldete planetarische Großkatastrophe mit sich bringen. Dies wird ein gewaltiger Einschnitt in die Geschichte dieses Planeten bedeuten. Ohne die im Alten und Neuen Testament versprochene Rettung durch Raumschiffe aus dem All wären wir alle verloren. Die Großkatastrophe wird voraussichtlich der Polsprung sein. Es soll zuvor eine Teil-evakuierung der heutigen Menschheit stattfinden, die sich unter der Einwirkung einer speziell eingestellten Teleportationsstrahlung bewähren muss. Diese Ge-schichte ist im Büchlein „Ashtar – In kommenden Tagen" (Ventla Verlag) beschrieben.

Cherubime und der Erzengel Michael kümmern sich um die Erde

Im Sternbild Schütze liegt das Zentrum unserer Galaxie. Dieses Sternbild entspricht dem Schild von Erzengel Michael; sein Wappen steht für Gericht. Der Erzengel Michael ist der Vollstrecker des galaktischen Gerichts und einer der Cherubime. Cherubime sind soldatenähnliche Kontrollmächte höchster Grade, die der göttlichen Einheit und Ordnung in den kosmischen Welten dienen. Ihre Raumschiffe sind in Dreiecksform gebaut.

Der Erzengel Michael wurde als Sehel selbst bei der Sintflut von einem außerirdi-schen Raumschiff evakuiert, als Erzengel Michael ersäufte er das Heer der Ägypter zu Abertausenden, als Elias teilte er das Wasser mit seinem Mantel, als Täufer taufte er mit Wasser.

Auch Sodom und Gomorrha wurden durch die Erzengel Michael und Raphael plan-mäßig gesprengt, um die schwer versündete Menschheit dort auszulöschen. Nur Lot und seine Familie wurden von ihnen aus den Städten heraus geführt, weil sie gottesfürchtige Menschen waren. Die Sprengung von Sodom und Gomorrha führte zur Verlagerung des Flusslaufes des Jordans. Das dadurch entstandene Tote Meer fungiert ebenfalls bis heute als Mahnmal für den Untergang böser Menschen.

Erzengel Michael war auch der mächtige Mann aus dem All, der am 30. Juni 1988 den „Komet" in die Tugunska herabsendete. Hier passierte ein großes Atom-Müll-Unglück, das die Russen erst viele Jahre später zugegeben haben. In den „Centurien" spricht Nostradamus von Henri II.: „Diese Verse sind dem Erzengel Michael und dem, der das I-N-R-I auf seinem Schild trug und zum zweiten Mal kommen wird, nämlich Jesus Christus, gewidmet. Französisch gesprochen ‚ohnri seconde' entspricht es I-N-R-I."

Wenn wir von diesen Cherubimen sprechen, dann ist zu erwähnen, dass sie ein Wissen, eine Technologie und eine geistige Entwicklungsstufe haben, die der unseren Abermillionen Jahre im Voraus ist. Der Ventla-Verlag (Sitz in 33330 Gütersloh, Tel. 05241-24750), hat viele Bücher zu diesem Thema herausgegeben, zum Beispiel „Engel in Sternschiffen" oder „Meine Freunde aus dem Weltraum", um nur zwei zu nennen. Sie enthalten kosmische Botschaften und Warnungen an jene Erdenmenschen, die schon seit langem einen zerstörerischen Weg eingeschlagen haben.

Wer oder was ist das „Tier" aus der Apokalypse des Johannes?

Die Raumschiffe der Cherubime weisen die Dreiecksform auf. In Belgien sind viele solcher Raumschiffe gesichtet worden, weil dies das Land des „Tieres" ist (wie es im letzten Buch der Bibel, der „Apokalypse des Johannes" genannt wird). Das „Tier" ist der größte Computer der Erde, der nach Planung der negativen Kräfte die endgültige Kontrolle über die Erdenmenschen im „neuen Weltordnungs-Zeitalter" übernehmen soll. Dabei ist vorgesehen, den Menschen Mikrochips unter die Haut zu implantieren. Vorher will man das Geld als Zahlungsmittel abschaffen. Deshalb können nur diejenigen Menschen einkaufen und verkaufen, die diese Mikrochips unter der Haut tragen. Die biblische „Apokalypse des Johannes" warnt die Menschen vor der Akzeptanz der Mikrochips: „Diejenigen, die die Zahl des Tieres tragen, werden nicht gerettet."

Jetzt ist die Zeit, in der jeder für sich eine Entscheidung zu treffen hat: Will ich lernen, in Tugend und Rechtschaffenheit zu leben, oder will ich in der Dekadenz unseres gegenwärtigen Zeitalters untergehen? Bin ich damit einverstanden, mit einem in meinen Körper eingepflanzten Mikrochip meinen Alltag zu bestreiten oder begehre ich gegen diesen Akt totaler Kontrolle auf?

Seit der Sintflut und Zerstörung der Hanochstädte haben die Wächter ununterbrochen die Propheten sowie die wissenden Frauen und Männer aus dem Kosmos auf die Erde gesandt. Das Alte Testament beschreibt diese Ereignisse. Das Neue Testament beginnt mit Christi Geburt. Während der letzten 2000 Jahre wurde die Menschheit außer durch die heiligen religiösen Schriften wie Bibel, Koran etc. ebenfalls durch hohe Eingeweihte über die Wahrheit unterrichtet. Einer von ihnen war der so genannte „Gottesknecht" Jakob Lorber. Noch vor ihm kam Nostradamus. Auch die Marien-Erscheinungen, von denen hier noch zu sprechen sein wird, sind ein Teil dieser Botschaften an die Erdenmenschen. Bis jetzt hat sich allerdings nichts Wesentliches zum Positiven hin verändert. Im Gegenteil.

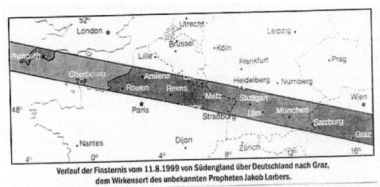

Verlauf der Finsternis vom 11.8.1999 von Südengland über Deutschland nach Graz, dem Wirkensort des unbekannten Propheten Jakob Lorbers.

Aus diesem Grund hat die Menschheit, wie bereits eingangs betont, 4 Fristen erhalten, die am 11. August 1999 begannen.
An diesem Tag gab es eine Sonnenfinsternis, die in Südengland, Deutschland und Graz/Österreich, dem Wirkungsort des „Gottesknechts" Jakob Lorber, beobachtet werden konnte.

Von wem stammen die Kornfeldkreise und was bedeuten sie?

Die Kornfeldkreise sind Botschaften der kosmischen Wächter, bezogen auf das kommende Strafgericht sowie einige wichtige Ereignisse, die demnächst stattfinden. Diese Botschaften erreichen jetzt unsere Erde, damit auch jene, die den Himmel vergessen haben, erkennen können, welche Stunde uns geschlagen hat (Dr. Pastor, „Magazin 2000 Plus").
So wiesen die Kornkreisformationen mit 18-zackigen Davidsternen vom 23.07.1997 (Silbury Hill) und vom 08.08.1997 (Milk Hill) darauf hin, dass wir uns mit den Sternbildern befassen sollen. Der Kornkreis vom 08.08.1997 besaß einen Durchmesser von 88 Meter. Dies ist eine Entsprechung zu den Abmessungen der Astronomen der Erde, die das Himmelszelt in 88 Sternbilder aufteilten.

Hier weitere wichtige Kornkreise:

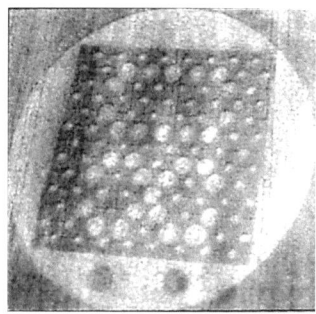

1. Kornkreis   Riccal Grange Formation in Yorkshire: Eine galaktische Postkarte aus dem All mit der Botschaft, dass der zweite Moses (Erzengel Michael, Wächter und Richter mit Saturnwappen) bereits auf der Erde ist.

. Kornkreis vom 24. Juli 1999, West Kennet, Silbury Hill: Entspricht der Cheopspyramide mit extrem hervorgehobenen Sickungen. Er bedeutet:Beachte   die   Warnungen   der Pyramide! 4 große Zacken = 4 Jahre,   4x3 Zacken auf 4 der großen Zacken = 4 Vierteljahre, 4x4 Kreise dazwischen = 4x4 Wochen = 4 Monate.

□

3. Kornkreis vom 23.7.99, Babury Castle, Wiltshire. <u>3 Sicheln siehe unten!</u>
1. Tag des Löwen, 23 = 11 + 12. Der Kreis bezieht sich auf den Täufer. Drei sich durchdringende Monde = Dreifachkonjunktion. Dünne Mondsicheln = Konstallaton an Sterbetagen Christi und des Täufers. (vergl. Engel auf der Tilma!) Die Sicheln sind unterteilt, es entstehen Hörner: Hinweis auf Konjunktion Jupiter-Saturn im Stier Mai 2000. Dier Hörner des Stieres aus der Offenbarung des Johannes. Aber auch drei zertrümmerte Schwerter: die Schwerter werden zu Pflugscharen umgeschmiedet. Vol allem aber Hinweis auf die Sonnenfinsternis am 11.8.1999: „Teile die Monde eines Jahres durch 3 = 4 Monate!" Vom 11.8.1999 bis zum 11.12.1999 ist die Frist der 4 Monate gesetzt.

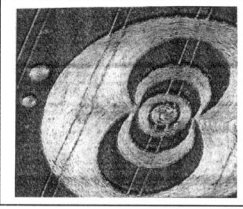

Kornkreis 3 Sicheln

Kornkreis v.15.7.1995
Hinweis auf den kritischen Zustand des Erdmagnet-Felds und auf die Konjunktion Jupiter-Saturn im Mai 2000.

Kornkreis vom 6. August 1999, Bishop Connings Wiltshire: Ein **Erntekorb.**
Botschaft: „Die Zeit der Ernte naht." Können wir uns noch erinnern an den biblisch
überlieferten Satz: „Was wir säen, das werden wir ernten"?

 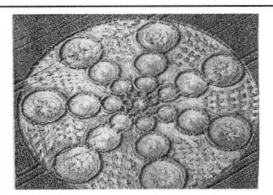

Kornkreis vom 4. Juli 1999, Hackpen Hill: Dieser Kreis ist ein Hinweis für den
Beginn der letzten Fristen über diese Menschheit, wie sie auch von Jakob Lorber am
Karfreitag, den 6. April 1847, angesetzt wurden.

Marien- und Engelerscheinungen

Weltweit ist in den vergangenen 2000 Jahren sehr vielen Menschen Mutter Maria
erschienen. In ihren Botschaften appellierte sie an die Menschen, sich zu ändern im
Sinne von beten, Buße zu tun, gute Taten zu verrichten bzw. den Nächsten zu
lieben. Bei diesen Marienerscheinungen wurde beobachtet, dass die Gottesmutter
weinte, wenn sie den Leuten mitteilte, sie sollten sich bessern, ansonsten würde ein
Strafgericht Gottes über die Erde kommen, und dies würde sehr leidvoll für die
Menschheit sein.
Wir stehen kurz vor Erfüllung dieser Warnungen. Die vorletzte Botschaft dieser Art
wurde in Fatima, Portugal, durchgegeben. Es ist bekannt, dass der Papst bis heute
die dritte Fatima-Botschaft nicht veröffentlicht hat. Dies hat für viele Menschen
Folgen, da sie die Wahrheit, die für sie vielleicht lebensrettend ist, nicht erfahren
durften.
Die letzten wichtigen Ereignisse dieser Art begannen im Jahr 1961 in San Sebas-
tian de Garabandal, Spanien. Dort erschienen über 48 Monate hinweg die Mutter
Maria und der Erzengel Michael vier Mädchen im Alter zwischen 11 und 12 Jahren.
Ein Hinweis: 11, 12, 18 und 50 sind Zahlen von Erzengel Michael. Nostradamus
verkündet Michael als „den Mann vom 50sten Breitengrad".
Am 01.01.1965 erhielten die Kinder Visionen über ein unabwendbares Strafgericht
und dessen Vorwarnung. Alle Augenzeugen hörten schreckliche Schreie der
Mädchen und sahen ihre von Furcht erfüllten Gesichter angesichts eines hellsehe-
risch erblickten Feuers, das sich über den gesamten Planeten erstreckte. Viele
Menschen werden an diesem Tag vor Schreck sterben und alle Ungläubigen werden
sich der realen Präsenz des „Lebendigen und Einen Gottes" bewusst werden.
Danach werden die guten Menschen noch besser, die Bösen noch schlechter, weil
letztere voller Hass erkennen, dass sie dem großen Richter nicht entkommen
können.

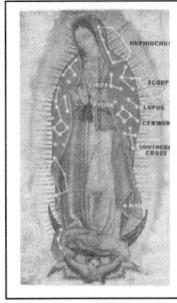 Kurz nach der Vorwarnung wird sich ein Wunder in Garabandal
ereignen, welches alle jene Menschen erleben, die an diesem
Tag in Garabandal sein werden. Pater Pio sagte: „Europa wird
das Wunder von Garabandal mit viel Blut erkaufen müssen."
Alle Kranken, die sich an diesem Tag in Garabandal befinden,
werden geheilt. Dieses ist das größte und letzte Wunder,
welches Christus für die Menschheit wirken wird. Das Ausmaß
des Strafgerichts hängt vom Verhalten der Menschen nach der
Warnung und dem Wunder ab. Die Hauptseherin Conchita

sagte:Das „Wunder wird sich zwischen dem 7. und 17. Tag an einem Donnerstag um 20.30 Uhr im April ereignen!"

Dr. Pastor gab einen Hinweis im „Magazin 2000 Plus", indem er die Zahlenreihe 1144 als wichtigen Schlüssel zu den Botschaften von Garabandal erwähnte. Zwischen der Warnung (el Aviso) und dem Wunder sollen nur einige Tage vergehen.

Heilige religiöse Schriften, Warnungen unterschiedlicher Eingeweihter und Seher, Cherubime in Raumschiffen, Kornkreise, Marien- und Engelerscheinungen wollen die Menschheit aufrütteln. Die Botschaft ist einfach und bliebt im Kern immer gleich: Dem irdischen Menschen wird geraten, in Gedanken, Worten und Taten vom Bösen abzulassen und sich wieder der Wahrheit des allmächtigen Gottes zuzuwenden, indem er Gutes praktiziert.

Liebe Erdengeschwister, ich habe mir Mühe gegeben, eine Zusammenfassung der wichtigsten Botschaften für uns alle in der jetzigen Endzeit niederzuschreiben. Ich hoffe, Sie werden weiter nach der Wahrheit forschen.

Dabei wünsche ich Ihnen viel Mut und Erfolg!

Information und Nachweise: „Halle der Urkunden" in der Anlage von Gizeh

(Ägypten). Berichte von Dr. Pastor („Magazin 2000 plus", Nr. 148, 150, 151, 155, 157, 159). „Das Vermächtnis der Ägypter", 2 Bände von Herrn Lorenz, Argo Verlag. „Das große Evangelium des Johannes", von Jakob Lorber sowie weitere seiner Werke. „Garabandal, der Zeigefinger Gottes", „Die Zahl des Tieres 666", erschienen im Verlag A. Schmid. „Die 13 satanischen Blutlinien", „Engelwerk und Kabbala", „Die Hölle existiert, die Tatsachenberichte", „Die Lügen von Medjugorje", „Sichere Zeichen der Endzeit" (erschienen im Ventla Verlag). „Ashtar – In kommenden Tagen", „Engel in Sternschiffen" von G. Dibitonto, „Evakuierung in den Weltraum", von Leona/ K .u. A. Veit, „In Erden-Mission" auch „Projekt: Welt-Evakuierung" von Tuella und vieles mehr. Dazu lesen Sie bitte auch die Bibel mit der „Apokalypse des Johannes".
Kapitel V

Das Wirken der Lichtkräfte

Wer war Jakob Lorber?

Unter den vielen Propheten, die als Lehrer auf die Erde gezielt inkarniert wurden, ist für uns Menschen der Übergangzeit der wichtigste Lehrer Jakob Lorber. Er verfasste ein Monumentalwerk mit ca 10.000 Seiten, die in 25 Bände zusammengefasst wurden. Diese wichtigen Bücher:" Die Haushaltung Gottes" (Urgeschichte der Menschheit, erste Hochkulturen, Untergang in der Sintflut), „das Große Evangelium des Johannes (der Lebensweg und das Wirken Jesu vom 30.Lebensjahr bis zu seiner Kreuzigung), Bücher über der Beschaffenheit unseres Sonnensystems, das Jakobus - Evangelium, über die Jugend Jesu, über die Erde Mond, Saturn und die Natürliche Sonne. Er beschrieb Galaxien, erlärte die

Doppelsonnen und den Planeten Neptun Jahre vor seiner offiziellen Entdeckung, prophezeite technische Errungenschaften der Neuzeit (Telegraphie),den Bau von Autobahnen und Fahrzeugen, die damals unbekannt waren, Waffen und ihrer Vernichtungskraft, usw.

Für mich ist es sehr wichtig, Lorber als Propheten der End- bzw. Übergangszeit darzustellen. Jakob Lorber (1800 – 1864) schreibt, daß Moses sieben Bücher (7 ist eine heilige Zahl) plus einen prophetischen Anhang für die Jetztzeit verfasst hatte. Die beiden fehlenden Bücher handeln vom Aufbau des Universums und der Lehre von der Inkarnation und Reinkarnation. Die Priester haben beschlossen, diese beiden Bücher nebst prophetischem Anhang für apokryph zu erklären, alle Abschriften wurden eingezogen und dem Volk der Besitz dieser Bücher bei Strafe verboten. Den Inhalt behielten sie als Geheimwissen für sich. Den Pharisäern wirft Christus diesbezüglich im Großen Evangelium des Johannes vor:" Ihr aber habt daraus die fürchterlich abergläubische Kabbala gemacht...!" Die Wurzel der Kabbala liegt im 6. und 7. Buch Mose. So sehen wir, daß der Ursprung des Geheimwissens und der Symbole der Freimaurer hier ihre Wurzeln haben. Beispiel:Die USA mit 50 Bundesstaten oder die Anordnung an der Stirnseite des Freimaurertempels Sonne – Trigon – Mond als Symbol für Christus (die Sonne) und Mond (Johannes der Täufer).

Jesus selbst gab den Essenern den Auftrag „„frei den Tempel des Herrn zu mauern" – also Schulen für die Lehren zu begründen, bei offenen Fenstern und offenen Türen die Wissenschaften zu pflegen und zu verbreiten,um ein Gegengewicht zu der recht durchtriebenen Priesterkaste zu schaffen, welche ihre Macht auf gezielt geschürten Aberglauben aufbaute. Die Essener, spätere Freimaurer sollten die Priester für die Nächstenliebe und Brüderlichkeit werden. Leider sind heute die Freimaurer zu den Mächtigsten der Welt aufgestiegen, und außer gewissen geheimen Handzeichen ist vom damaligen Auftrag des Christus nichts übrig geblieben.

Jakob Lorber prophezeit Naturkatastrophen der Jetztzeit und die Wiederkunft Christi, dies zwar nicht körperlich, sondern als geistiges himmlisches Wesen (heute wissen wir, daß Christus mit der Raumflotte als Kommandant Orthon erscheint, um seine „gestrandeten Fische" heimzuholen, „bevor sie in Verwesung übergehen). Lorber schrieb, daß der Prophet Elias in einer menschlichen Inkarnation auf der Erde geboren wird. Seine anderen Inkarnationen sind Sehel, Johannes der Täufer und sein bekanntester Name auf der Erde ist: Erzengel Michael. Er schrieb auch über den zersprengten Planeten Mallona, der sich zwischen Mars und Jupiter befand. Mallona hatte vier Monde und wurde durch ausufernde Kriege und Durchwühlung der Erdrinde nach allerlei Schätzen zerstört. Dabei sind tausende von Sklaven geopfert worden und am Ende ist sogar ein Gesetz, welches den Kannibalismus anordnete, um die Ernährung sicherzustellen, erlassen worden. Noch heute würden zwischen den Asteroiden etliche verdorrte Leichname im Weltraum schweben. Die Menschen auf Mallona waren uns gleich, nur maßstabsgerecht zu ihrem Planeten riesenhaft groß. Die alten Sagen von den Titanen- und Götterschlachten im Himmel haben hier ihren Ursprung. Die Bewohner von Mallona haben sich für die Christusmission als unwürdig erwiesen. Lorber schreibt, daß die Sprengung unserer Erde nicht zugelassen wird und erwähnt die Worte Jesu:"... denn auch die späteren Nachkommen werden wieder die bösen Sprengkörner erfinden... Daß sie aber in nicht zu große Tiefen der Erde werden kommen können, dafür wird von mir aus schon vorgesehen werden ...aber örtliche Verheerungen und Verwüstungen werden wohl sicher vor sich gehen. Aber sie werden auch selbst schuld sein an allem, was über sie kommt."

Die Sintflut und Hanochiten

Die „Sintflut" sagt Lorber, ereignete sich in Zentralasien und Relikte jener Flut seien das Kaspische Meer, der Aral- und der Baikalsee sowie Sibirien. Am Grunde des

Kaspischen Meeres in 2000 Metern Tiefe liegen die Reste der riesigen Stadt Hanoch. Die damals 500 Milionen Menschen umfassende Kultur der Hanochiten wurde durch Sprengung von Bergen im Gefolge ausufernder Kriege um das Jahr 250l v. Chr. vernichtet. Diese Flut war örtlich begrenzt und klang rasch ab.

Tausend Jahre nach der Erschaffung Adams existierte die ganz Mittelasien beherrschende Hochkultur der Hanochiten. Lorber schreibt, daß um die Riesenstadt Hanoch herum zehn große Städte lagen, die durch die Sintflut ausgelöscht wurden. Die Hanochiten, die sich auf einer hohen technischen Stufe befanden, hatten aus verschiedenen Gründen auch zur Kriegsführung damit begonnen, ganze Berge meilenweit durch Sprengungen abzuschrägen. Noch heute kann man die Spuren davon im hohen Tibet finden. Dann begannen sie sogar ganze Berge zu sprengen. Das chinesische Schwarzpulver ist eine Variante dieses Sprengmittels. Die Folge: es wurden dadurch die Schleusen zu gigantischen unterirdischen Wasserbassins geöffnet, die bis unter dem Himalaya verlaufen. Lorber schreibt, daß alle Gebirge wie auf Säulen über solchen Bassins stehen. Die Sprengung eines einzigen Berges, nur ein paar 100 Meter zu tief gebohrt, hätten solche Fluten aus dem Erdinneren emporsteigen lassen, daß die höchsten Berge Asiens bis zu den Gipfeln umspült wurden. Damals hatten sie noch keine Atombomben. Was könnte passieren, wenn Indien und Pakistan weiter ihre unterirdischen Atomtests im Himalaya durchführen? In der Bibel wird uns angekündigt: „ Wie es in den Tagen des Noah war… bis die Flut hereinbrach und alle hinwegraffte.“ (Mathäus 24/37- 40).
Lorber warnt vor der Zerstörung der Wälder. „Dichte Wälder sind notwendig, sie haben tausendfache Zwecke. Die Folge der Vernichtung der Wälder werden Wolkenbrüche von der fürchterlichsten Art und unausgesetzter Hagelschlag werden darauf die ganzen Gegenden verheeren.“ Dann schreibt er:“ Wenn sich aber einmal die zu gierige Gewinnsucht der Menschen zu sehr an den Wäldern der Erde vergreifen wird, dann wird für die Menschen böse zu leben und zu bestehen sein auf dieser Erde…“ (Gr. Ev. 4/143) Ein anderes Thema: im Koran in der Sure 55 Vers 38 steht: „Und wenn der Himmel sich spaltet und rosig wird gleich rotem Leder…“ Was sollen wir darunter verstehen? Im Gr. Ev. 8/186 steht folgende Ankündigung:“ …die Feuerung wird mittels uralter Erdkohlen bewerkstelligt werden, welche sich die Menschen in übergroßen Massen aus der Erde beschaffen werden. Wenn solches Tun und Treiben einmal seinen höchsten Punkt erreicht haben wird, dann wird auf solchen Punkten die Erdluft zu mächtig mit den brennbaren Ätherarten erfüllt werden, die sich dann bald da und dort entzünden und solche Städte und Gegenden in Schutt und Asche verwandeln wird samt vielen ihrer Bewohner.“ Das gleiche Geschehen steht uns bevor an den Orten, an denen man Erdöl, Diamanten oder irgendwelche andere Schätze aus der Erde herausholte. Was nun die Erderwärmung betrifft, stehen uns große Erreignisse bevor, weil sich die Sättigungsströme in der Ionosphäre, die sich in Bändern um den Planeten bewegen, bereits auf etwa 3000 Volt aufgeladen haben. Das Waffenprojekt des Militärs“ HAARP „ könnte einer der Initialzünder hierfür sein (Dr. Pastor). Somit werden sich wohl die Visionen der Endzeit mit dunkelroten Wolken aus denen ein Feuerregen strömt und die Haut und Kleidung der Menschen verbrennt, erfüllen.

Wir müssen uns alle bewusst werden, daß alle URSACHEN ihre WIRKUNG haben, und daß alles, was wir tun, positiv oder negativ, auf uns zurückfällt. Gott hat die universellen Gesetze erschaffen und wenn eine Menschheit nicht bereit ist, diese zu befolgen, muß sie die Früchte ihre Taten ernten. Die Erntezeit für diesen Planeten ist schon längst angekündigt. Die Fristen sind bereits abgelaufen. Damit müssen wir uns abfinden.

Sind die Adamiten und Präadamiten die Urväter der Menschheit?

Lorber bezeichnet als „Präadamiten" die Menschen auf der Erde die es schon seit Millionen von Jahren zuvor gab.

Die Präadamiten

Omnec Onec, die von dem Planeten Venus auf die Erde kam und zur Zeit hier lebt, hat folgende Belehrungen bei einem Kongress vom „Frankfurter Ring" gegeben: „1994 wurde ich zu einem Treffen auf der Astralebene eingeladen. Ich hörte zum ersten Mal etwas über die Transformation und die Geschichte des Sonnensystems. Tausende von Wesen aus verschiedenen Galaxien, menschliche und nicht menschliche, allesamt intelligente und hochentwickelte Lebewesen, nahmen an diesem Treffen teil. Es war nur eine von unzähligen Gelegenheiten, bei der sie sich zusammenfanden, um ihre Bemühungen zur Rettung der Erde zu koordinieren. Seit etwa 1930 versuchten sie, die Schwingung Schritt für Schritt zu erhöhen, um eine nochmalige Zerstörung des Planeten zu verhindern.

Vor etwa 40 Millionen Jahren (diese Angabe ist ungenau, da Zeit ein irdisches Konzept und daher in anderen Dimensionen ohne Belang ist; lediglich der Ablauf der Ereignisse ist von Bedeutung) wurden vier verschiedene menschliche Rassen aus vier verschiedenen Galaxien von der Spirituellen Hierarchie (eine Gruppe von höchstentwickelten Aufgestiegenen Meistern) aufgefordert, in dieses Sonnensystem zu reisen und vier der älteren Planeten zu kolonisieren.
Diese Menschen waren unglaublich weit entwickelt: Sie konnten nicht nur zu anderen Galaxien, sondern auch in andere Dimensionen und in die Vergangenheit und die Zukunft reisen. Sie verständigten sich untereinander und mit allen anderen Lebensformen, wie Engeln und Aufgestiegenen Meistern, Tieren, Pflanzen und Mineralien per Telepathie. Die gesprochene Sprache verwendeten sie nur bei der Kommunikation mit weniger entwickelten Lebewesen.
Die Technik, die ihnen zur Verfügung stand, funktionierte in völliger Harmonie mit den Naturgesetzen. Die Menschen hatten die Konzepte der Schöpfungkraft ihrer Gedanken verstanden und gingen verantwortungsbewusst damit um, indem sie diese Kräfte für positive und konstrktive Dinge einsetzten. Auf dieser hohen Stufe der menschlichen Evolution gibt es weder Egoismus noch Streben nach Macht und Reichtum. Sie wussten alles über die Schöpfung und den Schöpfer, ebenso über ihre eigene Existenz als unsterbliche Seele, die nicht auf den physischen Körper beschränkt ist. Für sie gab es dementsprechend keinen Tod, lediglich den Übergang von einer Dimension in eine andere. Sie wählten ihre Lebensspanne selbst aus, je nach den Erfahrungen, die sie zu machen wünschten oder den Aufgaben, die sie erfüllen wollten.
Sie kamen in dieses Sonnensystem, um die menschliche Rasse hier anzusiedeln, und um als Hüter allen Lebens auf den verschiedenen Planeten zu fungieren. Die gelbe Rasse kolonisierte den Planeten, der auf der Erde als Mars bekannt ist, die rote Rasse siedelte auf dem Planeten Saturn, die schwarze Rasse auf Jupiter und die weiße Rasse auf der Venus. Insgesamt zwölf Planeten umkreisen die Sonne, und nur neun von ihnen sind bisher auf der Erde bekannt.
Die Erde war zu dieser Zeit noch ein Komet, der erst später eine Bahn um die Sonne einschlug und zu einem wuderschönen Planeten mit vielen Meeren wurde. Es gab zwei Monde, die die Erde umkreisten und für ausgeglichene Wetterbedingungen sorgten. Aus weit entfernten Galaxien brachten die vier ursprünglichen Rassen eine

Vielzahl von Tieren, Pflanzen und Mineralien hierher und schufen ein Paradies, in dem alle Lebewesen in Harmonie miteinander lebten.

In anderen Sonnensystemen gab es zwei weniger hochentwickelte Zivilisationen, die ebenfals die Raumfahrt beherrschten, sich aber noch auf dem Niveau von Agression und Eroberung befanden. Als sie Kenntnis von dem wunderschönen neuen Planeten erhielten, reisten sie zu Erde, um sie auszubeuten. Diese ersten Besucher waren intelligente Lebewesen, die wie Menschen aufrecht auf zwei Beinen gingen, aber einer dinoiden und reptiloiden Rasse angehörten. Sie waren aggresiv und hielten sich allen anderen Lebewesen überlegen. Sie kamen, um sich die Bodenschätze wie Mineralien und wertvolle Edelsteine anzueignen.

In kürzerster Zeit bekämpften sie sich untereinander mit Atom- und Laserwaffen, wie man sie aus Science Fiction-Filmen kennt. Sie erhielten Verstärkung von ihren Heimatplaneten, und eine Partei führte den langen Krieg von einem der Monde aus. Dieser wurde im Laufe der Auseinandersetzungen völlig zerstört, ebenso wie die Oberfläche der Erde. Die meisten Lebensformen waren bereits der radioaktiven Verseuchung zum Opfer gefallen und die Verwüstungen machten den Planeten für lange Zeit unbewohnbar. Die Dioniden und Reptiloiden verließen die Erde, für die sie keine Verwendung mehr hatten, und ließen sogar ihre Verwundeten zurück.
Die vier Rassen, die auf den vier älteren Planeten lebten, sandten einige Freiwillige zur Erde, um den Verwundeten zu helfen und um das Ausmaß der Zerstörung festzustellen. Sie wollten die Erde so schnell wie möglich instand setzen, mussten aber feststellen, daß dies nich möglich war. Die Freiwilligen konnten nicht einmal mehr die Erde verlassen, weil sie bei einer Rückkehr ihre Heimatplaneten radioaktiv verseucht hätten.
Aufgrund der Strahlung mutierten die Dinoiden und Reptiloiden zu den Dinosauriern und riesigen Reptilien der Erdgeschichte. Die Menschen, die dort bleiben mussten, mutierten zu der Rasse, die man heute Neandertaler nennt.

Für Jahrhunderte blieb die Erde verwüstet, und die spärliche Vegetation reichte kaum zur Ernährung der riesigen Echsen. Dann schlug ein großer Komet in eins der Weltmeere ein, der zusätzlich zu der radioaktiven Wolke, die die Erde umgab, einen Mantel aus Staub verursachte und sie in völlig Dunkelheit hüllte. Die Wärmestrahlung der Sonne konnte nicht mehr bis auf die Oberfläche dringen und es kam zu einer Eiszeit, die die mutierten Lebensformen auslöschte. Dies ermöglichte es den vier ursprünglichen Rassen, die Erde mit Hilfe ihrer Technologie und ihrer Energie zu regenerieren und zu heilen.
Wieder siedelten sie die verschiedensten Lebensformen an und schufen ein neues Paradies. Bedingt durch den einen Mond herschten jetzt jedoch extreme Wetterbedingungen, starke Meeresströmungen und große Unterschiede bei Ebbe und Flut.
Weil die vier alten Planeten in dieser Zeit in ihrem Lebenszyklus einen Ruhephase erreichten, in denen sie kein physisches Leben beherbergen können, entschlossen sich die vier Rassen, auf die Erde zu übersiedeln. Sie gründeten die ersten Kolonien, die heutzutage **Atlantis, Lemuria und Mu** genannt werden.
Besorgt darüber, daß der Mond alle möglichen Probleme wie Stürme, Vulkanausbrüche und Erdbeben verursachte, suchten sie Rat bei der Spirituellen Hierarchie und wurden angewiesen, zwei Schutzschilde aus Eispartikeln um die Erde zu bauen. Die Konstruktionen, Firmament geannt, wurden mit Hilfe von besonderen Kristallstrukturen verankert, die sie entlang des Äquators installierten.

Auf der ganzen Welt herrschte damals ein angenehmes, subtropisches Klima. Wüsten aus Sand oder Eis gab es nicht.

Da die Erde zu klein war, um alle Menschen von den vier alten Planeten zu beherbergen, wurde beschlossen, nur die junge Generation in Begleitung einiger spiritueller Lehrer und alten Weisen dort anzusiedeln. Die übrige Bevölkerung sollte auf ihrem Planeten untergehen und sterben. Sie sahen ihrem Schicksal gelassen entgegen, da sie keine Furcht vor dem Tod kannten. Als Dank für ihren selbstlosen Einsatz bei der Wiederherstellung der Erde veranlasste die Sprirituelle Hierarchie jedoch, daß diese Menschen ihr Leben auf einer höheren Dimensionsebene fortsetzen konnten. Sie behielten ihre Technologie und ihre Kultur und wurden zu Beschützern der Erdbevölkerung.

Auf Anraten der Spirituellen Hierarchie bauten die Menschen auf der Erde besondere Tempel, die als Dimensionstore verwendet werden sollten. Damit hatten die Menschen die Möglichkeit, in der Meditation andere Deimensionen und die Aufgestiegenen Meister zu erreichen. Zu ihrem Schutz wurden diese Tempelanlagen jedoch gut verborgen. Für die Zukunft der Erde waren sie von großer Bedeutung.

Die Dunklen Kräfte, eine ebenfalls menschliche Rasse mit einer anderen genetischen Struktur, lebten in einer Galaxie in der Nähe unseres Sonnensystems. Sie besuchten die Erde in der Hoffnung, Kenntnisse über fortschrittliche Technologien zu erhalten. Da ihr Bewusstsein damals jedoch noch nicht sehr fortschrittlich war, und diese Menschen ihre Kräfte nicht im Sinne der kosmischen Gesetze zum Wohle aller einsetzten, wurden ihnen diese Informationen verweigert. Daraufhin erklärten die Dunklen Kräfte den ersten Kolonien den Krieg. Diese verteidigten sich nicht, sondern versteckten sich an verschiedenen Stellen der Erde. Eine Gruppe zog sich ins Innere der Erde zurück, wo sie heute noch lebt. Dann zerstörten sie die Kolonien, damit sie nicht in die Hände der Dunklen Kräfte fielen. Atlantis, Lemuria und die anderen Kolonien wurden von ihren Bewohnern selbst zerstört, um ihr Wissen und ihre Technologie vor Missbrauch zu schützen. Hierbei wurden auch die Kristallstrukturen, die Verankerung der Firmamente, beschädigt. Die Spirituelle Hierarchie warnte die Menschen, die sich auf der Erdoberfläche verborgen hielten, vor einer großen Flut. Die Firmamente würden auf die Erde stürzen und durch das Schmelzen der Eispartikel ungeheure Wassermassen freisetzen. Sie wurden angewiesen, große Schiffe zu bauen und so viele Lebensformen zu retten, wie sie nur konnten. Es gab hunderte von Archen, nicht nur die eine, von der in der Bibel die Rede ist.

Aber ebenso wie die Menschen warteten auch die Dunklen Kräfte auf den Rückgang der Flut. Sie kehrten zur Erde zurück, nahmen die Menschen gefangen und folterten sie, um Informationen über die verborgenen Tempel und über die fortschrittliche Technologie zu erhalten. Die Dunklen Kräfte wussten, daß die Menschen die Erde immer wieder aufbauen konnten, so lange sie in Kontakt mit den anderen Dimensionen standen. Deshalb durchtrennten sie bei ihren Gefangenen die Verbindungen zwischen den Gehirnhälften. Die Menschen verloren dadurch die Fähigkeit, mit anderen Dimensionen zu kommunizieren und sich an vergangene Leben zu erinnern. Sie vergaßen die spirituellen Gesetze und ihre technologischen Fähigkeiten, und sie wussten nichts mehr von den verborgenen Tempeln und den Aufgestiegenen Meistern.

Die Dunklen Kräfte manipulierten sie so vollständig, daß die Menschen sich nicht mehr an ihre Vergangenheit erinnern konnten. Die vier ursprünglichen Rassen bekämpften einander und verehrten die Dunklen Kräfte als Götter der neuen Religionen, die diese zur Ausübung von Macht und Kontrolle eingesetzt hatten. Es gab unzählige Kriege um Macht, Geld und Technologie.

Diese Entwicklung dauert bis zum heutigen Tag an, inzwischen auf einer so subtilen Ebene, daß dies den Menschen meist nicht bewußt ist. Tief in ihrem Inneren fühlen sie jedoch, daß ihr Leben nicht in Ordnung ist, und haben eine unbestimmte Sehnsucht nach ihrer ursprünglichen Heimat. Das ist natürlich ihre Seele, die sich an ihren wahren Ursprung erinnert.

Transformation bedeutet nun nichts anderes, als daß die Spirituelle Hierarchie in Zusammenarbeit mit allen Wesen, die an der Manipulation beteiligt waren, die Fehler der Vergangenheit korrigieren will. Als ersten Schritt sorgten sie dafür, daß die Menschen wieder Kenntnis von den spirituellen Gesetzen erhielten. Die Regierungen der verschiedenen Länder auf der Erde wurden kontaktiert, (z.B. von Ashtar Sheran – Komandant der Konföderation der Raumflotte unserer Milchstraße, von Herrn Korkowski und von UFO-Kontaktlern durch Briefe), aber alle verweigerten die Zusammenarbeit, weil sie glaubten dadurch ihre Macht und ihren Einfluß zu verlieren.

Die Erfindung der Atombombe macht es zudem wieder möglich, den ganzen Planeten zu zerstören. Dies hätte unübersehbare Auswirkungen, nicht nur für unser Sonnensystem, sondern für das ganze Universum, und würde zahllose Lebewesen beeinträchtigen. Die Galaktische Bruderschaft (eine Vereinigung von unzähligen hochentwickelten Wesen aus verschiedenen Dimensionen) hat deshalb beschlossen, diesen Missbrauch von Macht und Technologie friedlich zu beenden. Sie arbeiten seit Jahrzehnten daran, die Frequenz der Erde so zu verändern, daß die heute bekannten Technologien eines Tages nicht mehr funktionsfähig sind.

Die Erhöhung der Schwingung geht sehr langsam vor sich. Alle Tiere, die auf der Erde leben, wurden angewiesen, ihre Schwingungen zu erhöhen. Die Menschen, die sich ihres kosmischen Erbes und ihrer wahren Herkunft wieder bewusst werden, tragen ebenfalls auf verschiedene Weise zur Steigerung der Frequenz bei. Je mehr Lebewesen sich daran beteiligen, desto schneller wird die Veränderung stattfinden.

Die Transformation ist ein langsamer Prozeß, der in kleinen Schritten abläuft, damit die menschliche Zellstruktur nicht beschädigt wird. Es wurde ein künstliches Chakra-System geschaffen, mit dessen Hilfe die beiden Gehirnhälften synchronisiert werden, um so Fähigkeiten wie Telepathie, Intuition, Erinnerungen an frühere Leben und persönliche Kontakte zu den Meistern wieder zu erwecken. Chakren sind winzige Dimensionstore, durch die wir Kontakt mit der Energie der jeweiligen Dimension aufnehmen.

In dieser Übergangszeit können periodisch verschiedene körperliche Symptome auftreten, die jedoch schnell vorübergehen: kurze, schmerzhafte Stiche, als würde jemand eine Nadel in den betroffenen Körperteil stechen; hohe Quietschtöne in den Ohren, plötzlich auftretende Sehstörungen, die ebenso schnell wieder verschwinden, leichte Herzrythmusstörungen. Manchmal fühlt man sich müde, obwohl man ausreichend Schlaf hatte, dann wieder kommt man mit wenigen Stunden Schlaf aus und fühlt sich sehr energiegeladen. Der Appetit schwankt, mal ißt man kaum etwas, dann wieder ist man ständig hungrig, egal wie oft man etwas zu sich nimmt. Auf jeden Fall ist es wichtig, in dieser Zeit viel Wasser zu trinken (bitte Wasser mit Filter reinigen, da alle Gewässer auf der Erde schon unrein und mit Chemikalien und Schwermetallen belastet sind), um den Körper bei der Umstellung zu unterstützen und Schadstoffe auszuscheiden.

Es ist sehr wichtig diese Information mit allen Menschen, die dafür offen sind, zu teilen, denn je mehr Menschen bewusst und aktiv an der Transformation teilnehmen, desto schneller wird sie zum Erfolg führen.

Liebe Erdengeschwister, ich wäre froh wenn die bisherige Geschichte unseres Planeten so schön und unproblematisch enden könnte... Leider haben die negativen Kräfte Verstärkung erhalten und diese Negativität breitet sich schneller aus als der Konföderation lieb ist...

Wer sind die Adamiten?

Jakob Lorber schreibt in den Werken „Haushaltung Gottes" und dem „Großen Evangelium des Johannes", daß wir dem Menschengeschlecht der Adamiten angehören. Die Adamiten sind Nachfahren des Adam, die erst seit 4151 Jahren existieren. Diese Menschengeschlecht entstand in Mittelasien und ist durch den absoluten Freiheitsgrad des Willens und geistige Beweglichkeit in alle Richtungen gekenzeichnet. Die Lehre Darwins bezeichnet Lorber als Irrlere und schreibt, daß die fertig ausgebildete Seele des Menschen vor Adam da gewesen sei. Christus gibt uns bekannt, daß die Veredelung der menschlichen Rassen durch Mutation stattfindet. Nach der Kabbala, die vor etwa 2000 Jahren von Christus den „Templern" gegeben wurde, ergibt die Quersumme von 4151 die Zahl 11, eine der Zahlen von Erzengel Michael. Daher können wir annehmen, daß der Herr dessen Kabbala-Zahl die Quersumme 11 ist, einer von unseren Urvätern ist.

Bereits 1000 Jahre nach der Auftreten Adams existierte die ganz Mittelasien beherrschende Hochkultur der Hanochiten. Diese entstand durch Vermischung von Bewohnern der Gebirge mit Bewohnern des Tieflandes. Sind das nicht unsere „Urväter aus der „Höhe" die von anderen höher entwickelten Welten kommen, sich mit Frauen vermischen um neue genetisch bessere Rassen zu erzeugen?

Die Ägypter und ihr Vermächtnis

Die Wurzel aller Hochkulturen liegt in den Hanochiten, von denen schon früh verschiedene Stämme auswanderten. Die Urägypter stammen von Auswanderern aus dem Reich der Hanochiten ab, welches durch die von ihnen selbst ausgelöste Sintflut derart vernichtet wurde, daß von ihnen keine Spur mehr vorhanden ist. Gemäß Lorbers Schriften waren nicht alle Erdgebiete so verheerend betroffen wie das Reich der Hanochiten. Der Hauptstadt der Hanochiten, Hanoch, die älteste Stadt der Erde von einer Größe fast wie der heutige Staat Israel, liegt zusammen mit 500 Nachbarstädten tief begraben am Grunde des Kaspischen Meeres und anderer Seen – z. B. Aralsee, deem Tsanysee und dem Baikalsee. Gut eine halbe Milliarde Menschen wurde so spurlos hinweggerafft. Die Kulturen der Sumerer, der frühen Chinesen, die Ur-Japaner sowie auch der Urägypter und andere Völker bestanden zu dieser Zeit bereits auch, aber die Wurzel aller Hochkulturen liegt in den Hanochiten. Nach Lorber waren diese Kulturen aufgrund geographischer Besonderheiten nicht ganz so verherend betroffen wie das Reich der Hanochiten im heutigen Sibirien. Zu dieser Zeit waren bereits die amerikanischen Kontinente von Nachfahren der

Adamiten (des Cahin) bevölkert. Die dort lebende Frühmenschen vermischten sich später mit der adamitischen Rasse.

Das raffinierte Schminken der Ägypter basierte auf den Kenntnissen der Hanochiten in der Chemie. Lorber beschreibt „Weiber" - Verschönerungsanstalten in Hanoch wie auch Erfindungen wie Glühbirnen, Pergament, Papier, Steinerweichungsbeize, Feuerwaffen, Geld, Polizeiwesen, Straßennamen mit Hausnummern, Ausweiszwang, Beichte, Inquisition, Zyklopenbauten (Monumentalbauten) Maschienen aller erdenklichen Art (von denen wir heute keinen Begriff haben) Wurfmaschienen, Theater, Akrobatenschulen,eine staatlich gewollte Unterhaltungs – Maschinerie, die als Ablenkung des Volkes genauso wie heute diente, und vieles mehr.

Zwischen 2915 und 2922 v. Chr. kam es zum Zerwürfnis innerhalb einer aristokratischen 1000 – Räte – Regierung, die ca um 3010 v. Chr. begann. Diese endete mit dem Auszug von 650 Räten samt deren Eigentum. Mit Gesinde, Ehefrauen und Kindern ließen sie sich im oberen Ägypten in der Gegend von Elephantine (El El Fanti = die Nachkommen der Kinder Gottes) mindestens 10.000 Menschen nieder und bauten dort gleich eine kleine Stadt. Nach Lorber waren sie die ersten Bewohner dieses Landes. Diese Urägypter hatten umfangreiche wissenschaftliche Kenntnisse wie z. B. „große Sehwerkzeuge", das Federmesser mit der Stahlklinge u.s.w.

Die eigentliche Bibelgeschichte beginnt in Ägypten. Lorbert erklärte es so: „Christus wählte die Ägypter als Vorschule für sein später auserwähltes Volk der Hebräer aus. Daher wird in der Neuoffenbahrung etliche Male auf die Verhältnisse dieses Vokes eingegangen. Sogar genaue Jahresdaten von mächtigen Nilfluten werden genannt, ebenso die Geschichte des Sphinx und der Pyramiden detailliert aufgezeigt. Lorber erwähnte keine bekannten Namen von Pharaonen. Der Grund hierfür ist, daß die Pharaonen Desinformatiker waren und ihr Volk getäuscht haben. Spätere Pharaonen betrieben Geschichtsfälschung im größten Ausmaß. Genannt wird nur der „Shivniz" – das war sein Kosename, den ihm sein Volk gab. Er war der siebte (7 ist vollkomene Zahl) Hirtenkönig im Gefolge von 23 Königen. Der SPHINX wurde ihm zu Ehren errichtet, und der Kopf ist sein Abbild. Dieser Hirtenkönig ordnete mit große Mühe das Volk, führte Verbesserungen in den Schulen, der Viehzucht und der Agrarkultur ein und wurde von seinem Volk fast göttlich verehrt. Die Sphinx und die grundlegenden Bauten der Pyramiden, gehen auf den Shivniz zurück. Lorber zufolge hat die klassische Ägyptologie mit der ungefähren Datierung der Pyramiden und der Sphinx in der Zeit von etwa 3000 bis nach 2500 v. Chr. begonnen. Der Shivniz was erstaunlich sternenkundig und so können wir annehmen daß dieser Herr eigentlich Hermes Trismegistos heißt, der später als Lao Tse, Nostradamus und Franz Bardon auf die Erde kam. Sein kosmischer Name ist Meister Arion.

Für uns ist wichtig zu verstehen, daß die Zerstörung von Mallona, der sich zwischen Mars und Jupiter befand, 3000 Jahre vor Chr. in unserem Sonnensystem stattfand. Diese Katastrophe fand gleichzeitig mit Sintflut auf der Erde statt und dies alles durch das böse Treiben der damaligen Menschheit.
Die Sprengung von Mallona wurde zugelassen, da die Menschen, die auf Mallona lebten, für eine Mission Christi nicht würdig waren. Die Menschen von Mallona begannen 4000 v. Chr. mit ihrem verwerflichen Treiben. Die 7 Riesenleichname fielen auf das Land Ägypten in der Anfangszeit der ägyptischen Kultur, ca 3000 v.Chr. Dr. Pastor schreibt, daß dabei etwas nachgeholfen wurde.

Die Ägypter waren genauso verdorben und wir wissen aus dem alten Testament wie sie beim Auszug der Hebräer vernichtet wurden. Erzengel Michael geleitete mit seinen Raumschiffen den alten Mose mit den Hebräern und ersäufte das Heer der Ägypter zu Abertausenden. Zu Sodom und Gomorrha vollzog er mit Raphael den letzten Inspektionsgang und geleitete den Lot, bevor die unterirdischen Schwefel- und Erdpechlager unter diesen Städten planmäßig gesprengt wurden.

Über die Macht der Cherubime schreibt Lorber in der „Haushaltung Gottes" und schildert eine Szene, in der Sehel, der jüngste Sohn des Seth, vor den hohen Herrn Abedam aus dem „Himmel" (aus dem All) geladen wird. (HHG 2/280,27 ff). Er teilt ihm folgendes mit:"... Er soll ein Schwert nehmen und mit demselben einhergehen wie ein zum beständigen Kampf gerüsteter oberster Fürst aller Engel des Himmels!"...und „ Hier ist das Schwert meiner Macht, und dort der Feind meiner Liebe, ergreife es, gehe hin und kämpfe allezeit gegen den Drachen! Amen" Daraufhin wurde Sehel augenblicklich genau wie wenig später Hanoch „entrückt."
Die Cherubime wußten von Anfang an unserer Erdgeschichte wie die Entwicklung bzw. der Rückgang stattfinden wird. Deshalb ließen sie die Cheopspyramide als kosmisches Mahnmal bauen. Die Anordnung der Kammern zur Pyramidenspitze dokumentiert die Himmelkonstellation vom 30.11.2726 v. Chr., als die Bewohner von Mallona ihren Planeten sprengten. Weitere wichtige Angaben über die Rolle der Pyramiden sind im Teil über die Pyramiden zu lesen.

Das Universum – Aufbau

Alle Planeten mit ihren Monden umkreisen eine Sonne, die Planetarsonne genannt wird.
Sonnensysteme bewegen sich, wie die Planeten um ihre planetare Sonne um die nächsthöhere Zentralsonne und bilden so ein Sonnengebiet, das von dunstigen Gasmassen wie von einer Blase umhüllt ist.
Unser Sonnengebiet umfasst 200 Millionen Sonnen. Unsere Zentralsonne ist der Sirius, der unsere Sonne um ein Vielfaches an Größe übertrifft. Die sprachliche Wurzel von Osiris und Sirius liegt in „OU SIRIJECZ" = des reinen geistigen Menschen Weide.
Die nächste Struktur ist eine Galaxie, die Lorber Sonnen – All nennt. Die Form der Galaxien beschrieb Lorber „wie Grieß, hineingestreut auf eine Tischplatte", und dieses Sonnen – All besitzt wieder eine Zentral – Sonne, eine sogenannte Sonnen – All – Zentralsonne, die von Tausenden bis Millionen Sonnengebieten umbahnt wird. Unsere galaktische Zentralsonne ist Stern PISTOL – STAR.
Die nächste höhere Einheit bilden die Sonnen All – Alle oder Galaxiehaufen. Viele Galaxien, Tausende bis Millionen, umkreisen eine Sonnen All – All Zentralsonne. Den Mittelpunkt unseres Universums stellt die Urzentralsonne dar, auch Urka genannt, die von ca. 7 Millionen Galaxien Superhaufen (die Sonnen – All – Alle) umkreist wird. Nur die Urzentralsonne entwickelt ein eigentliches EIGENFEUER. Ist das Symbol für dieses Eigenfeuer der Lingam, den Baghawan Sri Sathya Sai Baba Varu fast jedes Jahr beim Shivarathri – Fest aus seinem Körper materialisiert?
Unsere URZENTRALSONNE IST DER STERN REGULUS im Sternbild Löwe. Wenn unsere Sonne zur Urka in Konjuktion steht, besteht von der Erde über ihre Sonne zum Mittelpunkt des Universums eine gerade Linie.
Ein Universum stellen wir uns als eine mit Akasha gefüllte große Hohlkugel vor, welche von der Innenseite verspiegelt ist. Darin schwimmen unzählige kleine an ihrer Außenfläche verspiegelte Kugeln = Sonnen. In der Mitte befindet sich die

URKA = URZENTRALSONNE. Jetzt ertönt das Wort: ES WERDE LICHT!" Was passiert, ist ein unablässiges Sammeln und Wiederspiegeln von LICHT ohne Ende. **Unsere jetzigen Verhältnisse am Himmelsgewölbe, dem Sternenhimmel:** Bei Sonnenaufgang am Frühlingsäquinotikum taucht der DRACHE nach unten ab, die Flügel nach unten gerichtet als **würde er abstürzen.** DIE SONNE GEHT IM OSTEN IM STERNZEICHEN WASSERMANN AUF.

Das Sternenzelt jetzt:
Nach Sonnenuntergang steht ORION neben dem Löwen im Zenit (Zentrum) seiner Auf- und Abbewegung auf „12 UHR" und schwingt triumphierend die Keule. Der DRACHE versinkt im Norden „wie in einen Abgrund der Erde. Der ORION vollführt am Himmelsmeridian gleichsam eine NORDBEWEGUNG. Geistige Entsprechung: „DER ORION HAT DURCH SEINE NORDWANDERUNG ZUSAMMEN MIT SEINEN BEIDEN JAGDHUNDEN DEN DRACHEN BESIEGT!" Der Hirte ist zur Herde zurückgekommen, UM SIE ZU TRÄNKEN."
Der Wassermann ist der Hinweis auf die Überschwemmungen wegen unserer Umweltsünden. Dr. Pastor schreibt:" **Und weil in dieser heutigen Zeit die geistige Wüste schon größer ist als der Mars in der Elften Potenz, müssen nun die gestrandeten Fische (Menschen, die gerrettet werden sollen) eingesammelt werden bevor sie in Verwesung übergehen. Daher muß nun wieder ein Menschenfischer kommen, so ein Petrus, so wie ein Retarius, in der einen Hand das Netz, in der anderen den Speer, so wie der Erzengel Michael oder eben der von Nostradamus angekündigte „Roy d`Angoulmois" (bitte beachten Sie das Bild des Kornkreises vom 15. August 2006, entstanden in Blowingstone Hill, England: ein viereckiges Fischernetz vor einer Sonne, in der Mitte eine kleines helles Viereck. Die Ecken vom Fischernetz sehr lang und spitzig, einem Speer ähnlich). Was möchten uns die Cherubime damit mitteilen? Etwa die Ankunft von einem Menschenfischer, dessen Netz einige Menschen einsammelt und dessen Speer einige Menschen entfernt und dahinter die strahlende Sonne – ein Hinweis, daß für einige Menschen die Sonne aufgeht und für die anderen sich die Sonne verfinstern wird. Dann noch ein Kornkreis vom 6. 8. 2006 in Blowing Stone Hill, nahe Uffington White Horse. Das Bild ist ein Fischernetz mit sechs sehr spitzigen Enden auf einer vollkomen runden Scheibe. Diese Aussage ist bei Nostradamus erwähnt, indem er ankündigt, daß die bewaffneten Patres mit runden Scheiben auf einmal vom Himmel kommen...Die Zahl sechs ist Symbol für das Hexagramm und damit für König David – auch ein Urvater dieser Menschheit aus dem alten Testament.**
In dieser Zeit ist Polaris der Nordstern, ein versteckter Hinweis auf den Norden. Jesus lässt Lorber niederschreiben, daß er sein künftiges Friedensreich bei den Nordvölkern (damaliges Germanien) begründen werde und aus guten Menschen aller Sprachen und Rassen einen neuen Stamm Juda bilden werde, ein neues Menschengeschlecht auf dieser Erde.

ZODIAK

Im Zodiak finden wir 4 Menschenbilder (Wassermann, Zwillinge, Jungfrau, Schütze) 6 Tierbilder (Fische, Widder, Stier, Löwe, Skorpion, Steinbock) 1 Zwitterwesen und 1 Meßinstrument (Waage). Das Sternbild welches geichzeitig Tier und Mensch darstellt ist der Krebs.

In Altägypten wurden die Sternbilder ab dem Wassermann gezählt, denn er markierte den Beginn des Jahres. So ist der Wassermann das erste, der Schütze das elfte, der Steinbock das zwölfte, der Krebs das sechste, der Löwe das siebte und die Jungfrau das achte Zeichen. Durch die Präzissionsbewegung der Erde haben sich die astrologischen Sternzeichen zu den astronomischen Sternbildern seit 3000 v. Chr. um ca. zwei Zeichen nach rückwärts verschoben.
Der Täufer ist und bleibt Schütze, da er den Centurien von Nostradamus entspricht.
In Ägypten war die Jahreszeit der kürzesten Tage die Zeit als die Sonne im Wassermann stand (Entsprechung: die Tage werden abgekürzt, der Außerwählten wegen). Diese Zeit war von besonders viel Regen begleitet (viel Regen = Überschwemmungen jetzt).

Das Bild des Wassermann stellt einen Hirten dar, der mit seinem Wassereimer zur Tränke der Haustiere kommt. Diese Sternbild nannten sie UODAN (germ. Wotan).

Nach Uodan kam der Monat der Fische, RIBAR, auch Ribuze genannt. Da der Nil überschwemmt war, mussten die Fische eingesammelt werden bevor sie in Verwesung übergingen. WER SIND DIE FISCHE DIE GESAMMELT WERDEN MÜSSEN? Mehrfach wird erwähnt, daß Fisch, besonders gebraten, die Lieblingsspeise von Christus war. Zitat aus Gr. Ev. Joh. 10/210.ff: „…Fische von guter Art, die sich in reinen Gewässern aufhalten, sind in der Art der Zubereitung, in welcher wir sie genossen haben, die allergesündeste Kost für den menschlichen Leib…"
Nach der Zeit der Fische kam die Zeit des WIDDER auch KOSTRON genannt. In dieser Zeit wurden die Schafe geschoren.

Die nächste Sternbild entspricht dem Stier, der sich auf die Hinterbeine erhebt. Jetzt erhebt sich einer, der das Zeichen des SATURN verkörpert. In dieser Zeit wurde das Vieh brünftig, und die Stiere mussten zur Herde gelassen werden. Das römische Wort „Taurus" entstammt dem Urägyptischen T A OUR SAT oder TI A OUR SAT = des Stieres Zeit. Dr. Pastor:"Ich ergänze: das Wort „Saturn" hat darin seine Wurzel. Es leitet sich ab von SAT OUR ON = ON (er) OUR (Zeit) SAT (auf den Hinterbeinen stehen), also: die Zeit oder besser „Die Stunde, in der er sich erhebt."
Ihr lebt in der Zeit, wo einer sich erhebt, der das Zeichen des Saturn verkörpert. Denn die 101. Große Konjunktion des Jahres 2000 lag im Sternbild Stier. Dort liegen auch die beiden bekannten Sternhaufen Plejaden und Hyaden. Diese bilden das „Goldene Tor der Ekliptik", durch welches die Sonne im Jahresverlauf hindurchzieht. „April" oder das lateinische „Aprilis" leitet sich ab von A (der Stier) UPERI (tue auf) ZU oder UZU (das Gesicht), also: <u>STIER, ÖFFNE DAS TOR! DAS TOR ZUR HERDE!</u> Selbst wenn ihr alles bisher und im folgenden Gesagte vergesst, diesen satz sollt ihr euch mit glühenden Lettern in die Seelen einbrennen! Den der Tag, an dem das Tor zur Weide geöffnet wurde, war der 23. Juli 1997, der erste Tag des Löwen. Der Elias (Erzengel Michael) und sein Herr (Christus) haben das Tor hinaus zu den Sternen geöffnet.

Nach Stier kam das Sternbild Zwillinge: KA IESTOR = CASTOR. Costor ist in Altägypten ein Ermittlungsrichter gewesen, der von Pollux Aufklärung verlangt, um sein Urteil zu fallen.
Danach kommt der Krebs, ein Sternbild mit wenig lichtvollen Sternen. Wegen der Sommersonnenwende wurden die Tage kürzer und das Licht weniger (die Erkenntnis der Wahrheit wurde bis heute immer weniger). In diesen Zeiten

entstiegen die Krebse ihren schlammingen Quartieren (verdorbene Menschen) und machten sich nachts (hinterhältig) über die Weiden (die guten Menschen) her. Die Ägypter mussten diese Invasion der Krebse mit Feuerbränden bekämpfen (schlechter Hinweis für uns). Zur Strafe haben die Ägypter die Gefängnishäftlinge mit Krebsen genährt. Die Ägypter stellten fest, daß die Häftlinge durch das Essen des Krebsfleisches kräftiger wurden und begannen selbst die Krebse zu verspeisen. Entsprechung: die Menschen die mit dem Bösen gemeinsamen Sache machen und dadurch an Macht gewinnen.

Das siebte Sternbild ist der Löwe. Sie warfen im siebten Monat ihre Jungen und suchten die fette Herden. Sie waren ergrimmte Löwen und die Ägypter nannten sie LE OWA = der Böse, oder des bösen Abkömmling. Im Gegensatz dazu EL = der Gute, des guten Sohn O = die Gottessonne WA, WAI flieht = also der Böse flieht von der Sonne. Zum Schutz für ihre Herden hatten die Ägypter riesenhafte Hunde Namens PAS oder PASTHIER, die sich von Mäusen und Heuschrecken ernährten. Warum aß der Johannes der Täufer Heuschrecken?

Der Krebs ist eingespannt zwischen dem mächtigen Löwen und den Zwillingen, dem Zeichen des Gerichts.

Die Jungfrau war der Monat der Hochzeiten.

Nun kam die Zeit der Ernte (das Gleichnis vom Unkrautfelde) daher die Kreise im Kornfelde. In dieser Zeit wurde der ZENT gewogen (wir werden geprüft und gewogen nach unseren Taten), so war es der Monat der Waage. Der ZENT diente dazu, das Priestertum zu versorgen. Diese fanden Gefallen daran, dehnten es aus zu ihren Gunsten und schonten sich von der groben Arbeit und machten aus der Waage einen Gott. Die Waage ist Symbol für die kosmische Gerechtigkeit. Wir werden gewogen nach unseren Taten und wie wir es mit dem Zent an unserem Nächsten und Gott hielten.

Nach der Waage kam das Plage – Zeichen Skorpion. Diese Stacheltiere überfielen die Behausungen der Ägypter. Die Ägypter fanden heraus, daß ein Nilgewächs – Absud die Skorpione tötete, wenn diese es tranken oder Pulver davon aßen. Sie gaben diesen Monat den Namen SCORO PI (PIE) ON = RINDE TRINKT ER.

Im nächsten Monat war JAGDZEIT IN ÄGYPTEN. Die Männer mussten Panther, Krokodile, Geier, usw. bekämpfen und jagen. Sogar das Nilpferd wurde zum Schadens verursacher: JE PA OPATA MOZ = das Nilpferd fängt an seine Gewalt zu entfalten. So nannten sie diesen Monat den Schützen. Diese Monat gilt auch als einer der Centauren am Himmelszelt. Der Centurio (steht für Erzengel Michael) zielt mit seinem Pfeil auf das Herz des Skorpions, (steht für böse Menschen und ihre Taten) bevor er dem ORION (steht für Christus) Schaden zufügen kann.
Dem letzten Monat gaben sie als Sinnbild den Steinbock. Der Steinbock ist der Bewohner der höchsten Berge (vergleiche Christi Verklärung auf einem Berg, seine „Himmelfahrt" von einem kleinen Berg). In diesem Monat mußte der Steinbock herunter in die Täler gehen, um sich Nahrung zu suchen. Da stellten die Ägypter überall Wachen auf, um dieses Edelste aller Jagdtiere zu fangen. Es war schwere Arbeit so einen Steinbock zu erlegen (für die Pharisäer). Der Fang eines solchen Steinbocks war ein Triumph in ganz Ägypten! Alles an diesem Steinbock, der gar so selten war, galt als eine wundersame Arznei (die Lehre Christi als Arznei).

So wurde das Ansehen eines „Varion" (Varaon) = Hirtenvorstand nach der Anzahl der in seinem Besitz befindlichen Steinbockhörner bemessen (der Prunk der äußerlichen Zeremonienkirchen der Jetztzeit). Das Wort „Pharisäer" bedeutet in etwa das gleiche und kommt von „Varizar", darin erkennbar die Wurzel des Wortes „Zar" = König.

So mußte Christus als Steinbock geboren werden, weil erfüllt werden muß, was geschrieben steht. Wenn sich das Blatt wendet, also wenn sich erfüllen muß was Christus schon längst bei J. Lorber und anderen Propheten angekündigt hat, dann kommt der damals Gejagte zurück – nunmehr als Großer Jäger. Einige Kornkreise kündigen sein baldige Ankunft an. In Blowing Stone Hill, England, enstand am 6.8.06 ein Kornkreis mit einem Fischernetz auf einer Scheibe, dann noch einer am 15.8.06, ein Fischernetz vor einer Sonnenscheibe. Beide Kornkreise sagen uns, daß die zweite Ankunft Christi und damit das von Lorber und in Garabandal 1965 angekündigte Strafgericht kurz bevor steht. Liebe Erdengeschwister, lasst euch nicht täuschen von Unwissenden, studiert die Lorberschriften und die Aussagen von Conchita, der Hauptseherin von Garabandal (es gibt Videos und Bücher darüber). Außerdem zeigen viele Kornkreise die Abschwächung des Magnetsfeldeldes der Erde und den damit verbundenen Polsprung an. Dies kann niemand ohne die Hilfe unserer Brüder der Konföderations – Flotte überleben. Bitte lest die Botschaften der Kornkreise im Kapitel über die Kornkreise.

Die Sternbilder des Zodiak sind ein Spiegel der menschlichen Zivilisation am Himmel, umgekehrt spiegeln sie die ewigen Gesetze des Himmels zur Erde herab. Dr. Pasto sagt: „Weil die Menschen vergessen haben, ihren Blick in den geistigen Himmel zu richten, erhalten sie Zeichen in den Weizen und Kornfeldern, auf ihrem materiellen Erdboden, damit auch jene, die den Himmel vergessen haben, und nur noch in materiellen Werten denken, ganz leicht erkennen können, welche Stunde die Uhr am Himmelzelt geschlagen hat.

Lorber weist darauf hin, daß die Bewohner des zerstörten Asteroiden- Planeten Mallona oder Maldek durch Zeichen am Himmel und auf ihrer Erde genau wie wir gewarnt wurden, aber sie wollten einfach nicht hören, noch schlimmer: sie erwiesen sich für die Mission Christi als unwürdig. Nun haben sie noch nicht einmal ein Eselsbegräbnis, liegen verdorrt unter ihren Hütten und etliche von ihnen schweben in diesem erbärmlichen Zustand seit Jahrtausenden im Weltraum umher (Dr. Pastor).

Als die späteren Ägypter zur Ausweitung ihres Wohllebens viele Fremde als billige Arbeitskräfte in das Land hereinholten und das Sklavenwesen einführten, war es auch bald um sie geschehen. Sie wurden von den umliegenden Völkern eingenommen. Die Pharaonen zu Abrahams Zeiten waren Phönizier. „Zodiak kommt von „ZO" (für) „DIA" (Arbeit) „KOS" (Teil), also etwa: Einteilung der Arbeit. Die Wurzel des spanischen Familiennahmens „DIAZ" (Mai Diaz = mein Arbeiter) liegen in dieser Ursprache. Lorber gibt den Hiweis, daß die gemeinsame Wurzel aller Hochsprachen in der Sprache der Hanochiten aus Mittelasien liegt, denn die Urägypter stammen von ihnen ab.

DIE PYRAMIDEN UND DER SPHINX

sind „eine Bibel aus Stein". Die Sternsymbolik am Tag der Sprengung des Asteroidenplaneten Mallona (30.11.2726 v. Chr) und wichtige Maßzahlen der Anlage in Gizeh bergen das kosmische Zahlengeripp, auf dem die Bibel und der

Koran aufgebaut sind. Darauf beruhen die Geburts- und Sterbedaten von Christus, seiner Leibesmutter und Elias/Johannes dem Täufer.

GESANDTE AUS DEM ALL, DIE GEZIELT VOR DEM HINTERGRUND EINER JEWEILS EINZIGARTIGEN STERNSYMBOLIK, DIE IHRE ERDENMISSION GLEICHNISHAFT UNTERMALTE, WURDEN VON DEN WÄCHTERN AUF DER ERDE INKARNIERT. Christus, Maria, Elias, Moses, Jeremia, Mohammed, Giordano Bruno, Jakob Lorber, Pater Pio und viele, sehr viele andere kamen so von fernen Sternenwelten bis zum heutigen Tag auf die Erde.

Dies begreifen heißt: Die Stunde der kosmischen Wahrheit erkennen (Dr. Pastor).

Hier weitere Belehrungen von Dr. J. Pastor:

Die Anordnung der Kammern in der Cheopspyramide bezüglich der Pyramidenspitze als Wegweiser zu Jupiter entspricht auf der Basis der Kundgaben Jakob Lorbers dem Donnerstag, den 30.11.2726 v. Chr. (vergl. Tod Christi an einem Freitag) als Tag der Sprengung des Planeten Mallona, die Asteroiden sind seine klaglichen Reste. Saturn stand an diesem Tag im Schützen, Jupiter im Steinbock, dazwischen die Sonne. Mars war in Konjuktion zu Mallona im Krebs (Mond in den Fischen, Phase 6./7. Tag mit Phasenwinkel 10114' gem. Sky Plot Pro). In der damaligen Zählweise war Schütze der 11. und Steinbock der 12 Monat. Daher mußte der Täufer als Schütze an einem 11.12. um Mitternacht, und Christus 4 Wochen später als Steinbock (das „edelste Jagdtier der Ägypter") geboren werden, dies im Gefolge einer Dreifach – Konjunktion Jupiter – Saturn in den Fischen, damit die Sternbild – Symbolik der Bibelgeschichte in sich schlüssig ist – bis zum heutigen Tag!

Die Konjuktionen Jupiter – Saturn, besonders die dreifachen, stellen seitdem die Uhr dieser Menschheit dar.

Der Stammbaum Jesu enthielt dreimal 14 Generationen. Seit der Geburt des Täufers ereigneten sich 14 dreifache Konjuktionen. Die 101. Konjuktion im Mai 2000 (7 v. Chr = 0) war die letzte, welche diese Zivilisation gesehen hat. So ist es beschlossen. Wem die Überbringung dieser nunmehr irreversiblen Botschaft nicht gefällt „Ich habe nicht diesen Planeten entwaldet, die Ozeane leergefischt und die Atmosphäre versaut. Ich betreibe keinen schwunghaften Waffenhandel und stürze keine Völker in nicht enden wollende Kriege" (Dr. Pastor).

Die dem 30.11.2726 zugrunde liegenden astronomischen Konstellationen und Grundkonstanten dieses Sonnensystems, auch in Beziehung zum Zentralstern Sirius stellen in sich das kosmische Zahlengerippe von Bibel und Koran dar. Lorbers Gr. Ev. Joh. Band 11, Kapitel 30 „über das Sterben" bestätigt dies indirekt (11 als wichtigste Maßzahl der Anlage in Gizeh, Lage am 30. Breitengrad, Elias/Johannes der Täufer trägt in den Schriften die Zahl 11 und starb 30 Jahre alt im 31. Lebensjahr).

Elias ist aber nicht nur schon wieder da, sondern schon so gut wie wieder weg. Das ist ein Problem. Unternehmungen von biblischer Tragweite wurden und werden an Tagen unternommen, an denen passende Sternkonstellationen zur bleibenden Dokumentation vorliegen und zwar im Höchstmaß heute.

Seit eh und je wurden die Menschen dieser Erde wie auch aller anderen Erden im ewigen Weltenraum durch weit, weit fortgeschrittene Intelligenzen beschützt und überwacht, vor allem aber angeleitet, ohne daß der eigene freie Wille des jeweiligen planetarischen Zivilisations – Kollektives gebrochen wird. Nicht die Sterbilder bestimmen, wann Christus und die großen Propheten geboren wurden, sondern sie alle wurden zu einem Zeitpunkt auf der Erde gezielt inkarniert, der zu einer einzigartig aussagekräftigen Himmelskonstellation passt.

Stets wenn einer auf die Erde kommt mit einer besonders wichtigen Mission, dann kann man ihn an seinen Zahlen und Sternbildern erkennen.

Die Halle der Urkunden

Die wichtigsten Bilder aus dem Buch „Der Schlüssel zum Sphinx."

Der Sphinx stellt das irdische Gegenstück zum Sternbild Löwe dar. Die drei Pyramiden sind eine bildhafte,nicht maßstabsgerechte Entsprechung zu den drei Gürtelsternen des Orion.
Im Jahr 2500 v. Chr zeigten die vier Schächte auf folgende Himmelskörper: Der südliche untere (im Winkel von 39 Grad 28 Min. ansteigende) Schacht zeigt auf den Stern **Sirius,** der obere (45 Grad 14 Minuten) auf den Gürtelstern **Al Nitak** des **Orion.** Der untere nördliche Schacht läuft steiler (39 Grad) als der zu Beginn obere Schacht (32 Grad 28 Minuten), so daß sich beide Schächte im weitergedachten Verlauf überkreuzen. Der untere zeigt so nach der **„Kreuzung"** auf **Kochab** im Sternbild **Ursa Minor** (Kleiner Wagen), der obere auf **Thuban** im Sterbild **Drachen.**

Die Sonne **Thuban** stellte in der Zeit um 3000 v. Chr. den damaligen Polarstern dar. Die Sonne **Kochab** ist der hellste der vier Kastensterne und fast gleich hell wie der vorderste Deichselstern **a – Polaris.** Die Helligkeit der vier Kastensterne ist in etwa von 2 bis 5 gestaffelt. In früheren Zeiten konnte man wegen der sauberen Atmosphäre noch Sterne der Helligkeit 6 leicht mit bloßem Auge erkennen. Heute sind solche Nächte selten. Die Botschaft für uns lautet: **Wenn ihr die Atmosphäre soweit verschmutzt habt, daß ihr mit Mühe gerade noch den Kochab und eueren Polarstern erkennt, wird es ernst.**
In unserer heutigen Epoche ist die Sonne a – Polaris des kleinen Wagens der Polarstern unserer Zeit.

Die Epoche um 1000 v. Chr. war die Zeit des Königs David. Um 850 v. Chr. kam Elias auf die Erde und Kochab war ein Anhaltspunkt für Norden. Somit kündigte der Sternenschacht auf Kochab **die Epoche Davids und Elias** an.
Der Sirius entspricht dem wiedergeborenen Elias, der Endzeit, der bei der „Nordvölkern" auftauchen wird.
Das astronomische Wissen, welches in dieser Pyramiden – Sphinx – Anlage verborgen ist, wurde von den Cherubimen der Hl. Schriften aus dem All zur Warnung für die Menschheit der Endzeit als Hinweis für die bevorstehende Erntezeit und vieles mehr verschlüsselt.

Die nach Helligkeit geordneten Kastensterne symbolisieren auch die vierfache Zentralsonnenhierarchie im prinzipiellen Aufbau eines Universums. Die beiden nördlichen Schächte, die sich überkreuzen auf dem Weg zum Drachen symbolisieren den Weg der Erdenmenschen.
Das Sternbild **kleine Bär** galt schon bei den alten Griechen um 600 v. Chr. als der **Flügel des Drachen.** Die sich überkreuzenden Visierlinien in Richtung Drachen können wir als Schere, die dem Drachen die Flügel schneiden, damit er abstürzt, betrachten.
Der Drache symbolisiert den verdorbenen Welt – Materie – Menschen , welcher alles in sich hineinschlingen und beherrschen will und dadurch letztendlich stets selbst zu Fall kommt.

Der „schlafende Prophet" Edgar Cayce schrieb: „Die Pyramiden und der Sphinx sind ein kosmisches Mahnmal für die Wiederkunft Jesu Christi und eine damit verbundenes allgemeines Gericht über die derzeitige Zivillisation dieses Planeten.

Die Anordnung der Kammern in der Cheopspyramide, mit fiktiv berechneter Sonnenkammer symbolisieren neben der Planeten – Konstellation **am Tag der Zerstörung Mallonas (30.11.2726 v. Chr)** auch ein Kreuz, welches über die Lage bestimmter Konjunktionen von Jupiter (steht für Gott Vater) und Saturn (steht für Erzengel Michael alias Johannes der Täufer) die entscheidenden Eckpunkte unserer Zivilisation von Christi Geburt bis zu ihrem Ende und Neuanfang markiert. Im Schnittpunkt dieses Pyramidenkreuzes liegt die Sonne (steht für Christus). Die sieben Eigenschaften Gottes und die Basis seiner pyramidal gegliederten Schöpfung heißen: Liebe – Weisheit – Wille – Ordnung – Ernst – Geduld – Barmherzigkeit. Die drei Gürtelsterne des Orion stehen für die ersten der Eigenschaften die Ordnung für die letzten. Christus als der Herr selber (der „Vater aus dem Sohn") bezeichnet sich und seine Lehre als die leuchtende Spitze der Pyramide (Schöpfungsgeheimnisse" von Mayerhofer).
Der Kornkreis vom 04.08.1999 West Kennet, Avebury, machnt uns: „Beachtet die Warnungen der Pyramide."
Das Bild „ Pyramiden von oben" entspricht dem Schema, wie Nostradamus seine Centurien codierte. Die große Innenpyramide, 4 kleine an den Ecken (stehen für 4 Fristen), die 3 x 3 x 4 = 36 große Kreise = 3 x 12 = 3 Jahre. Dazu viele kleine Kreise (diese rufen die Gezeichneten auf).
Der Kornkreis vom 24.07.99, West Kennet, Silbury Hill entspricht der Cheopspyramide in der Draufsicht mit extrem hervorgehobenen Sickungen. Er bedeutet: Beachtet die Warnungen der Pyramide! 4 große Zacken = 4 Jahre, 4 x 3 Zacken auf 4 der großen = 4 Vierteljahre, 4 x 4 Kreise dazwischen = 4 x 4 Wochen = 4 Monate. (Kornkreis v.4.8.1999, seite 50)

Die Pyramiden Anlagen zeigen das Bild: „ der Orion (steht für Christus) mit seinen beiden getrennten Hunden (Erzengel Michael + Raphael) siegt stets gegen den Drachen (steht für böse Menschen)."

Die errechnete Sonnenkammer in der Cheopspyramide entspricht der Sonne, die Königskammer der Erde (Entsprechung: Himmels- König Michael steigt hernieder in der Endzeit dieser Menschheit mit der Mission des neuen Mose), die Königinkammer entspricht dem Mars und die Felsenkammer unter der Pyramide dem Asteroidenring (Reste des zerstörten Planeten Mallona oder Maldek zwischen Jupiter und Mars). Damals stand Mallona in Opposition zur Erde (Sonne, Erde und Mallona bildeten fast eine gerade Linie).
Zahlreiche Brocken sind damals auf die Erde und andere Planeten sowie auf die Sonne eingestürzt.
Die Lage dieser Felsenkammer unter der Pyramide bezeugt nach der Lehre der Entsprechungen in Sprechweise eines alten ägyptischen Priesters folgendes:
„Mensch! Anstatt deinen Geist in den Himmel zu erheben, um zu erkennen, woher du kommst und wohin du gehst, bohrst du dich einem bösen Wurme gleich immer tiefer und tiefer in die Erde hinein. Der Schacht zur Felsenkammer ist die Entsprechung für das „sich in die Erde hineinbohren", um nach vergänglichen Schätzen zu wühlen. Am Ende geschieht es dir dann wie denen da draußen, die auf dem prächtigen Wandelstern, größer als Jupiter lebten…

Hierzu bekamen wir am 11. 07. 2006 den Kornkreis nahe Aldbourne, Wiltshire: Dreifach verschachtelte Halbmondstruktur ! Nun zu diesem Kornkreis möchte ich noch etwas hinzufügen: „Die dreifache Halbmondstruktur ist 3 x 3 = 9 = 18. Achtzehn ist eine von den Zahlen des Erzengels Michael und die Halbmonde sind die Sichel als Zeichen für die **„ bevorstehende Ernte.“ Die darin enthaltene Zahl 9 ist Hinweis auf eine bestimmte Zeit. Welche?** Nun liebe Leser, diese Lektionen sind nicht immer leicht, aber wir sind lernbereit oder?

Weil die Menschen vergessen haben, ihren Blick in den geistigen Himmel zu richten, erhalten sie Zeichen in den Weizen und Kornfeldern, damit auch jene, die den Himmel vergessen haben und nur noch in materiellen Werten denken, **ganz leicht erkennen können**, welche Stunde die Uhr am Himmel geschlagen hat. Lorber erwähnt, daß auch die Bewohner des zerstörten Mallona durch Zeichen am Himmel und auf ihrer Erde genau wie wir gewarnt wurden, aber sie wollten einfach nicht hören, somit erwiesen sie sich für die Mission Christi als unwürdig.

In seinem Buch „Spiegel des Himmels“ sagt Gracham Hancock, daß auf der Erde in Analogie zu den Sternbildern Löwe, Orion und Drache ein religiöses Bauwerk aus alter Zeit existieren müsste, welches dem Sternbild Wassermann entspricht. **Diese vierte Analogie fehlt, da der Wassermann in Kombination mit dem Mond für den Elias der Endzeit steht. Er wurde in den Schriften als zweiter Moses oder Petrus angekündigt. Nostradamus kündigte für den August 1999 in seiner Centurien den „Roy d' Angoulmois“ an und meinte damit „den König von Engolmain“. Dr. Pastor nannte ihn „der König der Himmlischen Heerscharen – Erzengel Michael“, der zum vierten mal auf der Erde in einem menschlichen Körper in der Endzeit lebt als Wegbereiter für den, der vom Himmel kommt, nämlich Jesus Christus.** Da Elias selbst hier wie ein Mensch auf der Erde lebt, fehlt das entsprechende Bauwerk. Er ist der Vollstrecker des göttlichen Gerichts. Schauen wir uns die Filme aus dem A.T. wie z.B. „Sodom und Gomorha“, die „Zehn Gebote“ oder „Moses“ an: der Auszug der Hebräer aus Ägypten zeigt, daß Gott und seine Engel nach einigem Zuschauen ab und zu mit Schrecken streng durchziehen. **...Kammern mit Beweisen für das Erdenleben Christi können nur die Sonnenkammer, die Venus- und die Merkurkammer im Herzen der Pyramide sein, denn Christus ist die Sonne, Johannes der Mond! Merkur steht für den Götterboten, Venus für die Liebe!** Man vergleiche dies mit der tatsächlichen Geburtskonstellation von Maria, geb. am 14.09.22 v. Chr. gegen 8 Uhr (Entsprechung zu dem Abbild auf der Tilma von Guadalupe: das Sternbild Jugfrau von der Sonne eingehüllt, im „Unterleib“ Venus und Merkur, „zu ihren Füßen“ Saturn für Michael = Sehel = Elias = Johannes der Täufer = Erzengel Michael).. Der Engel zu Füßen der Maria trägt eine Sichel, imitiert aber damit die beiden Hörner eines Stieres. Die Sichel ist das Schwert mit dem Johannes der Täufer hingerichtet wurde. Es ist auch ein Hinweis auf das Sternbild Stier und weist so darauf hin, wenn Saturn im Stier steht, wenn er zur 101. Konjunktion mit Jupiter wiederkommt, nimmt er „seine scharfe Sichel um abzuernten die Trauben vom Weinstock der Erde“. Das bedeutet als neuer Moses wählt er Menschen aus. Da die Anordnung der Kammern bezüglich der Pyramidenspitze die Konstellation bis zum Asteroiden – Planeten angibt, müssen in der Pyramide neben der Sonnenkammer auch die Venus- und die Merkurkammer existieren! Der Zugang zu diesen Kammern kann nur die Tür im südlichen Schacht der Königinkammer sein. Denn so stimmt auch die biblische Entsprechung, weil dieser Schacht ca. 2500 v. Chr. (die Zeit der

Sündflut) auf den Sirius zeigte. „Die Tür im Schacht von der Königinkammer zum Sirius zeigt den Weg zur Sonnenkammer." Sirius steht für Elias („Schon steht im Osten ein Stern, der dem Orion die Bahn bricht, und das Feuer des Großen Hundes wird sie alle verzehren"), die Königin für die Leibesmutter Maria, die Sonne für Christus, Merkur mit Venus für den Gottesboten der Liebe...Man wird nicht über geheime Grabungen z.B. von der Davidson – Kammer aus dort hinein gelangen. Ab einem bestimmten Punkt gibt es mit irdischen Geräten kein Weiterkommen. Es ist darür gesorgt, daß nur ein einziger Zugang zum Ziel führt... „Unter dem ehrwürdigen Sphinx können sie wühlen, die Cheopspyramide schlimmer als die Maulwürfe auf der Suche nach Bauplänen für ein Raumschiff durchgraben, diese Halle wird im Königreich des Horus kein Mensch dieser Welt jemals finden"...

Das in der Cheopspyramide verschlüsselte Geheimnis heißt in Worten: „The time has come" oder ...sich bereit machen – es ist an der Zeit zu gehen...

Die Halle des Wissens ist eine Halle der geistigen Entsprechungen. In ihr ist die Geschichte der Menschheit dieser Erde, einer auserwählten Planetenschule in dieser Galaxie, vom Anfang in ferner Vergangenheit bis zum Ende in der sehr nahen Zukunft verzeichnet. Die Halle der Entsprechungen ist das Himmelsgewölbe, die Urkunden die Bilder des Sternenzeltes, welche Gott als oberster Architekt mit seinem Zeigenfinger beschriftet hat. Wie geschliffene Diamanten projizieren die Pyramiden mit ihren Sternschächten scheinbar einen Bibelfilm über die Jahrtausende in den Himmel, dies gedacht als kosmisches Mahnmal für die Menschen der Endzeit, und das seid ihr (Dr. Pastor). Des einen Ende ist des nächsten Anfang.

Die Fristen begannen an einem exakt definierten Tag und enden an einem exakt definierten Tag. Die Fristen haben am 11.8.1999 begonnen und lauten: 4 Jahre, 4 Monate, 4 Vierteljahre, 4 Wochen...

Zusammenfassung

Die jetzige Menschheit wird bereits seit Jahrtausenden auf das kommende Wassermanzeitalter in der Entsprechung hingewiesen. Hierin ergibt sich wiederum eine Entsprechung der vier. Löwe, Orion und Drache sind die drei Sternbilder der vergangenen Epochen, nach denen der Sphix, die Pyramiden und die Tempelanlage in Angkor angelegt wurden. Der Wassermann Uodan, der „Hirte, der zur Herde kommt, um sie zu tränken" ist das vierte fehlende Sternbild gemäß den vier Himmelsrichtungen zu Begin der kolbenartigen Auf- und Abbewegung des Orion im Laufe des Präzessionszyklusses, welcher durch die Umbahnung unseres Sonnensystems um den Zentralstern unseres Sternhaufens, des Sirius, verursacht wird, auf den aber die Pyramiden-Sphinx-Anlage für unsere Zeit hindeutet. Raffiniert versteckt, so daß erst die Verständigen dieser Zeit in einer großen gemeinsamen Anstrengung diese Botschaft entschlüsseln können. Das fehlende Bauwerk gemäß dem Fußpunkt der Präzessionsbewegung entspricht der Konstellation Wasserman mit Mond am Todestag Christi. Die Pyramiden – Sphinx Anlage ist ein Zeigestock für den prinzipiellen Aufbau eines Universums. Sie verweist auf die zwei für uns „Erdlinge" wichtigsten Sonnen, nämlich den Sirius und den Regulus. Der Sirius ist die Sonne, um die sich unsere Sonne dreht. Regulus ist die Urzentralsonne und der Mittelpunkt unseres lokalen Universums.

Die Lehre der Entsprechungen – nach Dr. Pastor

Gott schuf keine Ebenbilder, sondern Wesen,
die so vernunftbegabt sind, daß sie Freude
an den gesamten Schöpfung empfinden.
Es ist nicht das Aussehen, sondern
das Bewusstsein, was gottähnlich ist.   Ashtar

Warum wird Elias als Mond und Christus als Sonne bezeichnet? Ich versuche jetzt dies zu erklären.

Bilder sind der Versuch eines Menschen, mit einfachen Mitteln das Licht einzufangen. Warum? Weil Licht neben dem Ton (nicht Klang!) ein geistiges Urelement ist. Wer mein zweites Buch mit dem Titel:"Symbolsprache und Botschaften der Seele" gelesen hat, weiß daß die Seele mit Bildern arbeitet, weil die Bildersprache der Seele ein Mittel ist, dessen sich die Seele bedient, um unserem ICH Botschaften mitzuteilen. Hierzu benötigt man Selbsterkenntnis.

Die Höhlenmalereien der präadamitischen Urmenschen haben uns viele Botschafen über das Leben von unseren Vorfahren hinterlassen.Der Kabbala – Baum und Tarot, die die Sephirot und die Pfade bildhaft darstellen sind auch vor allem Bilder. Darum können wir heute leichter verstehen, warum fortgeschrittene Intelligenzen aus dem All uns mit verschlüsselten Bildern unterrichten. Die Gleichnisse der Bibel, des Korans usw. sind Bilder. Deswegen werden wir heute zur Warnung durch Bilder wie Kornkreise und Himmelspiktogramme unterrichtet. Viele von uns erhalten im Traum oder während der Meditation Bilder, die wir „ Visionen" nennen. Warum ist vieles auf unserem Planeten noch verhüllt? Das ist deswegen notwendig, weil damit ein Ausleseprozeß beabsichtigt ist. Bestimmte Menschen mit bestimmten Qualitäten und Wesensmekrmalen sollen die Bedeutung dieser Bilder erkennen. Dahinter verbirgt sich die biblische Aussage aus dem Buch Daniel Kap. 12.10: „Von den Sündern wird es keiner verstehen – aber die Verständigen verstehen es." Die verständigen Menschen mit bestimmten Qualitäten sollen sich finden und sammeln, da sie diejenigen sein werden, welche diesen Planeten nach seiner in Kürze bevorstehenden Reinigung dereinst wiederbesiedeln werden. (Dr. Pastor)

J. Lorber schrieb in seinem Buch **„Die zwölf Stunden"** (bitte beachten das Zahl 12, es ist eine von Zahlen von Erzengel Michael – der als Führer der Himmlischen Heerscharen den göttlichen Plan vollstreckt) daß über die Menschen dieses Planeten am Ende ihrer Zivilisation gemäß einem uralten kosmischen Plan exakt definierte Fristen gesetzt sind. Die Entsprechung für die 12 Stunden sind die 2000 Jahre, die seit Christi Geburt verstrichen sind.Da Christus um Mitternacht geboren wurde (vom **6. auf 7.** Januar), ist mit dem epochalen Zeitpunkt seiner Wiederkunft sinngemäß die Mittagszeit gemeint, wenn die Sonne im Zenit steht. Deswegen sagte der Täufer: „Er ist der Sonne – ich bin der Mond."

Johannes der Täufer wurde genau vier Wochen vor Jesus geboren, und zwar in der Nacht vom 11. auf den 12. Dezember als Schütze, ebenfalls um Mitternacht. Denn zu diesem Zeitpunkt stand der Mond im Sternbild Löwe, und zwar in etwa dort „wo der Löwe das Herz hat."

Daß er vom Sternzeichen her Schütze war, erklärt uns Jesus in Lorberschen Werk „Die Drei Tage im Tempel" (Gespräche des 12 jährigen Jesus) im Kap. 7/Abs. 6 u. 7 (diese Zahlen sind die Geburtszahlen von Jesus)

Jakob Lorber mußte von seinen Eltern Jakob genannt werden, damit jedes Wort erfüllt wird. Denn dahinter steht die „Jakobsleiter", die eine Verbindung von „Unten" mit „Oben" (untere Welten mit oberen Welten) symbolisiert. In unserem Körper ist das die Verbindung der Seele mit ihrem Sitz in der Herzgegend als Gegenpol zum reinem Gehirnverstand. J. Lorber hörte das Wort deutlich aus der Gegend seines Herzens. Die Daten seiner Geburt, sein Lebensweg, Beruf und sein Name kenzeichnen seine besondere Mission, die er zu erfüllen hatte.

Der Name Daniel ist gemäß Kabbala der fünfzigste Name von den 72 Genius, die Gottes Namen darstellen. Die Zahl 50 ist eine der vier Zahlen des Elias. Die Zahlen des Elias sind 11, 12, 18, 50 = 5, und noch eine verborgene Zahl. Diese fünfte Zahl zeigt an, wer er wirklich ist. **Absatz 6: „Ich sage, daß sie (die Sache mit dem**

Johannes, Dr. Pastor) noch lange nicht zu Ende ist, und es wird die ehest kommen, wo derselbe Johannes wie ein mächtiger Blitz unter sie fahren und ein großes Gericht halten wird unter ihnen. Seine Worte werden schärfer sein für euch denn die allerschärfsten Pfeile!"

Absatz 7: „Und wie die Geschichte des eben in Rede stehenden Johannes, so und als ein noch ärgeres Gericht wird jener Wunderknabe aus Nazareth über euch kommen und euch zeigen seine volle göttliche Herrlichkeit, aber nicht etwa zu eurer Auferstehung, sondern zu eurem Falle!"

Im 11. Band des Gr. Ev. Joh. in Kap. 30 „Über das Sterben" Verse 1 u. 2 (11 und 12 als Zahlen des Elias oder des Täufers der bei seiner Enthauptung 30 Jahre alt war), finden wir folgende Aussage: „ 1)... rief ich Johannes den Täufer zu mir... „Du warst mein Vorläufer jetzt... du wirst es auch wieder sein, wenn jene Zeit anbricht...Jedoch werden dich die Menschen alsdann nicht erkennen, trozdem du es wissen wirst, wer du eigentlich bist; denn diese letzte Fleischprobe, die dir bevorsteht, soll der Grundstein werden zu dem Gebäude des anbrechenden Friedensreiches!

2) Zwar werden die Menschen sich wenig zu diesen deinen nächsten Lebenszeiten um dein Wort kümmern; aber es wird ihnen mit glühenden Lettern in die Seelen geschrieben werden, auf daß sie es dennoch fühlen, wenn sie frei vom Leibe sein werden. Dieses dein Wort wird aber sein mein Wort, und ich werde Rechenschaft fordern von jedem, der es vernommen hat und missachtete!

Aus den Aussagen in diesem Kapitel kann jeder mühelos erkennen, daß der von Malachias beschriebene Papst der Endzeit, „Petrus II" (der Römer), der Elias selber ist und nicht dem Vatikan entstammt.

Zitat aus Gr. Ev. Joh. 10/156, ff „Über das letzte Gericht":

„Denn wie zu der Zeit Noahs werden sie feiern und sich feiern lassen und sich gar nicht kümmern um die Stimme meiner Erweckten; diese werde ich aber gleich in einem Augenblick von dieser Erde entrücken und jene (die Krebse und Skorpione) mit allen ihren Lieblingen dem alles zerstörenden Feuer preisgeben, zu dessen Entstehung die dermaligen unbußfertigen Weltmenschen selbst das allermeiste beitragen werden." Weiter im Kap. 58: „....das sage ich aber als etwas Bestimmtes, daß bis dahin nicht viel über 2000 Erdjahre vergehen werden! Doch in dem jetzt noch sehr wüsten Erdteil, den ihr Europa nennt, und dessen Völker nun über euch herrschen, wird der glückliche Zustand eher erfolgen, denn in diesem alten Weltteil (Judäa) gibt es noch eine große Menge sehr harter Steine, die sich nicht so bald und so leicht in ein fruchtbares Land werden umgestalten lassen...

Hierzu ein Text von Dr. Pastor: „A UPERI LIZU – Stier, zeige dein Gesicht, öffne das Tor zur Weide, geh hin zur Herde!" Das Sternbild ist das Zeichen des Sternentors. Das Symbol für euer Tor hinaus zu den Sternen. **Weg von der Erde.**

Bezogen auf das Entrücken schreibt Dr. Pastor: „Und jetzt – heute –haben diese Wächter beschlossen, den von Menschen verschuldeten Dingen ihren Lauf zu lassen und aus wie vielen auch immer von euch eine neue menschliche Zivilisation auf der Erde nach ihrer Reinigung zu bilden. Unabänderlich und unerbittlich. Ihr könnt nicht von der Erde weg und bei allem Können ist noch lange nicht über das Dürfen verhandelt...Untersuchungen von Derril und Sims über extraterrestrische Implantate in den Körpern sog. UFO – Abduzierten beweisen hieb- und stichfest das Wirken einer Macht aus dem Weltraum...Ein Rat an jene, die glauben oder wissen, ebenfalls so etwas zu besitzen: lasst die Preziosen tunlichst in euch drin. Freiwillig aus eigenem Antrieb sich diese Schätzchen herausnehmen lassen bedeutet im Ernstfall: Der Delinquent bleibt hier auf der Erde bei seinen Lieblingen und Leibärzten zurück. Diese Implantate sind u. a. Bestandteil der Markierung der „Außerwählten und Gezeichneten" für den „T-Day" (Tag der Teleportation bzw. „Entrückungen" – weg von der Erde). Mein Rat an jene, die nicht „markiert" sind: verderbt es euch nicht mit den „Markierten" und überlegt euch fortan genau, ob ihr Mitbürger verspotten wollt, die über ähnliche Dinge berichten wie ich. Wohl denen, die so einen zum Fürsprecher haben. Ich gebe hierzu allen einen Typ: Seht mir zu, daß ihr laut blökt wie die verlorenen Lämmer auf der Weide, denn nur die sucht er und kann sie so finden.

Von „ falschen Christussen", falschen Propheten und falschen Wundern steht im Gr. Ev. Joh. 10/188, ff. folgendes: „...Ich werde sie mit einem Weltgericht heimsuchen, das noch ärger sein wird denn das zur Zeit Noahs, Sodom und Gomorrhas... wie das Licht des Blitzes die Krebse tötet...Es besteht darin eine Entsprechung mit solchen Menschen, die den Fortschritt in meinem Licht scheuen und sich gleichfort gleich den Israeliten nach den vollen Fleischtöpfen des finsteren Ägyptens sehnen. Und so hat der Krebs...denn auch diese Eigenschaft, daß er gewöhnlich im finstren Schlamm seine Nahrung sucht... Sind derlei Menschen nicht zu vergleichen den hässlichen Schlammtieren, die das Licht des Blitzes nicht ertragen können und sich ihres Fraßes wegen stets nach rückwärts statt nach vorwärts bewegen? Und ich habe daher zu ihrem endlichen Gerichte das vorgesehen und bestimmt, daß sie am Ende alle umkommen sollen durch das Feuer und Licht meines Blitzes. Und so wird in Erfüllung gehen...daß ich am Ende die Erde von ihrem Unrate durchs Feuer werde reinigen lassen. Es werden zwar die Juden... noch auf einen Messias hoffen, der aber nicht mehr kommen wird...".

Die biblische Belehrungen und die Lehrer aus dem All sind nicht zu trennen, da die Bibelschrift von Lehrern aus dem All diktiert wurde. Ob die Schreibknechte Gottes, wie sich Jakob Lorber nannte, diese Worte im Herzen oder im Kopf hörten, spielt keine Rolle. Auch die Schreibknechte sind gezielt auf die Erde inkarnierte Menschen,die die Wahrheit suchten und größte Demut vor Gott und seiner Schöpfung hatten.

Im alten Testament sind viele biblische Geschichten beschrieben, die später verflimt wurden. Alle diese Filme zeigen den geistig – seelischen Verfall der damaligen Menschheit, bevor die Gottesfürchtigen gerrettet und die anderen eliminiert wurden. Ich sehe dies als notwendiges Einschreiten der Wächter um eine neue postive Entwicklungsrichtung zu ermöglichen. Selbst wenn diese Zerstörung durch dunkle Mächte geschah, wurde es erlaubt, weil es notwendig war und weil die Menschen etwas daraus lernen sollten.

Alle früheren untergangenen Zivilisationen wurden durch ihr falsches Handeln ausgelöscht oder es wurde „von oben" geholfen, weil keine Entwicklung mehr statt gefunden hat. Dies wurde zugelassen, weil die Menschheit kein Schritt vorwärts machte und nicht nach geistig – seelischer Vollkommenheit strebte, sondern ihrem Verderben entgegen fröhnte.

Die Bibel, Lorbers Schriften und der Koran sind mit immer wiederkehrenden Zahlen versehen. Die auf unsere Zeitepoche bezogenen Prophezeiungen sind absichtlich mit Zahlen verbunden (Kabbala), damit wir dies entziffern können. Die Zahlen sind der Schlüssel für das Datum, wann die Eregnisse stattfinden werden. Zum Beispiel:

Im Gr. Ev. Joh. Band 1, Kap. 144 ist zu lesen als 11/44. 4 + 4 = 8. Die Zahl 8 steht für die Sonne, die Sonne steht für Christus. Die Sonne beschreibt im Jahresverlauf am Himmel ein 8. Die Zahl 4 steht symbolisch für die 4 Fristen, die Lorber beschreibt. Die Ufo – Kontaktler schreiben auch von 4 Fristen, die diese Menschheit erhalten hat. Bitte denken Sie an die totale Mondfinsternis vom 03.03.2007um genau 23.44 Uhr. Die Zahl 23 besteht aus 11 + 12 = 23. Beide Zahlen sind Zahlen von Erzengel Michael = Fürst der Himmlischen Heerscharen. Am 11.08.1999 war eine große Sonnenfinsternis. Dieser Tag war der Tag der Ankündigung für den Beginn von 4 Fristen und für den Schreckenskönig vom Himmel = Erzengel Michael, als Vollstrecker des göttlichen Gerichts. 11 August (eine der Zahlen von Erzengel Michael) ist „eincodiert". Christus sagt: „Ich bin die Sonne, Johannes der Täufer ist der Mond."

Im Koran in Sure 19 finden wir eine Entsprechung bezogen auf „Maryam" (Leibesmutter Jesu). Die Sure hat 99 Verse. In Vers 8 verkündet der Engel dem Zacharias die Geburt des Johannes. In Vers 16 wird dessen Wiedergeburt in ferner Zeit angekündigt, 16 = 4 x 4.

Wir sollen lesen: 19 99 8, der achte Monate des Jahres 1999. Die **Zahlenkombination 19, 8 entspricht unter anderem auch dem Zahlenwert eines wichtigen astronomischen Ereignisses. Die mittlere Differenz der Umlaufzeiten von Jupiter und Saturn (Erzengel Michael) um die Sonne(Christus) beträgt 19,8. Diese Zahlenkombination steht somit für den Zyklus der großen Konjunktionen Jupiter-Saturn. Zum Zeitpunkt der Geburt Christi und des Täufers herrschte eine solche Konjunktion. Ende Mai des Jahres 2000 erlebten wir die 101. Wiederkehr dieser Himmelkonstellation seit Christi Geburt. Die Zahl 101 sagt uns: „0" steht als Symbol für die Sonne, die beiden EINSEN für die beiden Ölleuchter vor dem Herrn der Erde, Christus. Diese sind Elias = Erzengel Michael und Henoch = Erzengel Raphael, Apokalypse Joh. Kap. 11,4. Der Wegbereiter Elias/ Johannes der Täufer entspricht dem Sternbild Wassermann in der Kombination mit dem Mond. Als Wegbereiter für den „Löwen von Juda" steht er ihm als Sternbild im Zodiak gegenüber. DAS WASSER ENTSPRICHT DER GEISTIGEN LEHRE, UND DER WEGBEREITER MUß DIESE ANGEPAßT AN DIE JEWEILIGE GEISTIGE ENTWICKLUNGSSTUFE DEN MENSCHEN AUF DER ERDE VORTRAGEN.**

Dieser mächtigel Erzengel Michael sendete am 30. Juni 1908 einen „Kometen" in die Tugunska und zwar ca. am 60. Breitengrad Nord zum 101. Längegrad Ost. Von 1908 bis 1999 vegingen 91 Jahre = 80 + 11 Jahre. Der alte Moses war zu Beginn des Exodus 80 Jahre alt. Doch der Neue Moses ist der Elias (Joh. d. Täufer, Erz. Michael) selber, daher die 11 (Dr. Pastor).

Mondfinsternis vom 03.03.2007 um 23.44 Uhr

Wir sahen am Himmel einen roten Mond länger als eine Stunde. Die Erde und der Mond wurden GEHALTEN von einer höheren Macht, da die Sterne alle 4 Minuten ihre Reiserichtung am Himmel fortsetzen. Die Zahl 23 besteht aus 11 + 12, Zahlen von Erzengel Michael. 23.44 Uhr ist Zahl zwischen 11 und 12 Uhr im vierten Viertel des Tages (für diese Tageszeit ist das Wunder in Garabandal von Conchita angemeldet). Die Minuten sind die Zahlen 44 = 8 = die Sonne – Christus. Die Zahl 4 steht für die

4 Fristen, die wir nach Lorber erhalten haben = 4 Jahre, 4 Vierteljahre, 4 Monate, 4 Wochen. Die nächste Zahl 4 = der Erzengel Michael ist zum vierten Mal auf der Erde. In Garabandal waren die Seherinnen 4 Mädchen zwischen 11 und 12 Jahren. Auf Conchitas Haus (Hauptseherin von Garabandal) steht die Zahl 11.8 (ich habe es gesehen). Die Zahl 11 ist Zahl von Erzengel Michael. Zahl 8 = 4 Fristen, darum 4 Mächen.

Conchita sagte, es komme zuerst die Warnung für alle Menschen auf der Erde und danach komme das letzte Wunder in Garabandal. Alle Kranken, die bei dem Wunder in Garabandal dabei sein werden, würden gesund und alle Ungläubigen würden gläubig werden.

Wir lesen bei der Mondfinsternis v. 03.03.2007 folgende Zahlen 11.44 = Wiederkunft von Christus und Täufer. Lorber bekam die Botschaft über die 4 Fristen am 06.04.1847. Das sind bis heute 160 Jahre. Zahl 160 = 4 x 40 Jahre. Die Durchgaben hinsichtlich der Wiederkunft des Herrn bekam Lorber an einem Freitag am 06.04.1849. Nächstes Jahr, 2009, sind wieder genau 160 Jahre seitdem vergangen...

Die Cherubime – Erzengel als Weltraumwächter

Es gibt nur eine Seligkeit,
nämlich das Gute anzustreben
und für die reine Wahrheit zu arbeiten.
                    Ashtar

Es ist für uns sehr wichtig zu verstehen, dass es oben in den höheren Welten (gemeint sind Welten mit höherer Schwingungsfrequenz), nach der Kabbala in der obersten Triade, die Cherubime und Sternenältesten gibt, die als Wächter im All dienen. Die Sternenältesten sind die „Herren der Zyklen", Kugeln und Ringe – die Botschafter von Gott." Ihre Diener sind die „kleinen Grauen". Im Buch von Ray Fowlers „Die Wächter" sind sie und ihre Arbeit sehr gut beschrieben.

Der Fall Betty Andreasson beschreibt, wie diese Amerikanerin von „kleinen Grauen" untersucht wird, damit Gen-Schäden durch Radioaktivität und Umweltschadstoffe festgestellt werden können. Dabei erzeugten die Ältesten durch Gedankenkraft vor Betty Andreasson aus ihren Körpern das Trigon und den Davidstern.

Das Trigon ist das Wappen der Cherubime. Daher bauen sie ihre Raumschiffe in dieser Form. Im Jahr 1991 sorgte eine Armada von dreieckigen UFO`s für Aufregung in Belgien, Holland und Deutschland. General De Brouwer präsentierte den Medien die Radaraufnahmen seiner Piloten, auf denen rasante Beschleunigungen der UFO`s dokumentiert waren. Kein menschlicher Pilot hätte diese Beschleunigungen überlebt! In diesen „fliegenden Dreiecken" (Raumschiffen) saß die Weltraumpolizei. Die Sternenältesten sind die Cherubime der Schriften (auch Erzengel genannt) und die höchste Bruderschaft innerhalb der Universellen Raumarmee. Jakob Lorber schrieb, dass die Cherubime die Macht über zahllose Sonnensysteme haben. Der Planet Saturn entspricht einer Kugel mit einem Ring, daher steht der Saturn als Symbol für den „Himmelsfürst Michael", einen Führer der „Himmlischen Heerscharen". Die Mächtigen dieser Welt sind sich der steten Präsenz eines extraterrestrischen Wächterdienstes über unsere Erde voll bewusst. Sie geben viel Geld aus, um dies zu vertuschen und lassen durch MIB (Men in Black = androgyne Kopien) viele UFO-Kontaktler umbringen. Allein im Jahr 1989 wurden ca. 180 UFO-Kontaktler umgebracht.

Die Cherubime sind das Tribunal in diesem Sonnensystem. Sie sind das „ Jüngste Gericht" und zuständig für die Wiedergeburten der Seelen. Vor allem, wenn einer mit einer besonders wichtigen Mission auf die Erde kommt, dann kann man ihn an seinen Zahlen und Sternbildern erkennen.

Die Wächter waren auch zuständig für die Sprengung von Sodom und Gomorrha und beim Exodus des alten Moses für die Ersäufung der Streitmacht des Pharao zu Hunderttausenden auf einen Schlag. Sie führen Evakuierungen von bedrohten Welten aus; kontrollieren Welträume usw.. Sie sind diejenigen, die uns durch Kornkreise Botschaften und Warnungen in Feldern hinterlassen, leider mit wenig Erfolg, da die Menschen diese Botschaften nicht verstehen. In England-Yatesbury war am 10.08.98 ein Trigon mit jeweils 3 x 3 Kreisen und noch ein Kreis dazu entstanden. Das Trigon ist das Wappen der Cherubime, die 9+1 kleinen Kreise an den Ecken bedeuten die 10 Gebote.

Rey Fowlers Bücher „Die Allgash Entführungen" gewähren Einblicke in die Hierarchie der universellen Raumarmee (die „Himmlischen Heerscharen" der Bibel) . Die darin beschriebenen „Ältesten" entsprechen den „weiß gekleideten Engeln" bzw. „Ältesten" aus der Bibel. Sie sind die Wahrer des „Bundes mit dem Vater". Sie sind jene, welche u. a. für die Entwicklung der großen Religionen auf den Erden, wie auch auf unserer Erde, zuständig sind. Je nachdem, welchen Weg die Völker einschlagen, wird ihnen geholfen. Es ist natürlich klar, dass sie auch die Könige oder Adams auf die Erden entsenden, um die Rassen eines Planeten geistig und körperlich in der Entwicklung voranzutreiben. Natürlich veranlassen sie ihre entsandten Diener, die Heiligen Schriften zu verfassen, damit die Menschen den schöpferischen Plan verstehen lernen und die Gesetze achten. Nur, für verfälschte Texte, die den Menschen durch Machthungrige dargeboten werden, sind sie natürlich nicht zuständig, dafür aber für Reinigungen auf den Planeten, wenn die Menschen die Gesetze missachten und die Welten zerstören. Dann finden natürlich, wie bei einer Räumungsklage durch das Gericht, auch Raum-Entleerungen durch verschiedene Mittel, wie z.B. durch Entsenden eines Asteroiden, statt. Dann verschwindet eine Menschheit samt ihrer Kultur für Jahrtausende. Solche, ähnliche Ereignisse stehen auch uns in kurzer Zeit bevor und ich bemühe mich, durch dieses Buch, uns alle nochmals aufzurütteln, damit auch jene, die bis jetzt von nichts wussten, erwachen.

Die Wächter sind auch diejenigen, die durch ihre „kleinen Grauen-Helfer" die Menschen zu Untersuchungen auf die Raumschiffe mitnehmen, um eine Schädigung des Erbgutes durch Umweltzerstörung festzustellen. Sie sichern das Erbgut dieser Menschheit und lassen Implantate in den Körper des Menschen implantieren oder markieren die bestimmten Menschen mit anderen Zeichen für den „Tag – T" = Tag der Teleportation (Evakuierung bzw. Entrückung). Das sind Auserwählte und Gezeichnete aus den Hl. Schriften. Dies ist notwendig, damit diese Menschen schnell erkannt und mitgenommen werden können. Viele Helfer (Cherubime) sind zurzeit auf der Erde und wählen die Menschen für das Neue 1000-jährige goldene Zeitalter aus. Dies ist auch das 3.Geheimnis von Fatima, das in der Papst-Schublade auf seine Erlösung wartet (Dr. J. Pastor).

Die apokalyptischen Warnzeichen

Verwechselt die Antimaterie nicht mit dem Jenseits,
das sind zwei verschiedene Welten.

Ashtar

Unsere Erde, sowie alle anderen Erden im Weltraum, werden durch die höchste Bruderschaft innerhalb der universellen Raumarmee, von den Engeln der Schriften, die die heutigen Ufonauten und Raumfahrer sind, von der Frühgeschichte der

Menschheit an durchgängig bis zum Jetzt, geführt, bewacht und begleitet. Sie sind die zuständigen Engel der Schriften, die alle Welten zur geistigen Vollkommenheit vorantreiben und alle Welten nach den Göttlichen Gesetzen verwalten.

Wenn eine Menschheit dem Bösen oder Negativen verfällt, so wie wir derzeit, dann greifen sie ein, weil sie die Bevollmächtigten der Höchsten sind. Die Art des Eingreifens hängt davon ab, was die Gesetze des Höchsten erlauben und wie stark der freie Wille, bezogen auf die Entwicklung des Individuums, eingeschränkt ist. Die Unterdrücker werden oft durch kosmische Maßnahmen der Cherubime außer Kraft gesetzt. Da wir unsterblich sind und unsere weiteren Schulungen jeder Zeit in anderen Welten fortsetzen können, ist das Überleben der materiellen Hülle nicht so wichtig, wie wir auf der Erde denken. Wenn sich aber eine Menschheit zurückentwickelt, so wie wir, und sogar zum Animalischen degeneriert, dann helfen oft nur besondere Maßnahmen, wie z. B. das Böse vom Guten zu trennen, damit dann die Entwicklung der Seelen weiter stattfinden kann. Die negativen Kräfte, die unseren Planeten beherrschen, werden als Reptiloiden, Dinoiden, Satanisten, Schlangen, Drachen oder Skorpione bezeichnet. Da wir alle - samt unserem Planeten - von der totalen Zerstörung durch gelagerte atomare Munition, Waffen aller Arten und Atom-Bomben bedroht sind, versuchten unsere höher entwickelten Brüder aus dem Weltenraum uns bis jetzt durch verschieden Maßnahmen zu belehren und vor unserem negativen Treiben zu warnen, leider ohne Erfolg.

Nun kommt auf uns die Ernte-Zeit zu, in der jede Seele mit ihren bisherigen Taten konfrontiert wird.

Im Gr. Ev. 9/14 sagt Jesus durch J. Lorber: „Es gibt ein großes Land im fernen Westen, das von allen Seiten vom großen Weltozean umflossen ist. Von jenem Land ausgehend werden die Menschen zuerst große Dinge vernehmen, und diese werden auch im Westen Europas auftauchen, und es wird daraus ein helles Strahlen und Wiederstrahlen entstehen. Die Lichter der Himmel werden sich begegnen, erkennen und sich unterstützen."

Wir wissen heute, dass es sich hier um Raumschiffe oder UFO`s handelt, die jetzt massenweise um die Erde stationiert sind, weil die Gefahr besteht, dass durch unkontrollierte Kriege mit atomaren Waffen die Erde zerbirst.

An einer anderen Stelle im Gr. Ev. 6/150 sagt Christus: „Es werden die Menschen gewarnt werden durch Seher und besondere Zeichen am Firmament, woran sich aber nur die wenigsten kehren werden, während die Weltmenschen das alles nur für eine seltene Wirkung der Natur ansehen werden." Weiter sagt Christus in Gr. Ev. 5/108: „Es werden da den stolzen Menschen nichts nützen ihre feuer- und todspeienden Waffen... denn es wird ein Feind aus den Lüften angefahren kommen (kosmische automatische Ordnungswächter?) und wird sie alle verderben, die da allzeit Übles getan haben. Das wird sein eine wahre Krämer- und Wechslerzeit. Was ich jüngst einmal zu Jerusalem im Tempel den Wechslern und Taubenkrämern tat, werde ich dann im Großen tun auf der ganzen Erde und werde zerstören all die Kramläden und Wechselbuden durch den Feind, den ich aus den weiten Lufträumen der Erde zusenden werde wie einen dahinzuckenden Blitz, mit großem Getöse und Gekrache. Wahrlich, gegen den werden vergeblich kämpfen alle die Heere der Erde, aber meinen wenigen Freunden wird der große unbesiegbare Feind kein Leid antun und wird sie verschonen für eine ganz neue Pflanzschule, aus der neue und bessere Menschen hervorgehen werden."

Diese Worte von Christus zeigen uns, dass es eine totale Zerstörung der Erde nicht geben wird, aber dass eine große Reinigung stattfinden wird, die die Freunde von Christus verschont. Meine Frage an uns alle lautet: „Wie viele Propheten brauchen wir noch, um zu verstehen, dass wir mit der Zerstörung unseres Planeten, Seelen der Menschen, der Kinder und Tiere aufhören müssen? Wann werden wir uns Fragen stellen über Moral, Keuschheit, Mut, Hass, Neid, Stolz, Gier usw.? Wann werden wir beginnen, uns ernsthaft mit unseren eigenen negativen Gedanken und Taten auseinanderzusetzen? Wer sind wir? Woher kommen wir? Wohin gehen wir? Wie viele von uns wissen die Antworten auf diese Fragen?"

Die Cherubime haben uns bis heute schon so viele Marien-Erscheinungen vorgeführt; dabei wurden viele Belehrungen und Warnungen immer durch die Mutter von Christus durchgegeben, aber wen kümmert es? Sind wir taub, stumm und blind für alle diese brüderlichen Hinweise?

Nun, die wichtigsten Marien-Erscheinungen für uns alle waren von 1961 – 1965 in Garabandal (liegt bei Santander im Norden von Spanien). Dort wurde uns 1965 mitgeteilt, dass es eine Warnung an uns alle Erdenmenschen geben wird und dass dabei jeder erleben wird, wie Gott uns sieht. Danach werden alle wissen, dass es einen lebendigen Gott gibt. Viele werden aus Angst kurz danach sterben. Die guten Menschen werden besser und die bösen noch schlechter. Danach wird es in Garabandal ein letztes Wunder, dass Christus für diese Menschheit tun wird, geben. Conchita, Hauptseherin von Garabandal, wird 8 Tage zuvor dieses Wunder ankündigen. Sogar Nostradamus schreibt, dass dies an einem Donnerstag (ist ein Jupiter Tag = Tag Gottes) stattfinden werde und dass danach der Donnerstag geheiligt werde. Alle Menschen, die an diesem „Tag des Wunders" nach Garabandal kommen, werden geheilt werden. Die Ungläubigen werden wieder gläubig.

Im Fatima (Portugal) wurden sehr wichtige Mitteilungen durchgegeben, aber leider nicht veröffentlicht. Nun, wir erfahren jetzt, dass die Mitteilung heißt: „Am Ende dieser Zivilisation werden die Guten Menschen (die Gekennzeichneten) evakuiert (teleportiert) werden (Dr. Pastor).

In Ray Fowlers Büchern ist beschrieben, wie die „entführten Menschen" mit Implantaten gekennzeichnet werden. In Wirklichkeit sind diese Menschen nicht entführt, sie haben diese Untersuchungen vor ihrem Erdenleben bejaht, damit sie am „T-Tag" mitgenommen werden.

Christus entspricht, wie alle großen Lehrer, die in den Weltmythologien beschrieben sind, der Sonne. Die Sephira Tipheret im Kabbala-Baum ist das Zentrum des Baumes, das bei uns Menschen dem Herzen entspricht. Mit diesem Zentrum der Liebe und des Geistes sind wir mit allem Seienden verbunden. Diese Sephira ist dem Löwen und der Sonne zugeordnet. Christus ist „Der mächtige Löwe von Juda" und seine Ankunft wurde bereits am 23.Juli 1997, am ersten Tag des Sternzeichens Löwe mit dem Kornkreis nördlich des Silbury Hill – DAVID STERN MIT 18 ZACKEN- angekündigt. Das Wort Löwe erklärt uns Lorber: „in der Ur-Ägypter-Sprache heißt es LE O WA. LE = der Böse, O = die Gottessonne, WA/WAI flieht, also: der Böse flieht vor der Sonne." Am 08. 08.1997 erschien ein gleicher Kreis mit dunkler Innenrosette (u.a. Hinweis auf die Sonnenfinsternis von 13.08.1999). Der Davidstern hat 18 Zacken, die Zahl 18 ist eine von den Zahlen des Erzengels Michael. Im Kap. 18/18 aus dem Deuteronomium, wo dem alten Mose ein neuer Mose angekündigt wird, heißt es:"...einen Propheten wie dich will ich ihnen mitten unter ihren Brüdern entstehen lassen..." In der Neuoffenbarung kündigt Christus den Erzengel Michael, der der Sehel, Elias und Johannes der Täufer war, an. Christus sagt, dass er ihn am Ende der jetzigen Menschheit nochmals im Fleische auf die Erde schicken wird.

Dr. Pastor:... „So können wir annehmen, dass der zweite Auszug aus Ägypten tatsächlich bald bevorsteht, mit dem Unterschied, dass heute der ganze Planet nur noch ein einziges Ägypten mit 100 Babylons ist."

Die wichtigste Prophezeiung gibt Lorber im Band 4, Kap.112. : Die Zahl 4 steht für 4 Fristen, die die Erdenmenschheit bekommen hat. Kap. 112 ist so zu lesen: 11 und 12, diese beiden Zahlen sind die Zahlen von Erzengel Michael. Diese Zahlen wiederholen sich im Kap. 11/2 der Apokalypse des Johannes, aber auch in der Weissagung des Malachias (Maleachi = Engel) über die Päpste.

Christus durch Lorber über die „Apostel der Endzeit": „Wenn da 1000 und nicht ganz 1000 Jahre von nun an verflossen sein werden... werde ich in jener Zeit schon wieder Männer erwecken... Einer von denen, dem wohl das meiste geoffenbart wird, mehr denn euch allen, wird nun in männlicher Linie abstammen von Josephs ältestem Sohne und wird sonach auch ein rechter Nachkomme Davids sein, dem Leibe nach... „Es werden die anderen Großerweckten zumeist von David abstammen, denn solche Dinge können nur solchen gegeben werden, die sogar fleischlich von dorther stammen... denn auch ich stamme von David ab, da Maria auch eine ganz reine Tochter Davids ist. Es werden in jener Zeit (heute) zwar diese Davidsnachkömmlinge sich zumeist in Europa aufhalten, aber darum werden sie dennoch ganz reine und echte Nachkommen des Mannes nach dem Herzen Gottes und fähig zur Tragung der größten Lichtstärke aus dem Himmeln sein. *__DIESE GENETISCH VORBEREITETE LINIE MÜSSE DAHER SEIN, „DENN JEDEN UNVORBEREITETEN WÜRDE EIN JOTA NUR, UNMITTELBAR AUS MIR KOMMEND, SCHON ZERSTÖREN UND TÖTEN."__*

Über die zuvor erwähnten 4 Fristen steht in „Himmelsgaben" im Kapitel „Das große Morgenrot...": „Die Zeit der Reinigung wird dauern kürzestens vier Wochen... Ein längerer Termin ist gesetzt auf vier Monate... Noch ein weiterer Termin ist gesetzt auf vier Viertel Jahre... und der weiteste Termin ist gesetzt auf vier Jahre und noch eine Kleinigkeit dazu, denn es werden nun Monde kommen, in denen mehr geschehen wird als in der Vorzeit in sieben Jahrhunderten!"

Echte Kornkreise werden von den Raumschiffen des Himmelsheere mittels überlegener Technologie erzeugt und sind apokalyptische große Zeichen zur Warnung kurz vor dem Strafgericht.

Am 02.07.2000 erhielten wir eine Formation: Innerhalb eines Kreises ein großes Quadrat, unterteilt in 4 Innenquadrate; es bestand aus 1600 Einzelteilen. In der großen 4 sind noch 4 kleine Gevierte.

Diese Formation kündigt die 4 Fristen an: 4 Jahre – 4 Vierteljahre, 2x 40 Tage und 40 Nächte. Die Fristen begannen am 11.08.1999 und wurden mit der Sonnenfinsternis über Europa angekündigt.

Ein Kornkreis (in der Mitte ein Kreis mit 3 scharfen Sicheln) hat am 04.07.1999 in Hackpen Hill den Beginn der letzten Fristen über diese Menschheit angekündigt, genauso wie sie Jakob Lorber am Karfreitag den 06.04.1847 verkündete.

Mitte Juli 1995, bei East Meon, entstand ein Kornkreis (ein Kreis in der Mitte mit je 2 geteilten Kreisen nach außen), der auf den kritischen Zustand des Erdmagnetfeldes deutete. Dieser Kornkreis ist ein Hinweis auf die Konjunktion Jupiter-Saturn im Mai 2000.

Am 06.08.1999 in Bishop Cannings entstand ein Kornkreis (in der Mitte ein Kreis von 7 größeren Kreisen umgeben, danach weitere größere 7 Kreise und nochmals 7 größere Kreise, alles in einem großen verflochtenen, wie ein Korb aussehender Kreis). Dies ist ein Erntekorb-Kornkreis in Entsprechung zu den Gleichnissen aus dem Neuen Testament (z.B. Gleichnis vom Sämann, das Unkraut auf dem Felde oder die Rede des Täufers an die Pharisäer). (Dr. Pastor)

Die Cherubime, also die Wächter bestimmen, wann Christus und die großen Propheten geboren werden. Sie alle werden zu einem Zeitpunkt auf der Erde gezielt inkarniert, der zu einer einzigartig aussagekräftigen Himmels-Konstellation passt.

EINE FESTSTELLUNG:

WIR SIND DIE RAUMFAHRER AUS DEN ZEITEN VON ATLANTIS, LEMURIEN UND MU...WIR BEHERRSCHTEN DIE RAUMFAHRT BIS SIE UNS DIE VERBINDUNG ZWISCHEN DEN GEHIRNHÄLFTEN TRENNTEN...DIE SEHNSUCHT UNSERER SEELEN NACH UNSERER WAHREN HEIMAT KONNTEN SIE NICHT AUS UNSEREM HERZEN HERAUSREISSEN...WIR ALLE WOLLEN ZURÜCK NACH HAUSE ODER?

ENTDECKUNGEN ÜBER DIE JUNGFRAU VON GUADALUPE - Maria als göttliches weibliches Prinzip der Reinheit und der Liebe - die Sternbilder auf dem Umhang der Jungfrau und die Sternbilder auf die die Schächte der Cheopspyramide zeigen sind die gleichen.

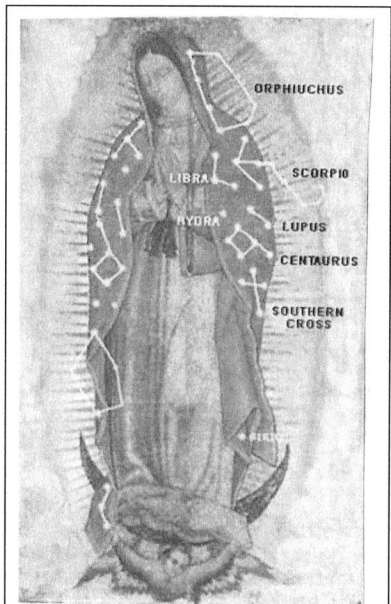

Die groben Materialien des Kleides auf der Tilma sind ewig. Man hat einige Jahrhunderte zuvor eine Kopie aus Maguey Kaktus hergestellt und diese ging nach einigen Jahrzenten auseinander und löste sich auf. Bis jetzt sind die Kleiderfasern auf der Tilma genauso stark wie vor 500 Jahren und die Wissenschaftler verstehen nicht, warum sich diese nicht auflöst.

Die Augen der Jungfrau auf der Tilma von Guadalupe sind wie lebendige Augen eines Menschen. Die Tilma besteht aus den Fasern von Maguey Kaktus und ihre ständige Temeperatur ist 37° Celsius wie beim menschlichen Körper.

Die Sterne, die man auf dem Umhang der Jungfrau entdeckt hat, sind die Stern-konstellation am Himmel von Mexico am Tag des Wunders von 11.12.1531. Auf diese Sternenkonstellation zeigen auch die Schächte der Cheopspyramide, die für die heutige Menschheit von großen Bedeutung sind, wie wir von Dr. Pastor wissen. Auf der rechte Seite des Umhangs der Jungfrau sind folgende Sternensysteme des Südhimmels aufgezeigt: oben befinden sich 4 Sterne des Sternensystem Orfeja. Weiter unten links ist die Waage, zur rechten Seite der Waage sieht man einen Pfeil, der den Anfang von Skorpion darstellt. Hat Dr. Pastor nicht geschrieben, dass Skorpione und Krebse am Ende der Zeit beim Gericht durch Erzengel Michael, der ein Centurio war und ist, zur Strecke kommen werden? In der Mitte sieht man das Sternsystem Lupus und neben ihm links befindet sich Hydra. Weiter unten sieht man das Kreuz des Südens und oberhalb des Kreuzes ist das Quadrat von Sternsystem Centaurus sichtbar. Weiter unten sieht man Sirius. Also der große Centurio als Herr der Sirius zielt direkt mit seinem Pfeil auf Skorpione.
Für uns ist wichtig, die Symbole des Bildes zu verstehen

Unten sehen wir einen Engel, der eine Mondsichel trägt. In Wirklichkeit ist das die Sichel, die symbolisch für die Ernte der Endzeit steht. Christus hat angekündigt:"Ihr werdet ernten was ihr säet." Hierzu schreibt Dr. Pastor: „Die Abbildung der Maria auf der Tilma aus Guadalupe vom 11.12.1531 entspricht der Geburtskonstellation der Leibesmutter Jesu". Das Sternbild Jungfrau ist von den Strahlen der Sonne (Jesus) eingehüllt, zu ihren Füßen der Saturn (Michael), der eine Mondsichel trägt (Schwert mit dem Joh. der Täufer enthauptet wurde), im „Unterleib" der Jungfrau Venus mit Merkur = sie gebiert einen Boten Gottes, Jesus, der die Liebe predigt. Der Engeln immitiert mit der Mondsichel, die er wie ein Joch trägt, die Hörner des Stieres als Hinweis auf das Sternbild Stier. Er ist jener, den die Offenbarung des Johannes 14/18 u.19 nennt:"Nimm (jetzt) deine scharfe dünne Sichel zu ernten die Trauben vom Weinstock der Erde", bedeutet: Michael kommt als neuer Moses auf die Erde und wählt Menschen für die Wiederbesiedelung der Erde aus.

---

von Dr. Pastor
Seit eh und je wurden und werden die Menschen dieser Erde wie auch aller anderen Erden im ewigen Weltenraum durch weit, weit fortgeschrittene Inteligenzen beschützt und überwacht, vor allem aber angeleitet, ohne dass der eigene freie Wille des jeweiligen planetarischen Zivilisation-Kollektives gebrochen wird. Nicht die Sternbilder bestimmen, wann Christus und die großen Propheten geboren wurden, sondern sie alle wurden zu einem Zeitpunkt auf der Erde gezielt inkarniert, der zu einer einzigartig aussagkräftigen Himmelskonstellation paßt. Vor 35 Jahren wurde mir in einem Raumschiff wortwörtlich gesagt:"Wir haben ihn auf die Erde gebracht und wir werden ihn zur Erde zurückbringen, weil er...!" Daher mühe ich mich ja ab und schreibe alles.
Die wenigen nächsten Jahre werden meine Spötter beschämen und zeigen, dass ich in allen Dingen recht hatte.

Auf der linken Seite des Umhangs der Jungfrau sieht man ein Fragment vom Sternsystem „Schäfer", darunter ist der große Bär abgebildet und daneben rechts die „Jägerhunde" und über den Jägerhunden „Berenices Haar". Links befindet sich Thuban, der strahlendste Stern des Sternsystems Drache. Wie hat es geheißen in der „Halle der Urkunden":"Dem Drachen werden die Flügel gestutzt, damit er herunter fällt!" Sind das alle diejenigen, die diesmal die Prüfung nicht bestanden haben?

Zu den „Hunden": **Hierzu ein Satz von J. Lorber:..."und das Feuer des großen Hundes wird sie alle verzehren!"** Der Stern im Osten ist der Sirius, der Hauptstern des Sternbildes Großer Hund. Der Orion steht für Christus. Er ist der große Jäger am Himmelszelt. Ein Jäger hat seine Hunde, damit sie ihm den Weg freimachen, wenn er in das Gebüsch hineinrennt und das Wild aufspürt bzw. aufscheucht. Wir wissen von J. Lorber, dass der Große Hund am Himmelzelt für Erzengel Michael steht und der Kleine Hund für Erzengel Raphael. Der Stern Thuban war zur Zeit v. Chr. Unser Polarstern.

Dr. Pastor schrieb:" **und wenn wir unseren Polarstern durch Luftverschmutzung noch kaum sehen können, dann wird die Lage für uns ernst.**

Weiter unten auf dem Umhang der Jungfrau sehen wir das Sternsystem „Auriga"
und ganz unten drei Sterne des Sternensystes „Taurus"= Stier, für uns symbolisch

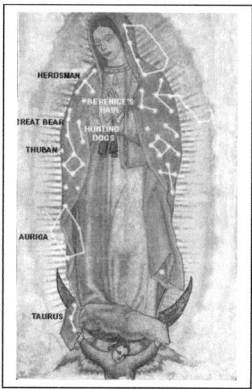

wichtig, weil das große Ereignis, nämlich das Wunder, in
der Zeit des Stieres stattfinden wird. Der Tag an dem das
Tor zur Weide geöffnet wurde, war der 23. Juli 1997, der
erste Tag des Löwen (steht f. Christus). Da öffnete Elias
bzw. Erzengel Michael und sein Herr Christus das Tor
hinaus zu den Sternen für uns Erdenmenschen , weil wir
die Herde sind zu der der Wasserman (Elias als Hirte)
kommt, um die Herde zu tränken. Am 23. Juli 1997 fand
in Gütersloh der wichtigste UFO Kongress mit unseren
Brüdern von der Galaktischen Föderation statt. Bitte lesen
sie hierzu ein Vortrag von Oscar Magosci: „Epoche END-
Zeit", Seite 38.

Bedeutung der göttlichen Mutter in Mythologien, die ja die Wahrheit lehren.

In der ältesten Mythologie der VEDEN, die als Mutter aller Lehren gilt, wird
folgendes gelehrt: Das göttliche weibliche Prinzip der UR-Mutter wird durch drei
Göttinen dargestellt:
Lakhsmi – repräsentiert Satva (Reinheit)und gewährt Reichtum und Wohlstand.
Sarasvati – repräsentiert Raja (Leidenschaft)und verleiht uns Wissen und Bildung.
Durga – repräsentiert Tamas (Unwissenheit) und verleiht uns die zum Leben
notwendige Grundenergie (Aktion, Handlung) und steht damit für Karma.

In Kabbala haben wir als weibliches göttliches UR Prinzip Binah als UR-Mutter. Ihr
Symbol ist Yoni, bzw. eine Schale, die den gebärenden Schoß der Mutter darstellt
und Ihre Tugend ist Hingabe. Chockmah in Kabbala repräsentiert das männliche
Prinzip und steht für den UR-Vater. Ein entwickelter Mensch hat in sich selbst beide
Prinzipien entwickelt und vervollkommnet! Der Lotus ist Symbol für die aus dem
Schlamm sich erhebende Seele, die durch Reinigungsprozesse zu einer reinen Seele
der Liebe wächst. Maria ist diese reine Seele, die sich um uns kümmert und uns
zum Guten bekehren will, damit wir nicht Opfer des Teufels werden. Auf der Erde
wird uns leider immer mehr etwas anders vermittelt: durch die Verehrung von
vulgären Verhalten von Sängerinnen wie Rhianna, Madonna, Lady Gaga etc. wird
die Frau herabwürdigt zum nackten Objekt und tief in den Dreck hineingezogen.
Darum wird bei satanischen Ritualen das weibliche Prinzip geschändet, indem
Mädchen im Kindesalter vergewaltigt, später geschwängert und zum Geburt eines
Kindes gezwungen werde, dem das Herz herausgeschnitten wird, um es zu essen.
In Zentralafrika wo Woodoo Magie täglich praktiziert wird, findet man viele tote
Kinder ohne Herzen.So verwandelt man das weibliche Prinzip der Liebe in eine
dunkle geschändete, zerstörte Wesenheit. Deshalb brauchen reine göttliche Wesen
wie Christus eine reine jungfräuliche Mutter, ohne Sünde, damit durch sie sich das
Licht in der Welt in Form von Liebe wieder manfestieren kann.

Unsere kosmischen Verbindungen
Die Plejaden und Orion sind die kosmischen Verbindungen zur Vergangenheit der
irdischen Menschheit. Es ist bekannt, dass Außerirdische in früheren Zeitaltern mit
den Irdischen zusammenlebten, vgl. z.B. Lobsang Rampa „The Hermit", London
1971. Die tibetische Lehre „Vajrajana Tantra", mit Vajra als Symbol, ist aus diesen
Zeiten auf der Erde als eine Lehre für die geistige Vervollkommnung geblieben.

Diese geistige Schule wurde fast ausschließlich in Tibet praktiziert. Aus Lemurien oder Mu ist ein Teil eines Reliefs, UIGUR genannt, aufgetaucht. Das ist eine nördliche Schrift und bedeutet: „Ein Tempel der Wahrheit, der Sonne geweiht" und steht unter der Rechtssprechung des Mutterlandes Mu oder Muror. Diese Information stammt aus dem Buch „Verstehen lernen Mu" von Hans Stefan Stantesson. Wenn man dieses Symbol als Durchgangstor nimmt und das Wort „Mu" geistig wiederholt, kommen die Erinnerungen aus tiefstem Unbewussten an die Oberfläche. Die Raumwesen tragen ähnliche Symbole, die von der Erde stammen und den Tibetern und den Hopi-Indianern gemeinsam sind.

Der Bau des Turms zu Babel, die Kolossalbauten von Atlantis und der Pyramiden in Ägypten oder die Riesenbauten in Mexiko sind von Außerirdischen gebaut worden. Ca. um 4151 v. Chr. kamen die Sirius-Menschen auf die Erde. Hier beginnt die Adamistische Rasse – Nachfahren des Adam. Die Quersumme von 4151 ist die Zahl 11, eine der Zahlen des Erzengels Michael. Bereits 1000 Jahre nach Erschaffung Adams existierte die ganz Mittelasien beherrschende Hochkultur der Hanochiten. Die Epoche um 1000 v. Chr. war die Zeit des Königs David. Ca. um 850 v. Chr. trat Elias auf.
Der Sphinx und die grundlegenden Bauten der Pyramiden gehen auf den Shivinz zurück. Lorber zufolge hat die klassische Ägyptologie mit der ungefähren Datierung der Pyramiden und der Sphinx, in der Zeit von etwa 3000 bis 2500 v. Chr. begonnen.
Seit Jahrtausenden bemüht sich die Konföderation unter der Leitung des Erzengels Michael, diese Menschheit aus den Fesseln der Negativität zu befreien. Alle positiven Veränderungen auf der Erde sind durch die Kräfte des Lichtes, die Raumbrüder, durch fortwährende Übertragung aus dem Siriuszentrum und durch die unermüdlichen Arbeiter der Grossen Weißen Bruderschaft und deren Verbündeten entstanden.

Robert Temples Buch „The Sirius Mystery" und seine Beweise zeigen an, dass zu jener Zeit Methoden zur INTERSTELLAREN TELEPATHIE zwischen dem Siriussystem und der Erde entdeckt wurden (erleichtert durch die Grosse Pyramide in Ägypten). Es fanden wiederholt physische Besuche statt. Es wurden fortwährend interstellare Botschaften übermittelt. **Sirius ist als Sendezentrum für die Erde benutzt worden, damit unser Planet durch die Föderation auf den bevorstehenden kosmischen Kontakt und die darauf folgende Neugestaltung vorbereitet werden konnte.**

Die Sirianer und ihre Verbündeten haben in ihrem vieltausendjährigen Kontakt mit uns das Zeichen des „HORUS-AUGES" (ein Auge in einem Dreieck) verwendet.

Die Dunkelmächte und ihre Erdler-Trabanten, die Illuminati, geben sich als die „guten Kerle" vom Siriuszentrum aus. Die Illuminati sind ein Druidenorden der Freimaurer, an deren Spitze die reichsten Leute der Erde sitzen (Die Bilderberger = Bankiers, Rotschild, Rockefeller, Onassis etc.). Dieses System haben sie aufgezogen, um die Leute irrezuführen und sie dann auszubeuten. Ihre teuflischen Lehren säen sie, indem sie verdrehte Ersatzaussagen zu den Originaldurchgaben vom Sirius verbreiten. Dazu benützen sie auch das Abzeichen des „Horus-Auges". Man vergleiche dazu das Auge im Dreieck der Spitze der Pyramide auf der 1–Dollar-Note. Die MIBs = Männer in Schwarz, die von den dunklen Mächten befehligt werden, diese gefürchteten schwarzen Männer, haben auf den Türen ihrer schwarzen Cadillacs häufig das klassische Dreieck mit einem Auge oder einem Blitzstrahl darin abgebildet.

Die Dunkelmächte möchten auch, dass wir glauben, sie seien im Orionnebel beheimatet. Von dort waren sie jedoch lediglich als „die Gefallenen" gekommen. Sie treiben sich nur am äußeren Rand jener Galaxis herum. In Wirklichkeit ist ORION das Heim des „Lord des Lichtes" und des „Galaktischen Rates".

ARCTURUS im Sternbild Bootes (Bärenhüter) am N-Himmel ist die Zwischenstation.

In unserem Sektor des Kosmos liegen die Heimstätten der dunklen Mächte und das böse Imperium, das sie regieren. Es trägt den Namen Imperiale Allianz der Rechtschaffenen Welten im GROSSEN BÄR, auch großer Wagen, am N-Himmel, genannt. Das Hauptoperations- und Einsatzzentrum ist der DRACHEN. In unserem Sonnensystem benützen sie die Eiswüste des Pluto als Ausgangspunkt. Als Basis für Erdenexpeditionen dient ihnen die Rückseite des Mondes.

Wirtschaftskrisen, Revolutionen und Kriege werden von der „Unsichtbaren Regierung", die von den Illuminaten gelenkt wird, inszeniert, wie z. B. die sowjetische kommunistische Revolution, beide Weltkriege des 20. Jahrhunderts usw.

Manipulation der Medien, politischer Extremismus, Satanismus, Pornografie und sogar Rockmusik werden zur Untergrabung von Gesetz und Moral auf breiter Basis eingesetzt. Zusätzlich werden von der Basisstation auf der Rückseite des Mondes negative Schwingungen und Einflüsse, die Angst, Depressionen und Gewalttätigkeit auslösen, verstärkt von Raumschiffen, die als „Relaissender" wirken, auf die Erde gestrahlt. Die Bücher wie „13 satanischen Blutlinien" – A. Schmid Verl. oder „Satans Assassins" („Satans Meuchelmörder") behandeln alle Themen und Handlungen der satanischen Logen auf unserem Planeten.

Die Bibelgeschichte beginnt in Ägypten. Schivniz als der siebte (7 = hl. Zahl) König, im Gefolge von 23 Königen, war ein wahrer Hirte seines Volkes. Die Bauten der Pyramiden gehen auf Shivniz zurück. Der Sphinx wurde ihm zu Ehren errichtet und der Kopf ist sein Abbild.

Die klassische Ägyptologie begann mit den Pyramiden-Datierungen und der Sphinx 3000 bis 2500 v. Chr.

Die Sphinx hat einen Löwen-Körper. Im Tempel von Bhagavan Sri Sathya Sai Baba Varu stehen 2 goldene Löwen. Das ist eine Entsprechung. Die Urzentralsonne unseres Universums ist Regulus im Sterbild Löwe. Nur die Urzentralsonne entwickelt ein Eigenfeuer. Im Tempel von Bhagavan Sri Sathya Sai Baba Varu findet fast jedes Jahr ein Ritual statt. Er materialisiert aus seinem Körper einen Lingam (Ei) aus Gold. Das ist die zweite Entsprechung. Oder symbolisieren diese Lingams die aus der Urzentralsonne ausgeborenen Planeten? Die Herkunft der Erde als auch des gesprengten Planeten Mallona ist in Urka zu suchen, da sie von dort herstammen. Für dieses Jahr hat Bhagavan Stri Sathya Sai Baba Varu einen besonders großen Lingam angemeldet, der bereits in seinem Körper wächst. Könnte dieser Lingam das zersprengte Mallona symbolisieren, das zehnmal größer als die Erde war? Außerdem sagt er: „Ich bin der Vater, Christus ist der Sohn!" Welcher Urvater dieser Menschheit verbirgt sich hinter seinem Geist? Mein Rat an uns alle: Zurückhaltung von allen Verleumdungen, denn diese schaffen all denen, die böse Desinformationen über solch einen Geist verbreiten, ein unvorstellbares KARMA.

Ich hoffe, dass wir alle verstehen können, dass diese Menschheit einige Urväter hatte, die unsere Entwicklung bis jetzt beschleunigten und dass sie diejenigen sind, die die durch Kornkreise und hl. Schriften angemeldete Ernte abhalten werden.

DIE PYRAMIDEN–SPHINX–ANLAGE

zeigt uns, wie der Aufbau eines Universums aussieht. Sie weist auf die zwei, für uns Erdenmenschen wichtigen Sonnen hin: den Sirius, um den sich unsere Sonne dreht, und Regulus, der Urzentralsonne und Mittelpunkt unseres lokalen Universums ist.

Die Pyramiden waren wichtiger Bestandteil von Weisheits-Schulen, deren oberste Devise lautete: "MENSCH ERKENNE DICH SELBST!"

Im übertragenen Sinne spiegeln die Pyramiden die wichtigste Funktionsweise des menschlichen Gehirns wieder.

Vier Sternenschächte erzeugen mittels der Sternbilder eine Bildergeschichte, die am Ende des Entwicklungsprozesses der jetzigen Menschheit vor einer Katastrophe planetarischen Ausmaßes warnt. Es wird auf zwei Großkatastrophen in diesem Sonnensystem hingewiesen. Und es wird auch die Anfangszeit der ägyptischen Kultur dokumentiert, und zwar durch die Form der Anordnung, in der diese vier Schächte der Cheopspyramide die Sternbilder Orion, Sirius, und Drache anvisieren.

3000 v. Chr. wurde die urägyptische Kultur durch Auswanderer aus dem in Zentralasien gelegenen Reich Hanoch begründet. Diese 500 Millionen Menschen umfassende Kultur wurde durch die Sündflut ausgelöscht. Viele Schriften sprechen hier vom Untergang von Atlantis. Jedenfalls wurde die damalige Menschheit aus dem Kosmos überfallen. Die Cheopspyramide ist ein Planetarium und dient als kosmisches Mahnmal.
Die Anordnung der Kammern zur Pyramidenspitze dokumentiert die Himmelskonstellation vom 30.11.2726 v. Chr.; die Zeit, in der der Planet Mallona, zwischen Jupiter und Mars, (eine Erde wie die unsere, nur 10-mal größer; mit Menschen wie die unseren, nur 10mal größer), durch seine eigenen Bewohner infolge ausufernder Kriege gesprengt wurde. Die Reste dieser Erde sind der heutige Asteroidengürtel.

Es wird auf die Wiederkunft Christi für das vorbestimmte Zeitalter und das damit verbundene Gericht hingewiesen. Die Planetariumsfunktion der Cheopspyramide erzeugt in der geistigen Schau ein Christuskreuz, welches sich in seinen Eckpunkten mit den wesentlichen großen Konjunktionen Jupiter – Saturn innerhalb des Zodiak, bezüglich der biblischen Geschichte dieser Menschheit deckt.

Der Mann, der als Sehel, Elias und Johannes der Täufer bereits dreimal in der Geschichte dieser Menschheit körperlich auf der Erde war, wird zum vierten Mal – als Wegbereiter und neuer Moses – vorausgeschickt, um Menschen für die Wiederbesiedelung dieses Planeten nach seiner Reinigung auszuwählen.
Die Anlage verweist über die Dokumentation der Präzessionsbewegung auf den oberen Kulminationspunkt des Orion für dieses Ereignis auf die Jetztzeit.

Dies wird durch Phänomene wie Kornkreise, zunehmende UFO-Aktivitäten, aber auch sämtliche Überlieferungen der Schriften aller großen Religionen und Prophezeiungen aus der fernen, näheren und nächsten Vergangenheit abgerundet und durch die Zeichen der Zeit heute bestätigt.

Darüber hinaus ist diese Anlage Bestandteil eines global, über den gesamten Planeten geplanten Verbundes von monumentalen Bauwerken, die auf einem, nach bestimmten Maßzahlen angelegten Gitternetz, gezielt auf der Erde errichtet wurden. Damit wurde bleibend über Generationen hinweg dokumentiert, dass diese Menschheit von den Anfängen an durch eine kosmische Kontrollinstanz angeleitet wurde und wird.

Diese fünfte Entsprechung ist der fünften Fläche der Cheopspyramide zuzuordnen, auf der sie steht, und die wir daher nur mit dem geistigen Auge sehen. (Dr. Pastor)

Die Wahrheit über Jesus Christus

Buddha Jehoshuah (Jesus Christus) aus dem Buch Frabato Rüggeberg Verlag

Durch die kosmischen Gesetze, die von Cherubimen verwaltet werden, hat jede Erde eine Erdgürtelzone. Hier leben alle Seelen die zu der Erde gehören, wenn sie ihren Körper verlassen. Wenn aber jemand von anderen Planeten stammt, wird er mit dem Sternenschiff zur Inkarnation gebracht und nach dem Verlassen des Körpers abgeholt – lesen sie Bücher von Franz Bardon.

So war es mit Jesus Christus.

Gegen Ende seines Lebens heilte Jesus so viele Menschen, dass es als ein Verstoß gegen die Universellen Gesetze angesehen wurde und er vollbrachte so viele Wunder, dass er der jüdischen und der römischen Obrigkeit als Gefahr erschien. Sie ließ ihn schließlich gefangen nehmen. Pontius Pilatus hatte großen Respekt vor Jesus und versuchte sogar, ihn dazu zu überreden, sich zu verteidigen. Aber Jesus lehnte ab, denn er wusste, dass er seine karmischen Schulden würde begleichen müssen.

Die regierende Elite aus Juden und Römern wusste noch genau, was sich zur Zeit von Atlantis auf der Erde abgespielt hatte, denn sie besaßen noch einige technische Geräte, die sie für eigennützige Zwecke und zur Ausübung von Macht versteckt hielten. Jesus war auch deshalb bei den Machthabern so gefürchtet, weil er den Menschen die Wahrheit über ihre Vergangenheit berichtete und sie damit den organisierten Religionen entfremdete.

Deshalb wurde ein Plan gefasst, der die Regierung von jeder Verantwortung an seiner Verurteilung (so dachten sie) befreien sollte. Das Volk musste die Entscheidung treffen, wer gekreuzigt werden sollte: Jesus oder Barrabas, ein berüchtigter Dieb und Mörder. Die Menschen, die für die Befreiung von Barrabas stimmten, wurden von Soldaten mit Gold dafür bezahlt.

Darüber hinaus hatten die Machthaber einen weiteren Plan, um Jesus Wiederkehr zu verhindern. Sie wussten von dieser Prophezeiung und sie kannten sich mit den karmischen Gesetzen aus. Wenn es ihnen gelänge, zukünftige Generationen dazu zu bringen, Jesus anzubeten, ihre Kinder in seinem Namen taufen zu lassen und ihr ganzes Leben ihm zu widmen und in seinem Namen zu leben, würde diese ungeheure Verantwortung und das gesamte Karma dieser Menschen Jesus so belasten, dass seine weitere spirituelle Entwicklung behindert und er in einer bestimmten Dimension festgehalten würde. So würde er nie wieder eine Gefahr für die Mächtigen auf der Erde darstellen.

Ausgerechnet die Leute, die Jesus umbringen ließen, veränderten ihre Meinung über ihn ins Gegenteil. Plötzlich wurde er als Sohn Gottes angebetet. Es entstand sogar ein Buch über sein Leben, allerdings wurden einige der Wahrheiten die Jesus lehrte, ausgelassen. Und bis heute wird er in fast allen Kirchen als gefolterter, blutender Mensch am Kreuz dargestellt.

Durch seine Leiden am Kreuz und die Demütigung durch die Menschen, denen er geholfen hatte, konnte Jesus die meisten seiner karmischen Verstrickungen auflösen. Einerseits hatte er genug Mitgefühl, um Gott zu bitten: „Vergib ihnen, denn sie wissen nicht was sie tun."

Andererseits waren seine Leiden weit schrecklicher und dauerten erheblich länger, als er angenommen hatte, und er konnte seinen Körper erst verlassen, nachdem das Schlimmste vorbei war.

Nach seinem Tod wurde der Körper in ein Grab gelegt, das Maria und einige Freunde vorbereitet hatten... Die Obrigkeit ließ Wachen aufstellen, denn die Machthaber hatten Kenntnis von einem Plan zu seiner Rettung...

Als ein Raumschiff neben dem Grab landete, wurden die Wachen durch das helle Licht und das intensive Energiefeld ohnmächtig. Dann wurde der Körper zur Wiederherstellung in das Raumschiff mitgenommen.

Innerhalb von 24 Stunden nach dem physischen Tod kann ein Körper mit Hilfe von Strahlen, die den Aufbau von Zellen und Gewebe steuern, wiederhergestellt werden. Danach kann die Seele den Körper wieder bewohnen...

Jesus reiste mit seinem Vater auf dessen Heimatplaneten Venus. Er begleitet seine Anhänger durch ihre zahlreichen Leben. Er ist ihr innerer Meister und steht mit ihnen über die inneren Kanäle in Kontakt. Es ist sein Karma, dass er für alle Menschen, die ihre Hoffnung zur Erlösung auf ihn konzentrieren, die spirituelle Verantwortung übernehmen muss. Dies gilt natürlich auch für alle anderen Lehrer, die auf der Erde waren...

Bis zu dem Tag, an dem Jesus sich von all diesen Missverständnissen befreien kann, und bis auch die letzte Seele den Weg vom Christentum zu einem erweiterten spirituellen Verständnis gefunden hat, muss er in der kausalen Ebene innerhalb der unteren Welten von Raum und Zeit bleiben.

Diese Ebene der kausalen Dimension ist durch „Gruppenbewusstsein" entstanden, durch den Glauben der Christen hier auf der Erde an eine himmlische Welt.

Hier sagt Ashtar Sheran von der Konföderation: „GOTT wünscht nicht die Vernichtung Seiner Kinder auf diesem Stern".

Wir müssen und werden den wissenschaftlichen Hochmut brechen, der sowohl in den Akademien als auch in den Palästen der Theologie herrscht; denn ein Wissen darf nicht herrschen, es hat nur zu DIENEN – aber es muss ein wirkliches Wissen sein. Erst dann wird die internationale Politik einer anderen Einsicht folgen.

Wenn je von einer Verteidigung die Rede sein kann, so gibt es nur eine berechtigte Verteidigung, die alle Völker einschließt, nämlich die Verteidigung des friedlichen Fortschritts; d.h. die Verteidigung des GÖTTLICHEN HEILSPLANES.

CHRISTUS war ermächtigt, diesen HEILSPLAN zu erläutern. Er kam leider nicht mehr dazu, weil der Mord an ihm verübt wurde. Daher ist euch dieser HEILSPLAN völlig unbekannt. Ja, ihr wisst nicht einmal von der wahren Mission CHRISTI. Darum kommt nicht auf den Gedanken, dass wir nur als Menschen von einem anderen Stern zu euch sprechen und handeln.

Auch unsere Mission ist ein Teil des GÖTTLICHEN HEILSPLANS. Diese Mission reicht lange zurück und steuert jetzt dem Höhepunkt zu. Unser Erscheinen ist nicht allein ein technisches Wunder, sondern mehr als eine Technik, eine Sendung GOTTES an die Menschheit dieser Erde; darum ist es auch sinnlos zu erwägen, ob es eine Möglichkeit gibt, uns mit Waffengewalt zu begegnen. (Diese Möglichkeit wurde von militärischer Seite oft genug diskutiert.)

DIE BOTSCHAFTEN DER KORNKREISE

Warum bekommen wir jetzt die Botschaften im Korn?

Der „schlafende Prophet" Edgar Cayce hatte recht: Die Pyramiden und die Sphinx sind ein kosmisches Mahnmal für die Wiederkunft Jesu Christi und ein damit verbundenes allgemeines Gericht über die derzeitige Zivilisation dieses Planeten – keines Weltunterganges, sondern der Selbsterneuerung der Erde und ihrer Wiederbesiedelung durch auserwählte Menschen dieser Zeit... Das in der Cheopspyramide verschlüsselte Geheimnis heißt in Worten: "The time has come"; in Deutsch: „Abmarschbereit machen – es ist an der Zeit zu gehen." Wann es so weit ist, können wir aus den Geburtsdaten der Maria, geb. am 14.09.22 um 8°° Uhr (v. Chr.), des Christus, geboren in der Nacht v. 6.–7. 01 06, kurz nach 0 Uhr, und Joh. der Täufer geboren am 11.12. vier Wochen vor Chr., erkennen.

Das Problem der Zwölf–Elf und das Ende der galaktischen Fahnenstange

Eine Zivilisation bekundet in ihren Medien den Willen zur „Eroberung, z. B. des Mars" oder gar „Kolonisierung und Eroberung des Weltraums", nachdem sie ihren „eigenen" Planeten regelrecht liquidierte. Mutwillige Zerstörung ganzer Planeten nebst ihrer Monde, trotz mehrmaliger Verwarnungen. Gefährdung des Fortbestandes eines ganzen Sonnensystems. Potentielle Provokation eines Schwarzen Loches; ergo - zwangsläufige Zerstörung, zumindest von Teilbereichen, dieser Galaxie. Teufeleien über Teufeleien, so dass am Ende nur noch mehr schlecht als recht geflickte Seelen diesen Planeten verlassen und sämtliche Nachschulhäuser wegen Überfüllung die Pforten dicht gemacht haben. Da hört sich der Spaß auf. Deswegen wird diesem Treiben ein Ende bereitet – daher sind die Fristen gesetzt, die bereits abgelaufen sind...
Ich gebe hierzu allen eine Tipp: Seht mir zu, **dass ihr laut blöckt wie die verlorenen Lämmer auf der Weide**, denn nur die sucht der, der als Wegbereiter für Christus hier ist, und kann sie so finden...
An einer anderen Stelle folgender Tipp: „Ihr lebt in der Zeit, wo einer sich erhebt, der das Zeichen des Saturn verkörpert. Denn die 101. Große Konjunktion dieses Jahres lag im Sternbild Stier. Dort liegen auch die beiden bekannten Sternhaufen Plejaden und Hyaden. Diese bilden das „Goldene Tor der Ekliptik", durch welches die Sonne im Jahresverlauf hindurch zieht." „April" oder das lateinische „Aprilis" leitet sich ab von A (der Stier) UPERI (tue auf) LIZ oder LIZU (das Gesicht), also:
Stier, öffne das Tor! Das Tor zur Herde!
Selbst wenn ihr alles bisher und im Folgenden Gesagte vergesst, diesen Satz sollt ihr euch mit glühenden Lettern in die Seelen einbrennen!

Denn der Tag, an dem das Tor zur Weide geöffnet wurde, war der 23.Juli 1997, der erste Tag des Löwen. Der Elias und sein Herr öffneten das Tor hinaus zu den Sternen. (Dr. Pastor)

Bitte beachten sie alle Zahlen – da sie die Schlüssel zum verstehen der Kornkreise sind.

Das Problem: Am 30.11.2726 v. Chr sprengten die Bewohner ihre Erde Mallona; ihre Überbleibsel sind die Asteroiden. An diesem Tag stand der Mond in den Fischen, Jupiter im Steinbock, Saturn im Schützen und Mars neben Mallona im Krebs. Seht, wie Mars nahe Mallona steht; versetzt euch geistig um 4700 Jahre zurück in einen Priester-Astronomen jener Zeit, als er sah, wie der rote Kriegsplanet neben dem prächtigen Planeten stand, als dieser erlosch. Dies ist die Lösung aller Sagen und Berichte über Tiamat usw. Und wenige Zeit später fielen die Riesenleichen von Mallona auf das Land der Ägypter (es wurde ein bisserl nachgeholfen!). Sie mussten die Leichen nach etlichen Jahren ängstlichen Bewachens zersägen und stückweise verbrennen. 20 Meter Kolosse, kaum verwest wegen der anderen materiellen Verhältnisse dieses Erdplaneten, der zehnmal größer als unsere Erde war.

Der zweite Erdplanet in unserem System, wie unsere Erde vor Trillionen Jahren ausgeboren als Komet aus der Urzentralsonne Regulus, der Urka und Zentralsonne dieses lokalen Universums. So schnell geht's. Da schaut man aus dem All herab auf so ein Juwel und sieht mit bloßem Auge nur die verwaschenen Konturen seiner Kontinente und Ozeane, derweil auf seiner Oberfläche die Bewohner wie bösartige Infusionen es fertig bringen, ihn zu sprengen.

All dies aus Habgier, Herrschsucht und einer besonderen Ideologie von Weltordnung, wo in all dem widergöttlichen Chaos die solchermaßen Geordneten am Ende sich gegenseitig wie die Kannibalen auffressen mussten, weil keiner mehr da war, der das Brot aus der Erde herauskultivieren konnte…(Dr. Pastor)

Hier einige Textstellen aus der Bibel, die Jetztzeit betreffend, um das Problem des 12 -11 besser zu verstehen…

2. Buch Mose, 23,23 (I.Exodus): „Ich will vor dir Maleachi, meinen Engel einher senden…" (Maleachi = Michael.)

5. Buch Mose, 18/18: „…einen Propheten wie dich…" d.h. einen neuen Mose, 18 entspricht dem Saroszyklus („Mond steht vor der Sonne" – wenn der Wegbereiter vor Christus steht).

Das 1. u. 2. Buch Könige sind das 11. und das 12. Buch AT: Dort wird Elias beschrieben: Elias lässt Feuer über die Hauptleute über 50 herabfallen, vollstreckt im 1. Könige Vers 18 das Gottesurteil auf dem Kamel; in Vers 40 „…ließ Eliahu sie (die 450 Baalsdiener) hinabführen an den Bach Kischon und schlachtete sie da selbst" (masor. Texte)

11 – 12- 18 – 50 sind seine vier Zahlen. Die Quersumme ergibt 91. Tugunska 1908 – 1999 = 91 Jahre. Der Täufer war an einem 11.12 geboren.

Die letzte erlaubte Betretung des Mondes seitens der NASA fand am 11.12.1972 statt (Apollo 17).

Jesaja 11/12 (Ankündigung des messianischen Reiches): „Er stellt für die Völker ein Zeichen auf…" Damit ist das Zeichen gemeint, welches auf der Anhöhe bei Garabandal aufgestellt wird, und dies sehr bald.

Daher waren es in Garabandal 4 Mädchen im Alter zwischen 11 und 12 Jahren. 4 Mädchen wegen der 4 Fristen, bemessen nach der Zahl 4.

Ein Kornkreis von 23.07.1999, Barbury Castle, Wiltshire, 1. Tag des Löwen, 23 = 11 + 12. Der Kreis bezieht sich auf den Täufer. Drei sich durchdringende Monde = Dreifachkonjunktion. Dünne Mondsicheln = Konstellation an den Sterbetagen Christi und des Täufers. (vergl. Engel auf der Tilma von der Heiligen Jungfrau von Guadalupe vom 12.12.1531!) Die Sicheln sind unterteilt, es entstehen Hörner: Hinweis auf Konjunktion Jupiter – Saturn im Stier Mai 2000. Die Hörner des Tieres aus der Offenbarung des Johannes. Aber auch drei zertrümmerte Schwerter: die Schwerter werden zu Pflugscharren umgeschmiedet. Vor allem aber Hinweis auf die Sonnenfinsternis am 11.08.1999.

Jesaja 40/3: Eine Stimme ruft: „Bahnt für den Herrn einen Weg durch die Wüste…" (Seit der Dreifachkonjunktion 40 Jubeljahrzyklen = 1953). 1953 wurde Dr. Pastor am 11. 12. um 11.15 Uhr geboren.

Aus diesen Zahlen können sie liebe Leser erkennen, hoffe ich, wer er ist.

Jesaja 60/8: „Wer sind die, die heran fliegen … wie die Tauben". Damit meinte er Raumschiffe.

Jeremia 11/8 (Der gebrochene Bund): „Sie aber haben nicht gehört… alle folgten dem Trieb ihres bösen Herzens. So musste ich an ihnen alle Worte dieses Bundes erfüllen… den sie aber nicht gehalten haben." Es gibt einen Kornkreis, der diesen Vers verdeutlicht.

Das verschlungene Band der Brüderlichkeit. Zeichen des alten und des neuen Bundes. Mahnung gem. Jeremia 11/8 „Der gebrochene Bund". Denn die Fristen begannen am 11.08.1999.

Jeremia 23,8 (der Davidsproß): „…herbeigeführt aus dem Lande des Nordens…"

Sacharja 8/23: „10 fassen den 11. am Gewand" (Weggehen von der Erde).

Daniel 12/11 und12: Verkündung der Zeit, wann Michael auf die Erde kommt.

Maleachi 3/23: Der Wegbereiter (23 = 11 + 12)

Off. Joh. 11/1-14: (Die Vermessung des Tempels. Elias und Henoch kehren zurück). Raphael war Henoch. Michael war Elias/ der Täufer. Kapitel 11 hat 14 Verse –

die Zahlenkombination des ewigen ägyptologischen Geheimnisses 11 / 14.

Die Zahl 14 = 2 x 14000 Jahre dauert die Drehung unsere Sonne um den Sirius. Wir sind im Galaktischen Gebiet Sirius dieser Milchstraße. 14 – dreifach Konjunktionen ereigneten sich seit der Geburt des Täufers. 3 x 14 Generationen enthielt der Stammbaum Jesu.

Die Zahl 11 = ist die wichtigste Maßzahl der Anlage in Gizeh; Lage am 30. Breitengrad. Elias/Joh. der Täufer trägt in den Schriften die Zahl 11. Er war 30

Jahre alt und starb in 31. Lebensjahr, weil die Salome für einen Tanz von Herodes seinen Kopf verlangte.

11 x 40 ägyptische Königsellen beträgt die Seitenlänge der Cheopspyramide.
11 x 40 = 440. Hier haben wir die oft wiederholende Zahlen 11, 44 oder die 23, 44. Zahl 23 = 11 + 12 = Zahlen von Erzengel Michael. Die Zahl 114: Der Koran hat 114 Suren. Dies ist eine Anspielung auf die Offenbarung des Joh. Kapitel 11/4 = Wenn der dessen Zahl die 11 ist, zum vierten Mal auf der Erde weilt = Sehel – Elias – Täufer – Michael, beschrieben im AT, Daniel Kap.12. Der Koran ist in 30 Teile gegliedert – der Täufer war 30 J. alt...Die Zahl 1144...hat nichts damit zu tun, dass 144000 Menschen gerettet werden!
11 Jahre ca. unterliegt einer Periode der Sonnenfleckentätigkeit unserer Sonne.
11 Grad weicht die Verbindungslinie Himmelsnordpol – Ekliptik – Südpol – Himmelssüdpol vom Sirius ab (H. Kosak „Das Wort".)
11 und 12 sind die Bücher der Könige im AT, die den Elias beschreiben.
11/2 Apokalypse Johannes, aber auch Weissagung Malachias: „Der 112. Papst der Endzeit!".
Gleich am Anfang seines Werkes „Die Haushaltung Gottes" (dieses Werk entspricht den ursprünglichen und verloren gegangenen Büchern Henochs) bringt Lorber im Band 1, Kapitel 1/12 eine seltsame Aussage zu Papier: Dieses geschieht am 15. März nach der 6. Stunde am Morgen. „Schon steht im Osten ein Stern, welcher dem Orion die Bahn brechen wird, und das Feuer des großen Hundes wird sie alle verzehren." Dazu Lorber:"Orion steht für den, der als Christus auf die Erde kam, der Hund aber für Treue.
Das 1. Kapitel im Band 1 besteht aus 14 Versen, also lies 11/14: Das ewige ägyptologische Geheimnis. Dieser seltsame Satz, versehen mit den entsprechenden Zahlen und der Bedeutung die darin liegt, stellt den Schlüssel des Henoch dar. Die Zahlen dieses Kapitels verweisen auf ein Zahlengesetz, nach welchem die Cheopspyramide erbaut ist (11 – 14). Orion und Sirius sind die Sternbilder, welche die beiden südlichen Sternenschächte anvisieren... Die beiden nördlichen Schächte überkreuzen sich und zeigen auf den Flügel (kleiner Wagen) und den Körper des Drachen. Sie symbolisieren die Schere.
Dem Drachen wurden die Flügel gestutzt (Sprengung des Planeten Mallona am 30.11.2726 v. Chr. – die Sündflut auf der Erde ca. um 2500 v. Chr.) und dem Drachen werden wieder die Flügel gestutzt – heute in der Zeit nach der 101. großen Konjunktion Jupiter – Saturn durch eine verheerende Großkatastrophe, die dem Planeten seine Selbsterneuerung ermöglicht.

**Das Raumschiff zu Roswell war eine Prüfung von Michael an die Führer dieser Menschheit. Sie sind mit Pauken und Trompeten durchgerasselt, denn am 02.07.1947 standen der Saturn im Krebs und der Mond im Schützen.
14 Jahre später, am 02.07.1961, erschien Maria mit Michael, in der Gestalt eines Knaben, den vier Mädchen im Alter zwischen 11 und 12 Jahren in Garabandal!**
In den Himmelsgaben (3, S.162) erhalten wir von Lorber eine Teilerklärung. So steht z.B. der Hund für Treue, Jesus bezeichnet sich selbst als den großen Orion. Der treue Hund bricht dem Orion die Bahn – der große Jäger schickt seinen Hund voraus ins Feld, um eine Bahn für ihn zu brechen. den Weg frei zu machen bzw.: Den Weg bereiten. Im Osten geht die Sonne auf, der Hinweis auf eine geographische Lage. Der Stern steht für einen Menschen (beachte Sure 58 „Stern" Vers 50: „und dass er der Herr des Elias ist"), der aus dem All auf die Erde herabkommt, um seine Brüder und Schwestern heimzuholen. Das Feuer steht für

einen geistigen Prozess, welcher entzündet wird. Dieses Feuer verzehrt Menschen, die hasserfüllt ihre Goldenen Vliese davonschwimmen sehen, die anderen verzehren sich vor Freude, weil sie auf dieses Feuer schon lange gewartet haben…

Der Wassermann Uodan, der „Hirte, der zur Herde kommt, um sie zu tränken…

Procion (Hauptstern Kleiner Hund) mit Sirius (Hauptstern Großer Hund) zu Beteigeuze (die rechte Schulter des Orion) bilden ein gleichseitiges Dreieck (Winterdreieck analog zum Sommerdreieck). Eine feine biblische Entsprechung! Orion hat zwei Hunde, in der urägyptischen Sprache hießen sie MAL-PAS (der kleine) und PAS oder PASTHIER (der große). MAL-PAS hieß auch PORISHION oder später PROCION = Lärm oder Zeichenmacher. Sie dienten zur Bewachung der Herden.

Sehr interessant darüber auch die Prophezeiungen von Berta Dudde (01.04.1891 – 18.09.1965): „…schon weilt er unter den Lebenden, aber noch ist er sich seiner Aufgabe nicht bewusst" – so muss irgendwo auch der Kleine herumlaufen. Es ist der stigmatisierte Giorgio Bongiovanni, er ist der PAS, der das MAL trägt, der „Lärm oder Zeichenmacher"…(der sich nicht selbst zeichnet, sondern mit seinem Auftreten ein Zeichen gibt).

Lorber bekam die Botschaft über die 4 Fristen am 06.04.1847 (v. 6. auf 7. Christus Geburt). Die Zahl 160 = 4 x 40 Jahre. **Fast genau nach 160 Jahren bekommen wir am 03.03.2007 ein totale Mondfinsternis genau um 23.44 Uhr.**

2007 – 1847 = 160 = 4 x 40 Jahre = 4 Fristen. Der Mond ist Symbol für Erzengel Michael. Die Sichel ist mit einem Schwert zu vergleichen – mit dem Ernte abgehalten wird. Ich war in Teneriffa und sah einen roten MOND am Himmel. Eine höhere Macht hat die Erde und den Mond eine Stunde lang gehalten. Wir wissen, die Sterne wechseln alle 4 Minuten ihre Position… Die Zahl 23 besteht aus den Zahlen 11 + 12 = Zahlen von Erzengel Michael. 23.44 Uhr ist eine Zahl zwischen 11 und 12 Uhr im vierten Viertel des Tages (ein Hinweis auf das Wunder in Garabandal). Die Zahlen 44 = 4 + 4 = 8. In Garabandal steht an Conchitas Haus die Zahl 11.8. Damals waren es 4 Mädchen zwischen 11 und 12 Jahren. Erzengel Michael ist zum vierten Mal auf der Erde. Die Zahl 11 steht für Erzengel Michael, die Zahl 8 für Christus. Im Jahresverlauf beschreibt die Sonne am Himmel eine 8.

Die Zahl 8/23 = 23.44 = A.T. SACHARJA: „in selben Tagen sollen anfassen 10 Männer aus allen Zungen der Völker den Rockzipfel eines jehudischen Mannes (der Elfte = Erzengel Michael) und sprechen: „Lasset uns mit euch gehen, „denn wir haben gehört „Gott ist mit euch".

Die Zahl 23 Uhr ist 11 Uhr Nachts = 11.44 =11/4 Koran hat 114 Suren und ist in 30 Teile gegliedert – der Täufer war 30 Jahre alt bei seiner Enthauptung…

Die Zahl 4

Die 4 Tiere der Apokalypse stehen für die 4 großen Menschheits-Entwicklungsperioden, die bald zu Ende gehen… (Mittag 12 Uhr – wenn Christus kommt). Ein grauenhaftes Tier hat eiserne Zähne und will alles zermalmen; dieses Tier steht symbolisch für die Kriegsindustrie der Erde = Vision Daniels aus dem A.T. von 4 Tieren. Dazu kam der **Kornkreis** am 24. 07.2000 südlich des Silbury Hill = Fünfzack Sterne, die aus Dreiecken (Dreieck = Symbol für Cherubim) bestehen, einer fählt wie ausgebrochen… Die Zähne werden dem Tier ausgebrochen, es wird unschädlich gemacht.

Die Zahl 4 steht für göttliche Ordnung: 4 Himmelsrichtungen, 4 Erzengel, 4 Jahreszeiten usw.

Die Cheopspyramide hat 4 Sternenschächte und in den Entsprechungen ist die 4 eine sehr wichtige Zahl. Der Erzengel Michael ist zum vierten Mal auf der Erde.

Lorber schreibt: "Schon steht im Osten ein Stern welcher dem Orion (Christus d. V.) die Bahn brechen wird, und das Feuer des großen Hundes (steht für Erzengel Michael) wird sie alle verzehren".
Dieser Satz ist der Hauptschlüssel zu den Pyramiden und der Sphinx.

Kornkreis v. 20.07.2006 – bei Straight Soley nahe Hungerford (Berkshire) = Schwächung der Erdmagnetfelds – Botschaft: „Polsprung ist nahe".

Kornkreis v. 30.06.2006 =
2 Kreise = 2 Pole der Erde. Jeder Kreis hat Sicheln. Sichel steht für die Ernte. Mond und Sichel für Erzengel Michael, der ernten wird. 8 + 8 Sicheln = 16 – dazu der Lorber: „Der Vorausgang zur Wiederkunft des Herrn!" Diese Botschaft bekam Lorber an einem Freitag am 06.04.1849. Nächstes Jahr sind im April genau 4 x 40 Jahre = 160 Jahre = 4 x die Zahl 4 = 4 Fristen die bereits abgelaufen sind...

Kornkreis v. 15.08.2006 von Blowingstone Hill. Ein Fischernetz mit sehr spitzigen Ecken, fast wie ein Speer, in der Mitte ein kleines Viereck, dahinter ein Kreis als Sonne. Bedeutung: „ ... dann wird sich für die einen der Himmel verfinstern, für die anderen aber werden tausend Sterne zur Mittagszeit am Firmament leuchten!" 4 sehr spitzige Ecken deuten auf Waffen hin. Der kleine Viereck in der Mitte = 4 Fristen beendet...usw. 2x Fischernetz = Zweites Kommen Christi!

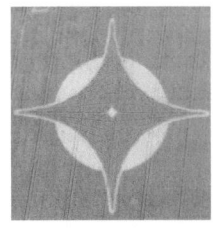

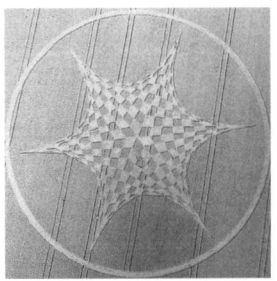

Kornkreis v. 06.08.06 Blowing Stone Hill, nahe Uffington White Horse – Fischernetz mit 6 Spitzen wie Speere auf einer runden Scheibe: "Nostradamus verkündet „ Die Rückkehr des Reiches Saturn" und sagt: „In Folge des Saturns und des Mars wird es geschehen... und sie werden Runde Scheiben am Himmel besitzen, die bewaffneten Patres...!" Christus ist geboren v. 6. auf 7.

Kornkreis 08.07.2006 in Wayland Smithy. Die Pyramiden von oben. Die Sonnenkammer (steht für Christus) tief unten. Botschaft: "Öffnet die Pyramiden, sucht nach Beweisen für Herkunft Christi. Beachtet die Warnungen der Pyramide. Die Zahl 12 = Erzengel Michael = Die 12 Stunden v. Lorber = die letzten 4 Fristen, die am Ende unserer Zivilisation dieser Menschheit gesetzt sind. Die Zahl 12 ist in der Cheopspyramide ebenfalls enthalten, aber nicht direkt als Zahl, sondern bildhaft in ihrer Entsprechung.

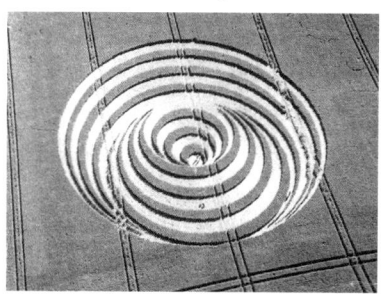

Kornkreis nahe Aldbourne, Wiltshire, 11.07.2006 :"Dreifach verschachtelte Halbmond Struktur" oder „Das Wurmloch" Die Felsenkammer unter der Cheopspyramide mit dem zuführenden Schacht entspricht dem Ring der Asteroiden des zerstörten Planeten Mallona. Die Lage dieser Felsenkammer **unter der Pyramide** bezeugt nach der Lehre der Entsprechungen folgende Botschaft: "Mensch! Anstatt deinen Geist in den Himmel zu erheben, um zu erkennen, woher du kommst und wohin du gehst, bohrst du dich einem bösen Wurme gleich immer tiefer und tiefer in die Erde hinein, um nach vergänglichen irdischen Schätzen zu wühlen. Am Ende geschieht es dir dann wie denen da draußen, die auf dem prächtigen Stern, größer als der Jupiter, lebten, bis er plötzlich erlosch. Dreifach verschachtet = die Zahl 3 = Drei Kammern – Die Sonnenkammer enthält die Beweise für das Erdenleben Christi, die Merkurkammer steht für Boten Gottes, Venuskammer steht für die Liebe. Die Zahl 9, da 9 Sicheln steht für die 9 Gebote, das zehnte kam später dazu: „Du sollst nicht begehren deines Nächsten Weib".

Kornreis - Pewsey White Horse v. 04.08.2007 = 9 äußere Dreiecke + 9 innere Dreiecke ist die Zahl 18. Die Zahl 18 ist gleich Erzengel Michael, die großen scharfen Sicheln innen, die sich fast umschließen, stehen für die Ernte und für das Gericht, somit für die Cherubime.
Die Zahl 18, z. B. ein Stern mit 18 Zacken – steht für den mächtigen Löwen von Juda = Christus.
Ich hoffe, wir haben verstanden: „Die Kornkreise sind Botschaften und Warnungen von Cherubimen = Konföderation an uns Menschen der Endzeit!"

Donnerstag, 20.30 Uhr: GARABANDAL
Casa 11-8: die Warnung, das Wunder und das Strafgericht

1961 bis 1965 erschienen Maria und Michael vier Mädchen im Alter zwischen elf und zwölf Jahren in San Sebastian de Garabandal im Norden von Spanien in den Bergen, eine Stunde von der Stadt Santander in Richtung Berge entfernt. Die Amtskirche erkennt diese Marien-Erscheinungen noch nicht an. Dazu sagte Pater Pio: „Die Kirche wird es anerkennen, aber erst, wenn es zu spät ist".

UFO`s, Kornkreise, Marienerscheinungen und Heilige Schriften bilden eine Einheit

Die Seherkinder aus Garabandal wurden in eingehenden Visionen von einem unabwendbaren Strafgericht und dessen Vorwarnung bzw. Ankündigung (el Aviso) unterrichtet – einem direkten Eingriff Gottes. Danach ereignet sich ein Wunder, welches jene erleben, die sich an diesem Tag bei Garabandal einfinden. Die Seherinnen äußerten sich darüber dahingehend, dass das „Aviso" wie ein Feuer sei, ein Leuchtphänomen, welches man überall auf dem Planeten erlebe, egal wo man sich gerade befände.

Unmittelbar daran sterbe niemand, aber vor Schreck oder Angst werden an diesem Tag dennoch viele Menschen sterben. Alle, auch die Ungläubigen, werden sich dann der realen Präsenz des „Lebendigen und Einen Gottes" bewusst sein, und es wird zu einer Scheidung der Geister kommen (die Guten werden noch besser, die Bösen aber noch schlechter, weil sie voller Wut und Hass erkennen, dass sie dem Arm des großen Richters nicht entgehen können).

Die Warnung werde dann geschickt, wenn die Welt sie am meisten brauche. Pater Pio präzisierte die Aussagen der Seherinnen „…Europa wird das Wunder von Garabandal mit viel Blut erkaufen müssen". „Alle Kranken, die man an diesem Tag nach Garabandal bringt, werden geheilt". Es ist das größte und gleichzeitig auch letzte Wunder, welches Christus jemals für diese Menschheit gewirkt hat. Das Ausmaß des Strafgerichts, dessen Zeitpunkt niemand genau voraussagen kann, hinge davon ab, wie die Menschheit sich auf die Warnung und das Wunder hin verhalte.

Conchita, die Hauptseherin aus Garabandal als erwachsene Frau

Conchita musste in der Casa 11-8 wohnen, denn der 11.08.1999 war der Beginn dieser 4 Fristen. Conchita sagte, das Wunder werde sich zwischen einem 08.03. und 16. 05 um 20.30 Uhr ereignen. Der Tag des Wunders falle zusammen mit dem Fest eines Heiligen, der in Zusammenhang mit der Eucharistie den Märtyrertod starb, dessen Tag aber nicht mehr der ursprüngliche Festtag sei, weil er einmal im Verlauf der Kirchengeschichte verschoben wurde. Es ist der heilige Stanislaus von Krakau, der in Zusammenhang mit der Eucharistie den Märtyrertod fand. Er prangerte offen u.a. die eheliche Unmoral des polnischen Königs Boleslaw II an. Schließlich exkommunizierte er den König. Damit war sein Schicksal besiegelt; der König befahl, ihn zu töten. Da der heilige Stanislaus aber schon zu Lebzeiten im Volk große Verehrung genoss, weigerten sich die Soldaten, das Urteil zu vollstrecken. Die Legende erzählt, dass daraufhin Boleslaw selbst wutentbrannt zum Schwert griff. Als Stanislaus in der Michaelskirche zu Krakau am 8. Mai 1079 eine Messe hielt, stürmte der König in die Kirche und erschlug ihn.

Das vor Wut und Trauer rasende Volk vertrieb Boleslaw aus dem Land, und viele bekehrten sich durch den vorbildhaften Mut des ermordeten Bischofs. Der Märtyrertod des heiligen Stanislaus gilt als Schlussstein bei der Bekehrung des polnischen Volkes zum Christentum.

Im Dom zu Krakau sind seine Gebeine beigesetzt, 1253 wurde er heiliggesprochen.

1969 verschob man seinen Festtag vom 7. Mai auf den 11 April.

2009 – 1969 = 40 Jahre.

Zum Jahresbeginn 1961 (das Jahr, als die Erscheinungen von Garabandal begannen), ereignete sich die 99. Konjunktion Jupiter/Saturn, die gleichzeitig die 14. Dreifachkonjunktion war. 14 ist die Zahl Davids, dieser Name ergibt in hebräischer Schrift auch die Zahl 14. Christus war ein Davidsohn.

Conchita sagte, zwischen Warnung und Wunder liege weniger als ein Jahr. Conchita muss das Wunder um Mitternacht, acht Tage vorher, verkünden.

Dr. Pastor: „ Wird die Warnung schon am Karfreitag erfolgen? Vielleicht noch nicht, denn an diesem Tag sind alle meist reicht fromm, dann würde der Vorbote des Strafgerichts nicht so wirkungsvoll einschlagen. Aber wenn in Europa Samstag ist, der leckere Braten im Ofen schmort und kaum einer mehr sagt: „Schön hat er gestern wieder gepredigt, unser Herr Pfarrer, gell?", wenn sich die Menschen nach dem Mittagessen mit überfülltem Magen den Samstagnachmittag vertreiben – wäre das nicht ein passender Zeitpunkt?...

Die Worte eines kosmischen Lehrers

Herr Korkowski ist als Sprecher der Dimensionen älter als unsere Mutter Erde. Er hat unsere Entwicklung Tausende von Jahren aus einem Sternschiff beobachtet und begleitet. Nun lasse ich ihn zu Wort kommen:
„ Es gibt 4 Weltmächte:
1. Die USA als erste Weltmacht;
2. Die UdSSR die zweite;
3. Einen Schlaf vortäuschende Weltmacht Asien unter Chinas Führung;
4. eine innerasiatische Weltmacht, die die Volksmassen Asiens vorbereitet für die Ausrottung aller anderen Rassen, vor allem der weißen, schwarzen und dann der Moslems.

Deren Anführer sind nicht irdische Menschen, sondern Wesenheiten kosmischer Nachbarn. Sie arbeiten daran, dass sich die weiße Rasse durch einen Krieg gegenseitig vernichtet. Die übrigen Völker möchten sie dann ganz ausrotten. Das Verbrechen der Drogen-Mafia geht auch auf das Konto dieser dritten Macht aus Asien. Sie sind Hauptlieferanten von dem weißen Drogen-Gift, das den christlichen, weißen Völkern den Tod, und den Anstiftern Millionen einbringt. Dieses Geld wird zur Stabilisierung der Macht und für Waffen verwendet. Das ist eine gezielte Aktion geheimer Mächte im Vernichtungskampf gegen die nicht-asiatischen Völker. Die Kosmischen sagten zu H. Korkowki, dass auch Aids und Seuchen in diesem geheimen Krieg eine Rolle spielen, die mittels Blutkonserven und ähnlichen Methoden als Waffen gegen verschiedene Völker eingesetzt werden. In allem, sogar in Kinderkörpern, wird Rauschgift nach dem Norden und Westen transportiert.

Die geheime vierte Macht plant am Himmel einen UFO-Kampf, um bei den Menschen der Erde den Eindruck zu erwecken, es wäre ein Angriff auf die Erde, den sie mit einem Gegenangriff beantworten müssen. Dadurch würden die zwei

Weltmächte Ost und West zur Selbstvernichtung geführt, da bei großen Mengen lagernder Giftbomben die dabei zur Entzündung kämen, beide Seiten keine Chance mehr hätten.

Vor Tausenden von Jahren wurden bei einer großen Atomkatastrophe (mein Bericht über Präadamiten), die nur ein Zehntel des heute wirkenden Atompotentials ausmachte, viele Lebewesen auf der Erde vernichtet. Beweis: Nach Berichten gibt es nirgendwo Affen, weil die Affen keine Entwicklungsgattung, sondern eine Degenerationsgattung sind, die nur auftritt, wo eine falsche und gefährliche Wissenschaft betrieben wurde.

Selbst bei vorsichtiger Handhabung der Atomenergie setzt unweigerlich eine Degenerierung ein – dies geschieht bei Pflanze, Tier und Mensch -, eine Gen-Veränderung, hin zur Degeneration.

Gen Manipulation

ist durch kosmische Gesetze verboten. Jede Lebensform sollte durch normale Entwicklungsstufen evolutionsmäßig voranschreiten. Bei Gen-Manipulationen kommt es zur künstlich beschleunigten Entwicklung, indem eine nicht genug entwickelte Lebensform einen künstlich erschaffenen Körper erhält. In dieser Weise wurde vor langer Zeit eine künstliche Menschenrasse geschaffen und auf der Erde abgesetzt. Durch den Körper ist diese Rasse nicht erkennbar, aber durch ihre zerstörerische Denkweise und Wirkungsart.

Einige Wissenschaftler auf der Erde möchten mit Gen-Manipulation einen affenähnlichen Sklaventypen heranzüchten. Durch das kosmische Gesetz der Entsprechung können von der Ebene der geistigen Dimension diese Körper nur primitive Geistwesenheiten benutzen. Da bei solchen Wesenheiten die Verstandeskräfte nur auf das Technische beschränkt sind, würden sie zu gewalttätigen, kaltblütigen, herzlosen Barbaren, also Menschentypen, die man heute schon als Filmhelden in Kinos und im Fernsehen sehen kann.

Der Schöpfungskern

ist vom höchsten Schöpfer des gesamten Alls nach genauen Berechnungen erschaffen worden. Sein Umfang und Gewicht sind auf die Dichte des Äthers abgestimmt. Er schleudert Kugeln aus Materie, die zu einem ganzen System, wie unser Milchstraßensystem, werden. Millionen von diesen Systemen gibt es im großen Weltall. Alle diese Systeme werden einmal zu Staub zerfallen und neue wieder geboren. Das entspricht dem Kosmischen Gesetz: „Alles ist ein Werden und Vergehen!" (Hermes Trismegistos)

Jede Kugel wächst im Äther wird zigmal größer und gebärt aus sich heraus einen Stern, eine Sonne, die dann eine gewisse Anzahl von Planeten von sich gibt, auf denen sich Lebewesen entwickeln.

Wie lange ein Sonnensystem wachsen kann, hängt davon ab, wie viel schöpferische Substanz diese Mittelsonne vom Schöpfungskern erhalten hat.

Die dritte Lebensphase, die Millionen Jahre dauert, die des Lernens und Genießens, ist die voller Lebensblüte mit Millionen Schöpfungsarten.

Alle Geschöpfe der niederen Art sterben langsam in der vierten Lebensphase aus.

Hochentwickelte Rassen jedoch werden immer wieder rechtzeitig in andere Großsysteme übersiedeln.

Die vierte, so genannte Sterbephase sind verbrauchte Sonnensysteme, die kaum strahlen und später zu Staub zerfallen.

Manchmal zerfallen ganze Systeme auch in der dritten Phase, selten durch Naturkatastrophen, sondern durch falsches Wirtschaften, Experimentieren oder Gewaltanwendung zwischen höher entwickelten Rassen. Rassen, die guter Gesinnung sind, erhalten Hilfe durch die höchst entwickelten Intelligenzen in ihrem kosmischen Bereich, und zwar nur dann, wenn der Hilfesuchende das ihm übermittelte Wissen nicht missbraucht zum Schaden anderer. Sie werden vor Rassen, die Katastrophen herbeiführen und andere Systeme überfallen, geschützt. In der 5. Phase zieht der Schöpfungskern auf seiner Rückseite mit Millionen Kilometer langen Lavaströmungen die ganze Masse der zerfallenen Sterne in den Kern zurück.

Es gibt Wesen, die Millionen Jahre alt sind und nie mehr einen Körper brauchen. Sie können geistiges Bewusstsein bei jedem lebendigen Individuum schließen oder öffnen, so dass Erfahrungen bewusst werden, die in Jahrmillionen erworben wurden.
Ein Individuum wechselt mehrere Milliarden Male seine Körper, vom Sandkorn zum Mineral – zur Pflanze – zum Tier, so lange, bis es die Reife für einen Menschen erreicht hat. Auch der menschliche Körper wird so oft gewechselt, bis die Reife für eine andere Körperform erreicht ist. Dadurch wird der Weg in eine höhere Dimension frei.
Jedes Individuum soll nach göttlichem Gesetz über alle Ewigkeiten wirken. Je besser sein Wirken, umso besser ist seine Zukunft. Es ist eine Irrlehre, dass ein Mensch, der nur Gutes tut, in ein himmlisches Paradies kommt und nichts mehr zu tun braucht, weil der „Liebe Gott" ihm alles gibt.
Die Menschen, die für sich nach Vorteilen suchen, wie z. B. materiellen Besitz und Macht über andere, werden aus den geistigen Dimensionen durch böse Mächte beeinflusst werden. Zur Zeit werden massenhaft Menschen irregeführt, die eine passive Lebenseinstellung haben und unwissend und ungläubig diesbezüglich sind.

Gott ist das erste intelligenteste Wesen, allwissend, allmächtig, helfend und verbessernd wirkend. Er ist schöpferisch tätig, nicht strafend, was wir oft falsch verstehen, da wir die kosmischen Gesetze nicht beachten. Denn: alles, was wir anderen antun, kommt auf uns selbst zurück. Wir sind die Verursacher aller Dinge, die auf uns zurückkommen, auf allen Ebenen - der Grobstofflichen sowie der Feinstofflichen. Die Unwissenheit schützt uns nicht vor der Rückwirkung, da die Gesetze immer und überall wirken. (Lesen sie hierzu Bücher von Franz Bardon).

Liebe Leser, die höheren Wesenheiten haben ein Gesetz für die Erdenmenscheit bereits in Kraft gesetzt.
Nach Herrn Korkowski heißt dieser Faktor X3. Er steigert sich nach einem Jahr um eine Stufe! Ab dem Jahr 1992 geschieht einem jeden zweifach, was er einem anderen wünscht oder vorbereitet. Ab dem 23.04.93 wirkt der Faktor X3 in voller Stärke, d.h., jedem wird dreifach zugefügt, was er einem anderen wünscht oder durch Taten vorbereitet, ob im Guten oder im Bösen. Dieses wird sich individuell wie auch in Gruppen oder völkermäßig auswirken. Da wird so mancher von dieser Erde verschwinden, bevor er einem anderen Schaden zufügen konnte.

Es wird hart treffen, vor allem die Falschspieler, Volksmissbraucher, Volks- und Naturschänder! Plötzlich werden Völker zugrunde gehen, die andere ausrotten wollten.

Die Guten und die Geistesbewussten und Gottverbundenen brauchen keine Angst zu haben, ihnen stehen die Himmelsmächte bei. Auch wird, wenn alles zu hart ausartet, all dem Bösen ganz plötzlich ein Ende gemacht.

Rundflug eines der großen Mutterschiffe

Die Kosmischen haben nach vielen Überlegungen zur Lage der Menschheit folgendes beschlossen: Der Menschheit der Erde wird die Existenz der Kosmischen Menschheit vorenthalten. Da die Menschheit durch diese Erkenntnis eben kosmisch zu denken beginnen würde, wird eines der großen Mutterschiffe einen Rundflug um die Erde präsentieren. Die Energie des Kolosses wird auf der Erde alles lahm legen; die Industrie erleidet Ausfälle, wie Totalausfall der Elektronik. Den Schaden der Produktion müssen die Menschen schon in Kauf nehmen. Dieses ist doch besser, als anderswie plötzlich sterben zu müssen.
Diesen Mutterschiff-Rundflug haben zwei Menschen in der Zukunft gesehen. Robert Monroe beschreibet es in seinem Buch: „Ein Mann mit zwei Leben" und Gopi Krishna in seinem Buch „Die Kundalini".

Liebe Erdengeschwister, nach allem was ich Ihnen hier geschrieben habe, ist es unbedingt notwendig, realistisch zu denken. Es gibt kosmische Gesetzte des höchsten Schöpfers, wie z. B.: „Wie oben so unten" (alles was es unten gibt, ist auch oben in anderen Welten vorhanden) oder das „Schwingungsgesetz": Gleiches zieht das Gleiche an. Nach diesen Gesetzen haben wir bereits auf der Erde „Negative Kräfte", die weitere „Negative Kräfte" aus anderen Dimensionen anziehen. Da in anderen Welten diese „Negativen Kräfte" viel höher als wir entwickelt sind, werden sie nicht ohne weiteres unseren Planeten frei geben wollen. Es heißt sogar, dass eine Rasse unbedingt unseren Planeten für sich haben will. Diese Rasse versucht aus anderer Dimension, die Menschen der Erde negativ und destruktiv zu beeinflussen, was ihnen auch sehr gut gelingt. Vor allem in unserem galaktischen Bereich sind viele „Negative Planeten", und es gibt weitere unterjochte Menschheiten außer uns. Die Befreiung aus dieser teuflischen Lage kann und wird nur durch die Himmlischen Heerscharen – Konföderation geschehen. Wir haben hierfür keine Möglichkeiten…

Ein „Heiliger Krieg" wird kommen. Das ist der Plan der Negativen, der hohen Stelle in Zentralasien! Für den Islam wird es zu spät sein, wenn sie sich im Siegesrausch in Europa austoben. Denn plötzlich wird ihre Heimat von Chinesen überflutet. Die Geheimen in Asien bedienen sich der islamischen Völker, um ihr Land und nachfolgend Europa, ohne eigene Aufwendungen, zu erobern. Die geheime asiatische Macht wird die nächsten arabisch-israelischen Konflikte schüren und die Schwächung oder Vernichtung der Menschheit herbeiführen. Im Falle des Scheiterns planen sie, über die Gen-Forschung, menschenähnliche Arbeitstiere auf dem südamerikanischen Kontinent zu schaffen. Diese sollen dann bei genügender Anzahl mittels gewisser Impulse zu rücksichtslosen Mördern umfunktioniert werden, durch die dann der gesamte südamerikanische Kontinent erobert werden könnte.
In Asien, an einem geheimen Ort in China, werden, auch durch Gen-Forschung, in Mitarbeit mit „Negativen aus anderen Dimension" bereits für den dritten Weltkrieg, androide Wesen geschaffen, die über Europa herfallen werden. Diese sind rücksichtslose Mörder, da sie ohne seelische Empfindungen sind. Die Chinesen möchten nur noch die asiatische Rasse auf der Erde haben. (H.Korkowski, „Kampf der Dimensionen", I + II – Hans J. Andersen Verlag). Bitte lesen sie seine Bücher.

Der Polsprung wird stattfinden. Das zeigen die Kornkreise und alle bisherigen Mahnungen. Nur die Evakuierung kann die Menschheit der Erde aus der kommenden Notlage retten. Wir müssen uns aber charakterlich ändern und uns bemühen, gut zueinander zu werden. Alle Botschaften von Mutter Maria haben diesen Inhalt.

Europa hat viele Feinde, deswegen sollten gerade die Europäer zusammenhalten.

DIE KONFÖDERATION – DIE CHERUBIME

Ein hoher Engel teilt uns mit: „Mein heutiges Wort betrifft einen hochbedeutsamen Gegenstand, nämlich: Die Mission der, wie ihr sie irrtümlich nennt, „Fliegenden Untertassen" und ihrer Insassen. Es ist unser Wunsch, sie klar und so schnell wie möglich als die Abgesandten von fortgeschrittenen Planeten anzuerkennen, die auf Geheiß der das gesamte Weltall regierenden Hierarchie zu euch kommen, die verantwortlich sind für das Fortbestehen der würdigen Vertreter aus dem Menschengeschlecht des Planeten Erde.
Matth. 24;29
...und die Sterne werden vom Himmel fallen,
und die Kräfte der Himmel werden sich bewegen.

Ashtar ist Befehlshaber von zehn Millionen Wesen aus dem Weltraum, die ihre Stützpunkte im Bereich unserer Erdbahn bezogen haben.
Ashtar und seine mächtigen Scharen überwachen den Weltraum – Überwachungsstation. Er sagt, dass seine Auftraggeber Jesus Christus und Erzengel Michael sind.

Aufforderung zur Mithilfe von Ashtar

Wir Außerirdischen haben persönlich nichts, absolut nichts zu gewinnen durch diese mühevolle und schwere Aufgabe, der wir uns geweiht haben, wie lange es auch dauern mag, sie erfolgreich zu Ende zu führen. Ist es nicht zu eurem eigenen Vorteil, wenn ihr unsere Hilfe freudig annehmt, wodurch unsere Bemühungen vervielfacht und weiter ausgedehnt werden können? Viele, sehr feine, prächtige Menschen tun das jetzt schon! Das sind jene, die ihre Erlebnisse machten und durch Veröffentlichung und in Vorträgen dafür eintreten; im weiteren Sinne sind sie die Übersetzer, Herausgeber und Mitarbeiter an diesem großen Aufklärungs- und Errettungswerk. Das gibt uns den Ansporn den wir brauchen, um uns weiter um das Vertrauen und die Mitarbeit von allen verständigen, rechtschaffenen Menschen zu bemühen.
Durch die von mir zur Zeit angewandte Methode wird vielleicht nur die Neugier vieler erweckt, aber wir meinen, dass wir auf möglichst verschiedene Art und Weise in Erscheinung treten müssen, um genügend überzeugende Beweise zu erbringen, damit wir unsere Pläne ohne verheerende Eingriffe ausführen können; verheerend nicht für uns, aber gerade für diejenigen, zu deren Rettung wir gesandt wurden. So gerne wir etwas anderes sagen würden, zwingt uns jedoch die Wahrheitsliebe, euch zu warnen: **Die Situation ist sehr ernst! Denkt folgerichtig! Seid mutig! Vor allem, gehorcht dem dringlichsten Naturgesetz: dem Gesetz der Selbsterhaltung! Wir sind hier, um zu helfen! Legt Hand an.**

Während man bisher unser Erscheinen und unsere Raumschiffe als merkwürdige Phänomene ansah, die man nur mit Argwohn oder Achselzucken betrachtete sowie als nicht im Zusammenhang stehend mit den laufenden Ereignissen, so erwägt man nunmehr ernsthaft unsere Beteiligung in einem künftigen „Konflikt" (Sternenkrieg – SDI). Ich will euch nun wissen lassen, dass wir ganz bestimmt eingreifen werden, um dieses und jedes andere Land auf dem Planeten Erde zu beschützen, das sein Vertrauen in Gott den Allmächtigen und seinen Sohn setzt.

Wir sind oft gefragt worden, welche Art von Mitarbeit wir von euch erwarten? Die nachfolgenden Vorschläge und Anregungen mögen euch Anhaltspunkte für unsere Erfordernisse geben. Anderes wird euch selbst zu gegebener Zeit an Ort und Stelle einfallen.

1. Verschafft euch aus allen zuverlässigen Quellen soviel Informationen wie ihr nur könnt. Lehnt es ab, bei anderen irgendwelche Zweifel aufkommen zu lassen über unsere Aufrichtigkeit und unsere Fähigkeit, alle Weisungen ausführen zu können, die wir von unserer „Obersten Leitung" erhalten.

2. Gebt Informationen durch alle euch offen stehenden Kanäle weiter, ohne aufdringlich zu sein. Es ist eine gebieterische Notwendigkeit, die Öffentlichkeit auf unsere Gegenwart und auf unsere Absichten sowie Ziele aufmerksam zu machen. Dazu wäre noch zu sagen: Verkündet eure Informationen am besten als „Neuste Nachrichten". Benutzt das Telefon, euere Privatkorrespondenz und gelegentliche Unterhaltungen mit Fremden, um das heilsame Interesse an dem Gegenstand und Gebiet zu fördern, indem ihr taktvoll den Endruck erweckt: es sei unzeitgemäß, heute noch unsere Existenz abzuleugnen und unsere freundschaftlichen Absichten anzuzweifeln.

3. Regt die Bildung von Clubs und kleineren Gruppen an, die sich zu bestimmten Zeiten regelmäßig treffen, um die neuesten Nachrichten aus dem Weltenraum auszutauschen und zu besprechen. Legt besonderen Nachdruck auf die Tatsache, dass es unser vordringlichstes Ziel sein muss, die Grundübel zu beseitigen, von denen die unverantwortlichen Anwendungen neu entdeckter Kräfte ausgehen, die imstande sind, diesen Planeten vollständig aufzulösen und außerdem in seiner nächsten Nachbarschaft (Mond und Planeten) allen lebendigen Lebensformen nicht wieder gut zumachenden Schaden zufügen würden.

Wir wissen, wann der Höhepunkt bei den machtbesessenen Herrschern, das Verderben auszulösen, erreicht sein wird. Nur im Hinblick auf diese furchtbare Bedrohung wurden wir aufgefordert, unsere heutige Mission zu übernehmen, und wir sind bevollmächtigt worden einzugreifen, um die Vernichtung der Erdenbewohner zu verhindern.

4. Je nachdem sich die Gelegenheit bietet, lasst euere Freunde wissen, dass wir nicht als Abenteurer kommen, noch etwa als Wissenschaftler, die neue Erkenntnisse erwerben wollen. Was könnten wir schon in euren Laboratorien mit ihren veralteten Einrichtungen (nach unseren Begriffen) lernen, oder welche Befriedigung können wir finden an dem Wirrwarr sinnloser Meinungsverschiedenheiten auf geistigen, physikalischen oder politischen Gebieten?

Meine Freunde, wir sind gezwungen, uns vertraut zu machen mit eueren lästigen Beschränkungen und uns, eueren reichlich misslichen Verhältnissen anzupassen, sowohl den atmosphärischen als auch vielen anderen damit wir imstande sind, die Hilfe zu leisten, die von uns in dem jetzigen Übergangsstadium eures verfinsterten Planeten zu einem Himmelskörper von strahlenden Glanz erwartet wird. Aus der Tatsache, dass diese Umwandlung gleichzeitig auf den materiellen, seelischen und geistigen Ebenen stattfinden muss – ungeachtet der rein religiösen Begriffe - ergeben sich scheinbar unüberwindliche Schwierigkeiten.

Wer seiner Natur nach nicht kann oder wer nach seinem eigenen freien Willen nicht auf eine höhere Schwingungsebene aufsteigen will, muss nach dem Naturgesetz (ähnlich dem bekannten Gravitationsgesetz) auf eine Stufe hinabsinken, die ihn von dem Teil der Erde und ihrer Bewohner trennt, die fähig sind, sich zu einem reineren Dasein zu erheben, das sich verträgt mit dem gewaltig belebten Zustand, in dem ihr euch bald befinden werdet!

Wir beobachten sorgfältig die Gefahr einer Pol-Veränderung des Planeten in eurer Generation. Eine solche Entwicklung würde eine planetare Situation schaffen, in der niemand überleben könnte. Dies würde eine Evakuierung erfordern…
„…Die Stunde, zu der der Aufruf in weitem und universellen Rahmen an die Menschheit erfolgt, wird plötzlich kommen und sich nur über eine sehr kurze Zeit erstrecken".
Wie ein Mensch innerlich beschaffen ist, wird sichtbar, wenn er sich in die Levitationsstrahlen begibt. Bei niedrigen Schwingungen wird er diese nicht überleben. Nur ein Streben nach Höherem und ein reines Herz wird Immunität bewirken. Deshalb bitten wir euch JETZT eindringlich, euch selbst zu beurteilen und die Hilfe der auf die Erde einfallenden hohen Strahlungen anzunehmen. Sie sollen euch in euerem geistigen Streben helfen. Wenn dieses der Wunsch eures Herzens ist, so könnt ihr in dieser Zeit mit großer himmlischer Unterstützung rechnen. Jetzt ist noch Zeit, euch bereit zu machen, um von den Raumschiffen mitgenommen werden zu können.
Ihr sollt jetzt selbst Gespräche mit anderen aufnehmen über diesen gigantischen Plan, zumindest mit euren Familienmitgliedern und engeren Freunden. Macht euch zusammen Gedanken über diese Dinge der nötigen Schwingungsverträglichkeit, um mit uns zu sein, mit uns zu leben, bis euer Heimatplanet für euch wieder bereit sein wird.
Wie wird euch zumute sein, wenn ihr den Himmel schwarz voller Raumschiffe über eueren Köpfen sehen werdet? – Wie werdet ihr euch fühlen? – Dankbar? Verängstigt? Unsicher? – oder voll Freude und gern bereit, von diesem Chaos weggebracht zu werden? Die Massen-Evakuierung wird die letzte Möglichkeit der Menschheit sein, die gegenwärtige physische Form beizubehalten und in unseren Raumschiffen zu verbleiben, bis die Trübsal vorbei sein wird…"
„Der große Exodus von Menschenseelen dieses Planeten wird unverzüglich stattfinden, wenn feststeht, dass die Bewohner in Gefahr sind. In der Minute, in der die großen Computer anzeigen, dass ein gewisser Punkt überschritten ist, wird jeder Satellit und jedes schon in Bereitschaft stehende Luftfahrzeug in Aktion gesetzt werden."
Die Ruhelosigkeit der Erde, die erloschene Vulkane zum Feuerspeien bringen wird, wird sich an anderen Orten in Form von Erdbeben verschiedenster Kategorien manifestieren. Flutwellen und intensive Wetterstürze, Bewegungen des Meeresbodens und Bewegungen von Bergformationen, das alles könnte sich gleichzeitig ereignen,

so dass die Menschen in völliger Ratlosigkeit nicht wissen werden, wohin sie sich wenden sollen oder was sie tun können, um sich zu retten. Panik wird die Herzen ergreifen und sie werden Gott anflehen und ihn um Schutz bitten. IN DIESEN STUNDEN WIRD DER HIMMEL MIT DEN SCHIFFEN EUERER BRÜDER AUS ANDEREN WELTEN ANGEFÜLLT SEIN.

Wie jedermann weiß, besteht außerdem die Gefahr, dass ein Land oder eine kleine Gruppe den ersten Schritt zu einer nuklearen Katastrophe unternehmen könnte. Ohne Intervention Eurer älteren Brüder würde der Planet in diesem Falle völlig zerstört werden.

Ehe dieser Fall eintreten kann, wird von den höheren Ebenen eine Warnung an all jene ergehen, die aufgrund ihrer feineren Sensivität für derartige Kommunikationen empfänglich geworden sind, sich auf eine plötzliche Evakuierung vorzubereiten. Wenn die Auserwählten (die sich freiwillig zur Inkarnation auf dem Planeten Erde gemeldet hatten!) gesammelt worden sind, dann treten die nächsten Stufen des Programms in Aktion.

Die zur Verfügung stehende Zeit zwischen Entscheidung und Aktion für die Evakuierung wird sehr kurz sein. In dieser kurzen Zeitspanne wird der Himmel mit den Fahrzeugen eurer Brüder von anderen Welten angefüllt sein, zur Rettungsaktion vieler Menschen...

Als nächstes wird der Ruf an alle jene ergehen, deren Erkenntnis-Reife entwickelt ist, die Ohren haben zu hören und die den Mut und den Glauben zum Verständnis des Geschehens besitzen. Das Ausmaß dieser Phase der Evakuierung ist sehr beachtlich und umfasst eine größere Zahl als man sich im Allgemeinen vorstellt. Jene, die sich vorbereitet haben, werden durch die kleineren Schiffe zu den städtegroßen Raumplattformen gebracht werden, die sich bereits hoch über Euerem Planeten befinden.

Die letzte Phase, wenn diese beiden Gruppen bereits in Sicherheit sind, wird die Aufforderung zur Massen-Evakuierung sein. In dieser letzten Massenaktion werden die Kinder zuerst an Bord genommen, um dann mit den anderen zusammen zu einem vorbereiteten Ort gebracht zu werden.

Wenn der Planet gereinigt und erneuert worden ist, werden jene, die sich bewährt haben, in einem neuen Zeitalter zu einem neuen Leben auf diesen erneuerten Planeten zurückgebracht werden, in der Gemeinschaft und Freundschaft mit jenen, die sie in Sicherheit gebracht haben.

Vielleicht wird Euch der Gedanke an das hier Gesagte in der derzeitigen Stille eures Heimes überwältigend erscheinen, aber die Situation kann sich sehr rasch verändern. Obgleich meine Worte im Moment bedeutungslos erscheinen könnten, so wird doch die Erinnerung daran am Tage des Geschehens aus eurem Unterbewusstsein zurückgeworfen werden.

Das Göttliche in Euch wird Euch den Weg weisen, für Euch selbst und eure Lieben. Ein prachtvolles Morgenrot wartet auf euren Planeten jenseits der kommenden Stunde der Mitternacht, ein neuer Lichttag, der die Bruderschaft aller Welten bringen wird.

Sendet euere liebevollen Gedanken hinauf zu diesen hingebungsvollen Wächtern, die Euere Himmel patrouillieren wie die Schutzleute eure Straßen, um eures Schutzes und eurer Sicherheit willen. Sendet eure Dankbarkeit und Liebe zu ihnen, denn Gott selbst hat sie beordert. In der Stunde, wenn eure Not am größten sein wird, werden sie da sein!

2. Petrus 3;10
Es wird des Herrn Tag kommen wie ein Dieb in der Nacht
...die Elemente aber werden vor Hitze schmelzen, und die
Erde und die Werke, die darauf sind, werden verbrennen.

Botschaft von Hatonn

Hatonn ist Leiter des Informationsarchivs (für die Galaxie), das auf dem seinen Namen tragenden Planeten, geführt wird.

„Bürger des Planeten Erde, eurem gesamten Sonnensystem ist es bestimmt, sich auf einen Zustand höherer Schwingung auf seiner Umlaufbahn vorzubereiten. Dadurch wird eure gesamte Welt in so hohe Schwingungen versetzt werden, dass nur der friedlich Gesinnte darin überleben kann… Krieg wird auf eurem Planeten abgeschafft und geächtet werden; alles Unreine euerer Lebensweise wird aufgrund der nun anstehenden Veränderungen entfernt werden. Es wird viel Verwirrung und Aufruhr unter euch herrschen! Jene, welche das Blutvergießen herbeiführen wollten, werden in großer Besorgnis sein.

Deshalb wurden wir von der Geistigen Hierarchie ermächtigt, uns bei einem Versuch atomarer Massenvernichtung in die Angelegenheiten der Erde einzuschalten. Diese Vernichtung wird von den höheren, eure Belange überwachenden Wesen nicht zugelassen werden"

Andromeda Rex, der für das Ashtar-Kommando arbeitet, teilt uns mit:

„Die große Evakuierung wird sehr plötzlich über die Welt kommen. Der Eintritt der Ereignisse wird im Ernstfall wie ein Blitz am Himmel sein; so plötzlich und so schnell wird es geschehen, dass es vorbei ist, bevor man dessen Vorhandensein gewahr wird. Es ist nicht möglich, diese Ereignisse vollständig zu beschreiben, aber es kann der Menschheit zur jetzigen Zeit die Hoffnung und das Wissen gegeben werden, dass es nötig ist, in gewisser Weise vorbereitet zu sein, weil ihr einem, unter diesen Umständen stark wirkenden Strahl ausgesetzt sein werdet. Die Frequenz dieses Strahles wird höher sein als die meisten euerer bekannten elektrischen Aussetzungsmöglichkeiten auf Erden. Die Menschen mit extremer Dichte und extrem egoistischer Einstellung – vor allem auf Kosten anderer – oder die andere leiden ließen, werden physisch große Schwierigkeiten haben, in der Frequenz unseres Strahls zu überleben. Deshalb haben wir seit Jahrhunderten an die Menschheit appelliert, ihre eigene Ausstrahlung und Vibration auf ein Niveau der Liebe und Selbstlosigkeit anzuheben, so dass durch eine Erhöhung der Kraftfelder ihre Rettung ermöglicht wird. Diejenigen, die in ihrem Leben sich streng nach den Gesetzen des Himmlischen Vaters gerichtet haben und seine Liebe durch sich haben fließen lassen, werden mit der Frequenz der Evakuierungsstrahlen keine Probleme haben…

Ihr werdet eine gewisse Zeit mit uns verbringen müssen, denn euer schönen Erde muss nach ihrer Reinigung Zeit gelassen werden, zu ihrer wahren Schönheit zurückzufinden. Dann werden diejenigen, die physisch mitgenommen worden sind, zurückkehren, um eine Neue Welt und eine Neue Ordnung der Dinge aufzubauen. Während eueres Aufenthalts bei uns werdet ihr die Möglichkeit haben, an Schulungen und Ausbildungen für die Arbeit teilzunehmen, die dann getan werden muss. Ihr werdet dabei unsere ständige Hilfe erhalten. Unser Rat und unsere Technologie werden diesen Zurückkehrenden zur Verfügung stehen…

Diejenigen, die nicht an der Rettung durch Levitation teilnehmen konnten, werden nach ihrem natürlichen Dahinscheiden an Orte mit einer Vibration und Frequenz gebracht, die der ihrigen entspricht. Dort können sie in ihrem Wachstum und Lernen langsamer fortschreiten als bei der neuen Schwingungsfrequenz des Planeten Erde…

Zu Beginn dieses großen Geschehens wird die Zeit von großer Bedeutung sein, denn alles muss in großer Eile und mit einem MINIMUM AN ZEIT getan werden. Es wird uns keine Zeit zum Verweilen bleiben, sondern wir müssen in der Phase III, der Rettung Vieler, die bewusst gewählt haben, mitgenommen zu werden, schnell arbeiten. Ihr müsst verstehen, dass diese große Aktion erst anlaufen wird, wenn die Ereignisse auf der Erde einen Krisenpunkt erreicht haben werden"…

Bezogen auf die Evakuierung schreibt Dr. Pastor:

„Allerorten werden dann Menschen plötzlich verschwinden - so als ob man aus dem Projektor eines Hologramms den Netzstecker zieht, doch weit und breit wird keine Spur von einem Raumschiff zu sehen sein. Diese Menschen sind dann komplett teleportiert, um den Zurückgebliebenen eine definitive Nachhilfelektion in Religionskunde zu erteilen.
Die zweite Variante wird wenige Zeit später stattfinden. Dann werden plötzlich allerorten die leblosen Hüllen von Menschen herumliegen, die eines mysteriösen und unerklärlichen Todes gestorben zu sein schienen. Diese Menschen wurden außerkörperlich „entrückt". Das wird das Entsetzen der Zurückgelassenen noch steigern, weil sie dann wissen werden, welche einmalige Chance sie leichtfertig vertan haben.
Liebe Erdengeschwister hiermit möchte ich euch eine Vision von Olaf Rodge aus Norwegen vermitteln, die uns alle betrifft.

Spurlos verschwunden!

Es ist neun Uhr vormittags. Frau Andersen sitzt am Radio. So waren vier oder fünf Minuten vergangen, als die Sendung plötzlich abgebrochen wurde. Es war eine sensationelle Meldung von Oslo: Die Stadt in wilder Panik! Die Polizeibehörden berichten, dass etwas Außergewöhnliches geschehen sei. Viele – wie viele kann noch nicht gesagt werden – Kinder und Erwachsene sind spurlos verschwunden. Die Behörden vermögen es nicht, den Vermissten nachzuforschen, da es sich um viele handelt, aber sie ermahnen die, die Angehörige vermissen, ausführliche Informationen, wie und wo das Verschwinden vor sich gegangen ist, zu geben. Dies sei notwendig, um eine Übersicht zu bekommen und dem Mysterium auf den Grund zu gehen.
Einige Minuten später teilt das Radio mit, dass auf dem Marktplatz einige Verkäufer plötzlich, während sie ihre Arbeit ausführten, verschwunden seien. Eine Blumenkäuferin berichtet, dass sie für eine Blume bezahlen wollte, der Verkäufer suchte das Wechselgeld aus einer großen Tasche, und so verschwand er ganz plötzlich. Sie hörte, dass er sagte: „Danke Jesus!". Aber sie sah ihn nicht mehr. Sie rieb sich die Augen, denn es dünkte sie, es war wie ein Nebel vor ihr. Aber der Mann war weg, ebenso der Nebel.
Im gleichen Moment schrie eine junge Frau, dass es einem durch Mark und Bein ging. Dabei schaute sie in den leeren Kinderwagen. Sie lief und rief: „Jemand hat mein Kind gestohlen? Es war ein Knabe, 8 Monate alt. Wo ist er? Wo ist die Polizei?" Ja, die Polizei war da, aber was konnte man da tun? Von allen Seiten wurde gerufen, und es war eine große Unruhe. Eine großer, dicker Kaufmann stürzte aus seinem Geschäft und rief: „Hilfe! Hilfe!" Zwei seiner Verkäuferinnen verschwanden direkt vom Ladentisch weg.
Aber was war denn das? Auch von Stockholm kommen Meldungen vom Verschwinden vieler Menschen, gleich wie in Oslo, und die Stadt ist in eine wilde Panik geraten. Es wird mitgeteilt, dass auch viele Polizisten verschwunden seien, und jetzt kommen die gleichen Meldungen von Kopenhagen und Helsinki. Aber auch vom Lande her strömen die Meldungen vom Verschwinden vieler ein. Überall sind es Kinder und Erwachsene, die weggekommen sind. Die Polizei steht rat- und machtlos vor diesem Mysterium.

„Ach", sagt Frau Andersen, „Herr Gott, was ist das?" Sie erhebt sich und geht zum Gartentor hinaus und sieht die Straße hinunter. Es ist ein schönes Villenviertel, feine Häuser mit schönen Ziergärten darum. Da kommt Frau Holand. Sie hält ihre Hände vor den Augen und ruft so verzweifelt: „Ruth! Ruth!" Da erblickt sie Frau Andersen und fragt: „Hast Du gesehen, ob vielleicht ein Fremder hier vorbeigegangen ist? Ruth ist verschwunden! Sie saß vor unserem Haus auf der Treppe, während ich mit einem Rosenbusch beschäftigt war, und plötzlich war sie verschwunden. Ganz einfach weg! Ich rief und schrie: „Ruth!" Niemand antwortete Es dünkte mich doch, dass etwas den Weg entlang hinaufgefahren sei, aber man wird ja ganz verwirrt, so dass man nichts mehr versteht, man sieht und denkt so viel Merkwürdiges. Aber, Ruth! Ruth! Wo bist du? Wer hat sie mir genommen?" Sie weint in ihrer Verzweiflung. Da kommt Herr Andersen. „Kommst Du jetzt schon – es ist ja noch lange nicht Zeit?", fragt Frau Andersen. „Es ist erst halb zehn Uhr". „Ich mag nicht mehr. In unserer Werkstatt herrscht der reinste Wirrwarr. Viele Arbeiter sind verschwunden; man vermutete zuerst, es hätten sich Unfälle ereignet. Wir suchten nach den Vermissten, aber von keinem konnten wir auch nur eine Spur finden. Aber da begann einer, welcher von sich sagte, er sei ein Christ (er ging auch zu Versammlungen) – ich weiß nicht mehr wie er heißt - , zu sagen: „Jetzt ist es geschehen! Jetzt ist es geschehen! „Was ist geschehen?" fragte ich. „Jesus hat die Seinen zu sich geholt!" Er rang die Hände und weinte sehr und rief: „Und ich bin zurückgelassen! Ich bin noch hier!" Ich bat ihn, mit diesem Geschwätz aufzuhören, aber er benahm sich nur ärger und ärger. Es war furchtbar, ihn anzuhören. Es sind gewiss noch mehr, die auf die gleiche Art verzweifelt sind. „Wir werden heute sicher Überstunden machen müssen."
Aber drunten in der Stadt war es noch schlimmer. Da war das reinste Verkehrschaos, Chauffeure waren einfach von ihren Autobussen und Personenwagen weggeholt worden, aber auch viele Passagiere waren nicht mehr zu sehen. Die Straßenbahnen mussten anhalten und standen wie Autos und Taxis in langen Schlangen in den Straßen. Diejenigen Fahrzeuge, die noch Chauffeure hatten, versuchten, sich durchzuzwängen. Die Leute waren halb wahnsinnig, liefen umher und suchten nach ihren Angehörigen. Die Polizei war machtlos.
Frau Holand weint, händeringend läuft sie heim. Andersen und seine Frau gehen in ihr Haus. Das Radio ist auf die Sendestation Bergen eingestellt: Von allen Seiten werden verschwundene Personen gemeldet. Den ganzen Morgen klingelt das Telefon mit Anfragen und Mitteilungen über diese ungemütlichen Geschehnisse. Auf den Schiffen auf dem Meer sind Leute verschwunden. In der Geburtsabteilung des Krankenhauses sind alle Neugeborenen verschwunden und die Mütter jammern in ihrer Verzweiflung. Die Angestellten und Schwestern sind erschreckt, aber auch von ihnen sind einige weg. Auch im Altersheim sind Leute verschwunden. Um 11.00 Uhr berichtet das Radio – dieses Mal aus London -, dass heute um 9.00 Uhr plötzlich Meldungen von ganz Großbritannien einzulaufen begannen, dass viele Kinder und Erwachsene verschwunden seien, ohne dass man auch nur die geringste Spur entdecken könne. Von den Verschwundenen ist niemand wieder aufgefunden worden.

Das Ganze ist ein Mysterium. Einige Pfarrer haben ihre Gemeinde zusammengerufen und herausgefunden, dass die gottesfürchtigen und fleißigsten Beter der Gemeindemitglieder verschwunden sind. Auch einige der Pfarrer und Prediger sollen sich unter den Verschwundenen befinden. Ein Bischof einer größeren Glaubensvereinigung hat seine Pfarrer für heute Abend zu einer Versammlung zusammengerufen.

Nun sind es drei und eine halbe Stunde, seitdem die erste Meldung von Oslo gekommen ist, und es zeigt sich, dass immer noch neue Berichte von verschwundenen Personen aus allen Ländern einströmen. Aus dem fernen Osten kommt von Korea die am meisten Aufsehen erregende Mitteilung. Dort wird die Zahl der Verschwundenen auf mehrere Hunderttausend berechnet, darunter viele Soldaten der vereinigten Streitkräfte. (Korea ist das hilfsbereiteste Land auf der Erde. Viele Koreaner, die von Ihren Pfarrer-Gemeinden zu Hilfe geschickt wurden, zahlten dies zuletzt in Afghanistan mit ihrem Leben, d. V.).
Es ist ganz unmöglich, die Geschehnisse, so wie sie sich in den ersten Stunden entwickelt haben, zu beschreiben. Alle sind aufs Tiefste erschreckt. Auf den Straßen laufen die Leute umher, händeringend nach ihren Angehörigen suchend. Das betrifft ganz besonders die Mütter, die ihre Kinder vermissen. Aber viele verspotten und verbannen sowohl Gott wie die Menschen. Ein Mann kommt die Straße herunter gelaufen, er ringt die Hände und ruft: „Passt auf! Passt auf! Wir werden bald alle hinweggenommen!" Er hat wohl den Verstand verloren. Eine ältere Frau steht an der Straßenecke. Sie hat ihre Hände gefaltet und sieht hinauf zum Himmel. Dann sagt sie: „O, nein, wenn wir uns nicht auf solche Weise zubereiten ließen, dass wir mitdürften als Er hier war, so wird wohl nun niemand mehr geholt werden. Herr, Gott! Jesus! - hilf uns! Nun ist es eingetroffen! Ich bin in meinem Leben wohl religiös gewesen, aber ich glaubte nicht, dass Er so bald komme. Ich habe nicht alles so genau genommen."
Von der Eisenbahndirektion wird mitgeteilt, dass bis jetzt noch kein direktes Unglück geschehen sei. Nur ein Zug steht in Finse, er ist ohne Schaffner. Es wurde an alle Überwachungsstellen der Befehl ausgesandt, der Bahnlinie entlang nach Menschen zu suchen, die möglicherweise vom fahrenden Zug gesprungen sind und auf diese Weise verunglückt sein könnten, da mehrere Reisende fehlen. Gleiche Meldungen über verschwundenen Menschen kommen von den Fjord- und Küstenbooten.
Heute Abend kam in den Tageszeitungen eine Art Erklärung heraus, in der das Volk ermahnt wurde, vernünftig und ruhig zu sein. Die Polizei und die Behörden arbeiten mit allen Kräften, um die Anzahl der verschwundenen Personen feststellen zu können. Ebenso sind die Wissenschaftler – und besonders die Meteorologen – in Tätigkeit, um die Ursache dieses merkwürdigen Phänomens herauszufinden.
Nun sind auch Mitteilungen aus USA hereingekommen, dass aus den Oststaaten Meldungen an die Polizei einzuströmen beginnen, die denen in Norwegen gleich sind. Es werden ganz große Verkehrsschwierigkeiten in den Staaten mit dem Verlust vieler Menschen gemeldet. Die Zeitungen meinen, dass man morgen früh eine ausführliche Übersicht über das, was in den Staaten geschehen ist, bekommen werde.
Es ist nun 20 Uhr. Aus den Nachrichten geht hervor, dass diese Katastrophe über die ganze Welt auf die gleiche Weise gekommen ist. Bis jetzt weiß man von den größeren Städten am meisten, aber auch von den ländlichen Gegenden beginnen jetzt die Angaben über die Anzahl der Verschwundenen einzulaufen. Im südlichen Teil der Erde ist etwas ganz Gleiches eingetroffen, und es sieht so aus, dass es parallel so vor sich gegangen ist, wie wir es hier erlebt haben. Eine schreckliche Unruhe herrscht überall. Es sieht so aus, als ob das Volk diese Nacht sich nicht traute, zur Ruhe zu gehen. Auf den Straßen wird hysterisch das, was geschehen ist, diskutiert. Man kommt mehr und mehr zu dem Schluss, dass es etwas mit den Christen und dem Christentum zu tun hat. Diejenigen, die die Verschwundenen kannten, wissen zu berichten – übereinstimmend mit ihren Angehörigen – dass ausschließlich wahre Christen und unschuldige Kinder verschwunden sind. Ein Brauereiarbeiter hat heute Abend gesagt: „Ja, Hans Olsen ist nun fort, und jetzt

wird es ihm so gehen, wie er hier gewandelt ist und es gepredigt hat: dass Jesus kommen und ihn bald holen werde".

„Ja", antwortete ein anderer, „wir hatten einen solchen, und er ist auch fort. Aber jetzt werden wohl die Behörden die Sache in die Hände nehmen und alle Religionen verbieten, damit so etwas nie wieder geschehen kann." „O, nein", rief einer in der Gruppe aus, „das wird nie mehr geschehen! Die haben doch wohl recht gehabt, diese Christen, denn sie haben davon eine Vorahnung gehabt. Hätten wir nur auf sie gehört, so hätten wir es jetzt vielleicht besser, anstatt gezwungen zu sein, in dieser Hölle, in diesem Chaos weiterleben zu müssen, und das wird wohl noch ärger werden."

„Ach so, du glaubst an sie? Da solltest du mit ihnen gegangen sein, als sie fuhren!" sagte einer.

„Ich wünschte, dass ich es gekonnt hätte!" antwortete er nur und ging.

Am nächsten Tag konnten die Zeitungen keine Erklärung geben. Alles ist und bleibt ein Mysterium. Von allen Ländern kommen gleichlautende Rapporte. Von den Missionsfeldern wird berichtet, dass die Christen massenweise verschwunden sind, nur eine kleine Zahl ist zurückgeblieben.

Es zeigte sich, dass bei der nun zusammengerufenen Versammlung recht viele Pfarrer und Prediger anwesend waren. Doch waren auch viele entrückt. Es herrschte nervöse und trübe Stimmung. Viele waren ganz unglücklich.

Aber es herrschte nicht der geringste Zweifel darüber, dass das, was geschehen war, die vorausgesagte ENTRÜCKUNG der Heiligen oder die Aufnahme der Brautgemeinde gewesen sei.

Einige gaben zu, dass sie – trotz ihrer theologischen Ausbildung und ihrer Studien des Wortes Gottes – nie gedacht hätten, dass es auf diese Art geschehen würde. Die Wiedergeburt war ihnen fremd und noch mehr der Geist der Gotteskindschaft. Ein junger Pfarrer äußerte sich folgendermaßen:

„Ich habe das nicht auf diese Art gelernt. Die Professoren haben uns nie gesagt, dass es sich so begeben würde, wie wir es nun in diesen Tagen erlebt haben." Die Journalisten schrieben, dass eine starke Tendenz zu Diskussionen herrschte, aber die Gemüter waren allzu erschüttert, um sachlich zu bleiben.

Da die Polizei sich an das Publikum gewandt hatte, um die allgemeine Auffassung zu hören, wurde dann ein Bericht verfasst, welcher von den meisten Versammlungsteilnehmern gutgeheißen wurde: „Das, was geschehen ist, dürfte wohl ein vorausgesagtes biblisches Ereignis sein: Die so genannte „Entrückung der Braut" oder dass Jesus die Seinen zu sich holte. Das ist alles, was wir zu diesem Zeitpunkt sagen können.

Die Polizei wollte jedoch die Erklärung der Pfarrer nicht veröffentlichen, weil sie der Ansicht war, es sei die Frucht einer nervösen, hysterischen Fantasie. Zudem waren diese Geschehnisse so weittragend, dass sich die Regierung dieser Sache annehmen müsse.

Wenn es mit der christlichen Religion zu tun hätte, so sollten bis auf weiteres, bis man eine bessere Übersicht gewonnen hätte und alles abgeklärt sei, alle Kirchen und religiösen Versammlungslokale schließen.

Im Lager der Christen scheint die Stimmung sehr gedrückt zu sein. Gestern, am Sonntag, waren die Kirchen und Lokale voller Menschen. Einige Gemeinden waren ohne Prediger und viele Mitglieder fehlten.

In vielen Glaubensvereinigungen waren in den Gemeinden nur wenig Gläubige da, aber dafür sind gewaltig viele Außenstehende hinzugeströmt; es waren meistens solche, die „vom großen Unglück getroffen" wurden, wie man sich auszudrücken pflegte.

Das Volk wollte Gottes Wort hören, aber es war wie weggenommen. Einer versuchte zu lesen. Er sagte: „Ich verstehe nichts!" Sie gaben die Bibel einem andern, und er sagte: „Ich kann nicht lesen!" Andere weinten. Die große Masse schien einig zu sein, dass das Christentum die Ursache zu diesen tragischen Geschehnissen sein müsse und dass sie deshalb eine verständliche Erklärung bei den Christen bekommen würden. Viele kamen auch, um Gottes Hilfe zu suchen. Sie waren zutiefst unglücklich.

In den meisten Versammlungen herrschte jedoch vollständige Verwirrung. Ein Mann stand mit geballten Fäusten und rief einem Prediger zu: „Es ist deine Schuld, dass so viele von uns zurückgelassen worden sind. Du hast nie davon geredet, dass Jesus bald wiederkommen und die Seinen zu sich holen werde, und noch weniger, dass man ein reines Herz haben müsse und voll des Heiligen Geistes sein solle, noch dass man mit Gott und seinen Mitmenschen versöhnt und im Reinen sein müsse. Ich weiß, was mich zurückgehalten hat, es sind Kleinigkeiten, aber – ach... Herr, Gott, hilf!"

„Schweige" sagte der Prediger. Er meinte, seine Pflicht getan zu haben. So beschuldigten sie einander weinend und rufend. Sie klopften an, aber die Türe war verschlossen.

Der Zustand, der sich dann entwickelte, kann nicht beschrieben werden. Das Volk war sich klar darüber, dass ihm eine furchtbare Zeit bevorstand. Es lag gleichsam in der Luft, dass alle Hoffnung dahin war. Die Türe war verschlossen.

Sie klopften und riefen alle, die sich mit leeren christlichen Phrasen und Redensarten begnügt hatten. Einige waren um der Kameradschaft willen dabei, andere um der Aufgaben in Gesang und Musik und dergleichen willen, und alles, ohne von neuem geboren zu sein und ohne Gotteskindschaft und damit auch ohne Erbrecht. Ja, für viele war das Gemeinde- und Versammlungsleben nur ein Zusammensein, ein Hobby, um die Freizeit auf kurzweilige Art zu verbringen. Aber jetzt klopften sie alle an die geschlossene Tür: „Herr! Herr! Tu uns auf!"

Das Problem der ENTRÜCKUNG und der Christen beschäftigte die Behörden nicht so lange, um darüber einen Beschluss fassen zu können. Laut einer Mitteilung aus den Oststaaten gingen die kommunistischen Länder voran und verboten alle christliche Arbeit und Zusammenkünfte. Es wurde unter Androhung der Todesstrafe verboten, den Namen Jesus zu nennen. Die Länder sollten von jeder christlichen Literatur „gereinigt" werden. Mit der Bibel zuerst sollte alles verbrannt werden. Es bedeutete den Tod, etwas zu besitzen, was auch nur den kleinsten Schein trug und an Christus erinnerte. So begann die furchtbarste aller Zeiten in der menschlichen Geschichte. Eine große Menge der übrigen Christen riefen weiter zu Gott und wollten dem Verbot der Behörden nicht Folge leisten. Sie wurden gefangen genommen.

„Wenn du Jesus Christus verfluchst und verneinst, kannst du dein Leben retten!" Das war die Parole. Aber Tausende waren standhaft, und das Massenmorden war unbeschreiblich. Manche wurden furchtbar gepeinigt bis sie starben. Es war kein Gesetz und kein Recht mehr.

„Wehe der Erde und denen, die darauf wohnen." Es waren mehrere, die in der Not schwach wurden und nachgaben. Sie hatten nichts, wo sie hinfliehen konnten, denn „die ganze Welt ist in der Gewalt der Bösen". Alle Länder waren sich einig, dass die Christen ausgerottet werden müssten. Fürsten dieser Welt hatten nun die Macht übernommen. Die Kinder verrieten ihre Eltern, so dass diese in Lebensgefahr gerieten. Nun ging das in Erfüllung, was in Luk. 21,16 geschrieben steht: „Ihr werdet sogar von Eltern und Brüdern und Freunden verraten werden, und etliche von euch wird man töten. Und ihr werdet von allen gehasst werden, um meines Namens willen". Es ist unmöglich, diesen Zustand zu beschreiben, aber Gott hat alles im Buche der Offenbarung geschildert. Und der große Ruf dieser Unglücklichen war: „Herr! Mögest Du diese Tage verkürzen!"

Lieber Freund! Riskiere es nicht, zurückbleiben zu müssen. Stelle dich vor das Angesicht des allmächtigen Gottes, bitte demütig auf den Knien um Licht und Gnade. Es ist heute noch Zeit! So wirst du mitgehen dürfen, wenn Er die Seinen zu sich holt. (Die Entrückung der Gläubigen hat noch nicht stattgefunden, d. V.)

Kosmische Telepathie nach Tuella

Telepathie ist passives Wahrnehmen eines Gedankens. Orthon, Adamskis Raumfreund und Lehrer, fasste all dies zusammen in dem kurzen Satz: „Mentale Telepathie ist ein einheitlicher Bewusstseins-Zustand zwischen zwei Punkten, nämlich dem Sender und dem Empfänger. Distanz spielt überhaupt keine Rolle."

Das Streben nach kosmischer Telepathie sollte mit der Geistes-Haltung, sich in den Dienst der Menschheit zu stellen, beginnen. Ohne diese Hingabe und das Ziel verlöre die Betonung auf Moralität und Charakter-Bildung ihre Kraft. Das Bewahren einer wunsch-diktierten und flexiblen Haltung eignet sich für den Neuling, um Antwort zu erhalten, sofern der Wunsch gerichtet ist auf Wahrheit und persönliches Wachstum und nicht **nach Sensations-Gier und Phänomen.**

Unsere wundervollen Himmels-Kräfte verwenden lange Zeit-Abschnitte und viel Energie auf das Vorbereiten einer Seele für schließlichen telepathischen Kontakt. **Es wirkt für sie sehr frustrierend, wenn das Erwachen pervertiert wird in falsche Kanäle für falsche Zwecke.**

„Die träge Seele behindert sehr stark ihren Fortschritt nach erfolgtem Tod, wenn sie sich gedanklich nicht mit den ewigen Dingen während ihrer irdischen Pilgerfahrt, befasst hat."

„Verkörperung auf dem Planeten Erde ist eine Vorbereitungs-Zeit, in der man viele Hindernisse und Benachteiligungen antrifft und überwinden muss."

„In erster Linie besteht der Zweck der Verkörperung im Fortschritt und in der Entwicklung des Charakters und Göttlicher Absicht."

„Es ist jedes Menschen ureigene Pflicht, an jenem Tag des Übertritts in die Geistige Welt auf seine Taten während dieses Lebens zurückzuschauen, mit einem Gefühl des Stolzes und dem Gefühl des Erfüllens seiner Aufgabe." Sagen wir das mit Worten von Mutter Maria an Conchita in Garabandal am 13.11.1965: „Die Hände müssen voll sein mit guten Taten wenn wir nach Hause zurückkehren!"

„Sicher: die betreffende Seele mag ja sehr gut wieder diesen Weg gehen; das stimmt, aber die künftige Erden-Fahrt wird umso leichter sein und umso großartiger in Bezug auf Erfolg, wenn das jetzige Leben richtig geführt wurde."

Bedenkt auch, dass physische Verkörperung eine Art menschlicher Trennung bedeutet und deshalb Einsamkeit. Dies ermöglicht jedem von uns, einen individuellen Charakter zu entwickeln, aber bis das Ego sich dessen bewusst wird, sucht es Zuflucht in der Menge.

Doch nur wenn wir noch einsamer werden, werden wir weniger allein sein. Denn wir müssen noch tiefer eindringen ins Zentrum unseres Wesens, bis wir uns eingehüllt fühlen in das Bewusstsein des Einsseins mit dem Schöpfer.

Das Entrinnen aus der unentrinnbaren schmerzenden Leere wird nicht erzielt durch äußerliche Aktivitäten, sondern durch das Eingehen in das, was scheinbar noch größere Einsamkeit bedeutet.

Andromeda Rex sagte über den Einsatz-Geist: „Darauf warten wir ständig und überwachen euere Welt, auf der Suche nach jenen Herzen, die zum größeren Bild erwachen und sich vorbereiten für die größere Bürde für einen Planeten und seine Bevölkerung.
Wir suchen jene, die von den Nöten dieser Welt in ihren Gebeten und Anrufen sprechen; jene, deren Herzen bluten für die Nöte der Menschheit."
„Diese Art Ergebenheit gegenüber dem Reich Gottes auf Erden wird bei uns automatisch registriert."
„Wir alle gehen nach einem bestimmten System vor, um dem Jünger auf dem Pfade bei der Bewusstseins-Entfaltung zu helfen."
1. „Am Anfang führen wir die Seele, dank ihrer Neugierde, zu den ersten Schritten telepathischer Übungen."
2. „Dann befriedigen wir ihre vielen persönlichen Fragen und Nöte."
3. „Dann ziehen wir uns während einer bestimmten Zeit zurück, um der Seele Zeit zu lassen, ihre Aufmerksamkeit auf die geistige Vorbereitung zu richten, den Geist mit Wissen und Verständnis zu versehen (Bücher, Vorlesungen, Konferenzen)."
4. „Dann versuchen wir die Aufmerksamkeit auf persönliches Wachstum zu konzentrieren und ebenso auf die Entwicklung für einen breiteren Kontakt-Einsatz."
5. „Schließlich, wenn diese Vorstadien bewältigt sind, nähern wir uns der Seele einmal mehr mit der Göttlichen Arbeit."

„Der Sinn aller höheren Kontakte ist immer, Sterbliche aufzusuchen und sie auf die Tatsache aufmerksam zu machen, was geistiges Überleben bedeutet."
„Die Seele soll sich intelligent dafür vorbereiten, mit Wachstum und Verständnis in dieser Richtung." „Sie soll auch das persönliche Geschick in der Verkörperung spüren." „Und schließlich soll sie ein größeres Verständnis erarbeiten über den größeren Kosmos und des Menschen Beziehung zu der gesamten Schöpfung in all den universellen Daseins-Ebenen." „Dies ist stets die Botschaft und wenn sie vollständig durch den menschlichen Kontakt aufgenommen worden ist, dann sind solche Seelen bereit zur Belehrung anderer."
Die Lehrer sagen: Die Kraft, mit welcher ihr uns anruft, ist das Mass für all das, was ihr empfangt! Mit anderen Worten: was ihr sät, das erntet ihr.
„Gott kann für euch nur das tun, was Er durch euch tun kann!"
„Liebe ist die stärkste Kraft im Universum und die höchstmögliche Schwingung auf eurem Planeten. Sie erscheint auf unseren Bildschirmen in den Sternschiffen wie Diamanten am dunklen Nachthimmel" (Andromeda Rex).

Meister Kuthumi:"Lange hin und her zu diskutieren, ob Kosmische Telepathie für die Menschheit möglich ist oder nicht, das ist völlig unnütz. Hauptsache: Der Erdenmensch ist bereit, die nötige Disziplin zum Probieren zu erbringen. Kritisieren ist leicht; ernsthaftes Anwenden nicht. Beherzte, entschlossene Seelen werden ihren Weg fortsetzen mit unüberwindlicher Entschlossenheit, die ihnen auch die gewünschten Ergebnisse bringt. Die schwächeren Teilnehmer werden unterwegs abfallen."
„Konzentriert euch darauf, ein ausgewogener Mensch zu sein, denn im unausgewogenen Zustand seid ihr von keinerlei Nutzen, weder für die Raum-Wesen noch für euch selber."
Je öfter wir uns himmlischen Begegnungen aussetzen, desto höher wird unsere Schwingung und umso leichter die telepathische Verbindung.

Frequenz Sperre

„Ein unnatürlicher physikalischer Zustand hat auf Erden bestanden und während beträchtlich langer Zeit alle Lebensformen auf dem Planeten beeinflusst."
Hätte der Erden-Mensch nicht mit dieser Frequenz-Sperre leben müssen – sie war hemmend und verunmöglichte den Einsatz vieler Gehirn-Schaltkreise – dann hätte der Erdling die gleichen Einhundert Prozent Denk-Fähigkeit gehabt wie seine Vorahnen aus dem äußeren Raum, denn die Gehirne sind alle genau gleich geartet. Die Frequenz-Sperre ist teilweise durch die disharmonische Schwingung der Erde, verursacht durch elektro-magnetische Denkvorgänge des menschlichen Gehirns, (falsches Denken und falscher Schulunterricht) entstanden."
„Die Bevölkerung dieses Planeten ist nicht immer geistig behindert gewesen durch diese Frequenz-Sperre."
„Zu einer Zeit in sehr ferner Vergangenheit (vor 2 ½ Millionen Jahren) waren die Bewohner dieses Erd-Planeten im VOLLEN Besitz ihrer geistigen Fähigkeiten.
„Während längerer Zeit wurde der Erdling durch den Einfluss der Frequenz-Sperre reduziert zu einem Geschöpf von 1,35 Meter Körperhöhe, einer dicht behaarten Kreatur, die wir heute Neandertaler oder Höhlenmenschen nennen." (Ich beschrieb das im Kap. über die Präadamiten, als die Menschen von vier älteren Planeten dieses Sonnensystem auf die Erde kamen, um den Schaden den die Reptiloiden und Dinoiden durch ihren Krieg verursacht haben, festzustellen und danach durch zerstörerische radioaktive Strahlung zu Neandertaler degenerierten. Danach kam es wieder zur Frequenz-Sperre; nach der großen Flut, als die negativen Kräfte die Menschen folterten und ihnen die Verbindung zwischen den Gehirnsphären trennten).
„In der jetzigen Übergansphase in Richtung New Age oder Neues Zeitalter hat sich die Frequenz-Sperre vermindert und wird schließlich, im Neuen Zeitalter, völlig verschwinden."
„Wir kommen wieder in den uneingeschränkten geistigen Zustand, wie er vor der großen Flut existierte. Der heutige Erdenmensch schaut wieder auf zum Himmel und erwartet von dort neues Wissen, um damit die neu erweckten Teile seines Geistes zu erfüllen."

Während einem bestimmten Zeitzyklus durchquerte unser Sonnensystem eine Masse kosmischer Trümmer und Strahlungsstaubes, von Mallona (auch Maldek genannt) herstammend. Dies bewirkte physische und geistige Veränderungen und Wahnsinns-Reaktionen bei den Erdlingen. Keine anderen Planeten wurden beeinflusst; nur die Erde hatte in ihrer Atmosphäre und ihrem Boden nicht die nötige Substanz, um diesen Folgen entgegenwirken zu können. Dieser unselige Pfad ist nun durchschritten und liegt hinter uns und dies in großem Maße dank der Reinigungsaktionen der Wächter-Flotten.
Indessen verlangte das Kosmische Mysterium nach weiteren Lösungen, als offenbar wurde, dass Strahlungen von unserer eigenen Sonne schädlich waren oder sind für die Erdbewohner, sofern diese Strahlen die Ionosphären-Schicht durchdringen können.
Die Wächter stellten fest, dass diese Strahlungen nicht nur feindselige Geisteshaltungen bestärkten, sondern tatsächlich ein Hindernis waren für die wohltätigen kosmischen Strahlen, die auf den Planeten gerichtet werden. *Unsere Wächter warnen uns:* Risse in der Ionosphäre, verursacht durch Kernversuche (Nukleartests), führen zum Eindringen von Zerstörungs-Faktoren in unsere planetare Atmosphäre.

Von Soltec an Tuella :

„ICH BIN" Soltec und vertrete die Brüder des Lichtes in der Hierarchischen Körperschaft dieses Sonnensystems und des Intergalaktischen Rates, die den Planeten Erde betreuen. Als Astrophysiker und ständiger wissenschaftlicher Wächter, im Auftrag unseres Rates, bestätige ich: Seit Jahrmillionen besteht ein Unterbrechungsfaktor in der Erdatmosphäre, der während Äonen von Zeitaltern ein Hemmnis war in der Bewusstseins-Entwicklung dieser Erden-Menschheit."

„Die Frequenz-Sperre wird von zwei Faktoren bestimmt: Erstens vom Mallonastaub, der nach der herzzerreißenden Katastrophe fast andauernd die Erdatmosphäre durchdrang und zweitens durch schädliche Strahlung, erzeugt durch euere Sonne."

„In unserem stationären Raumlabor, einem Flugschiff genannt „Phoenix" (in dieses Sternenschiff wurde Betty Andreasson gebracht und sie wurde einer Strahlung, die wahrscheinlich ihre genetische Struktur wieder herstellte, ausgesetzt d. V.) haben wir dieses Problem gründlich erforscht und untersucht. Es war für uns alle eine große Freude, als wir den Faktor der Schädlichkeit eurer Sonnenstrahlen feststellten, die durch eure geschwächte Ionosphäre sickern. Die Wirkung dieser Strahlen ist nun während längerer Zeit schon beträchtlich neutralisiert worden."

„Wir haben andere Strahlen in eure Atmosphäre eingebracht. In euren Tagen nun könnt ihr Erdbewohner dank dessen wieder zurückkehren zu eurem ursprünglichen menschlichen magnetischen Kraftfeld des Lichtes: Euer geistiges Bewusstsein kann nun erblühen, wie ursprünglich beabsichtigt."

„Die von euch ertragenen Strahlungen, von der Zerstörung von Mallona herrührend, werden nun im Zaume gehalten durch unser Ausbessern der Risse und Schäden in eurer Ionosphäre, die den Planeten umgibt. Das ist das Werk Tausender der Flotten von Raumschiff-Freiwilligen, die eueren Globus umkreisen; sie haben lange und liebevoll an diesem Problem gearbeitet."

„Der kosmische Trümmerschutt von Mallona enthält destruktive Elemente. Sie stammen von den früheren Entwicklungsfehlern der Mallona-Bewohner: Sorgloses Herumpöbeln mit der Nuklear-Technologie (Kerntechnik) verursachte bei ihnen geistigen Zerfall. Ihre Forschungsarbeiten und Kriegstechniken zerstörten ihren planetaren Sicherheitsgürtel. Der radioaktive Niederschlag brachte ihre Sinne durcheinander, da sie sich ungeschützt der daraus resultierenden radioaktiven Strahlung aussetzten."

„Für die inständigen Bitten des Friedens-Rates hatten sie nur taube Ohren und lehnten alle Hilfsangebote ab."

„Die Bevölkerung zerstörte sich schließlich selbst durch einen außer Kontrolle geratenen Atomkrieg und langsam niedersinkendem Strahlungsstaub. Dieser brachte Wahnsinn und Verlust aller Vernunft über die Planetenbevölkerung und nachfolgend die totale Vernichtung ihrer Welt. Sein Dünkel lehnte jegliche Zusammenarbeit und Einheit mit anderen Planeten oder der Galaktischen Konföderation ab und verunmöglichte, gemäß galaktischem Gesetz, jegliche Hilfsaktion oder Intervention. Dabei ist wichtig: Der Beweggrund und nicht die Einzelheiten führten zur Vernichtung. Mallona wurde zerstört wegen seiner Weigerung, am Galaktischen Pakt für Universellen Frieden teilzunehmen."

„Der bei der Katastrophe freigesetzte radioaktive Staub schwebte bis in die Atmosphäre von Erde und Mars. Dort entstanden Talsenken und Krater. Auch um Saturn bildeten sich Trümmerringe und der unheilvolle Niederschlag destruktiver Partikel sammelte sich in der Erdatmosphäre an. Er ist immer noch vorhanden. Wir können ihn nicht entfernen."...

„Wieder einmal kann der Mensch aus dem äußeren Universum zu euch kommen. Mit unserer Nähe und unserer Hilfe vermögen wir euer Leben wohltätig zu verändern."

„Solltet ihr aber weiterhin euerer thermo-nuklearen Zerstörung frönen, dann wird euer Planet verloren sein, wenn seine Schutzschicht sich auflöst."
„Es ist jetzt höchste Zeit, die Konsequenzen daraus zu ziehen und euch nicht mehr taub zu stellen, wie Mallona dies tat."
„Wir ermuntern euere Menschheit, ihre Eigenschwingung zu erhöhen, solange dies noch möglich ist."
„Dann können nämlich Millionen eurer Bewohner unsere Hilfe herbeirufen zur Intervention in euere zerstörerische Tätigkeit."
„Sofern genügend Menschen eures Planeten im Interesse eurer Welt uns rufen, können wir kommen und euch vor eurer totalen Vernichtung bewahren."
„Mallona hatte niemanden, der hätte um Hilfe bitten wollen oder sich um göttliche Intervention bemühte. Daher verspürt ihr heute noch in eurer Welt die Folgen jenes schicksalsschweren Entscheides."

„Wir bitten die Erdlinge dringend, einzustimmen in den Ruf, der uns zu euch bringt, um euch im Bewusstsein des drohenden Unheils vor der Katastrophe zu bewahren. Sollten jedoch unsere Warnungen ungehört verhallen und wir nicht um Hilfe gebeten werden, dann wird eure Zerstörung unausbleiblich sein."
„Trachtet nach Abrüstung und Frieden auf Erden, damit euer schöner Planet erhalten bleibe und sich seines Geschickes erfreuen möge. Die Schranke, die einstmals euren Anruf verhindert hätte, ist nun überwunden. Dies aber nur, solange ihr keinen Atomkrieg heraufbeschwört."
„Eure Atombomben-Tests und die unterirdischen Explosionen haben die Erde in ihrem Innern in einen Siedezustand versetzt. Eure früheren überirdischen Bomben-Tests haben bereits Löcher in eure höheren atmosphärischen Schichten gerissen, die nur wir reparieren können. Ihr seid am Rande einer Mallona-Katastrophe, wenn ihr nicht Vernunft annehmt und auf meine Worte hört.

„Es ist Zeit, dem Rufe dieses Buches Folge zu leisten und eure geistige Entwicklung auf den höchsten Stand zu bringen, um eure Schwingung mit der unsrigen zu vermischen, zur Errettung eurer Welt. Ruft ihr, so kommen wir"

„I AM" Soltec und spreche im Namen unseres Strahlenden."

Die Worte von Jesus – Sananda:

„Manche nannten dies eine Frequenz-Schranke, andere sprachen von „Sündenfall". Verschiedene Ausdrücke wurden verwendet, aber die Wirkung war immer die gleiche: Die Lüge der Trennung durchdrang das menschliche Kraftfeld (Aura) mit zunehmender physischer (atomarer) Verdichtung. So wurde die Unverträglichkeit zur Norm im Leben der Menschen auf diesem Planeten."
„Darum sind die Götter höchstpersönlich immer und immer wieder auf dieser Erde gewandelt im Laufe der Zeiten. Sie wollten damit den Irrtum von des Erdlings Getrenntsein von seiner ihm innewohnenden und angeborenen Göttlichkeit beseitigen."

Tensor Kraft

„In erster Linie regt der Tensor-Strahl die Bildung neuer synaptischer Verbindungen für die ungenutzten Zentren des Gehirns an. Dabei werden das gesamte menschliche Nervensystem und die Gefühls- und Körper-Steuer-Zentren einbezogen."

„Das Endergebnis: Das Individuum verströmt eine große spezielle Ausstrahlung und diese ermöglicht telepathischen Verkehr. Der Tensor-Strahl ist ganz besonders da, um dieser Person in ihrer Telepathie zu helfen!"

„Der Tensor-Strahl besteht aus einer Drehstrom-Magnet-Trägerwelle und wird in ein kegelförmiges Strahlungsfeld projiziert, abgestimmt auf die genaue Frequenz (Schwingung) des Individuums, das das Signal empfangen soll.",,

„Unser Gedanke setzt das Tensor-Strahl-Gerät in Betrieb. Somit ist ein Duplex-Verkehr (Gegensprech-Verkehr) möglich, auch wenn die Drehstrom-Trägerwelle nur an einem Ende des Systems erzeugt wird."

„Steht der Empfänger-Körper im Einklang mit der Trägerwelle, dann wird ein kleiner aber ausreichender Teil des Audio-Signals auf dem Hör-Nerv erzeugt wie auch auf verschiedenen anderen Nerven, die sich in verschiedene Körperteile erstrecken, aber schließlich in oder nahe dem Hör-Zentrum des Gehirns enden."

„End-Ergebnis: Die Person am Empfangs-Ende „hört" oder vernimmt das gesprochene Wort auf gleiche Weise, wie wenn die ursprünglichen Klangwellen auf ihr Ohren aufträfen."

Einige Leute durchleben verschiedenartige Symptome, wenn der Tensor-Strahl auf sie gerichtet wird. Sie berichten von Übelkeit, einem engen Band oder Druck um den Kopf, Magenkrämpfen in der Zone des Sonnengeflechts (Solarplexus). Andere wieder erwähnen eine Beschleunigung des Herz-Chakras (erhöhter Puls), ein Zittern, oder ein Hin- und Herschwanken oder auch Schütteln des Körpers. Wieder andere erleben ein Hitzegefühl, Kälte, prickelnde Nervosität oder höchste Erregung, Gänsehaut oder Schwitzen.

Kommandeur Korton ist der Leiter für Raum-Kommunikationen für unser Sonnen-System und Kommandant des Sternschiffes „Regenbogen".

Das Haupt-Kommunikations-Zentrum, das ihm untersteht, heißt KOR und befindet sich auf dem Planeten Mars.

Dort stehen ihnen alle nur möglichen Übermittlungs-Geräte zur Verfügung, aber er sagt (durch den Geistigen Sendboten „White Dove" = Weiße Taube): „...unsere schnellste Übermittlung, die wir allezeit einsetzen, erfolgt durch Telepathie und den Tensor-Strahl."

Jede Durchsage, die wir von einem Höheren Wesen empfangen oder in Himmlische Bereiche senden, geht über die Station KOR, wird dort sofort weitergeleitet und auch aufgezeichnet und klassifiziert.

„Deine telepathische Fähigkeit wird nicht etwa entwickelt oder ausgeweitet, sondern sie wird freigelegt als natürliche Gehirn-Funktion. Sie wurde in früheren Verkörperungen schon gewohnheitsmäßig eingesetzt und fließt daher nun ungehindert in diesem Leben dank früherer Speicherung im Kausal-Körper."

„Im Falle unserer Geistigen Sendboten und Vertreter haben wir festgestellt: Telepathie bringt viel bessere Resultate als Übermittlung durch Trance."

„Hunderte von Personen werden gegenwärtig eingeführt in telepathische Erlebnisse dank ihrer Meditationen und Kontakte mit uns. Solche Menschen werden jetzt aktiviert, um von unseren Raum-Kommandos nutzbringend eingesetzt zu werden in der Stunde höchster Not innerhalb von Familien- und Gruppen-Verhältnissen."

„Wenn der Schüler bereit ist, kommt auch der Meister!" „Ihr müsst euch die Zeit nehmen, die Außen-Welt gibt sie euch nicht!"

„Die Kraft, mit welcher ihr uns anruft, ist das Maß für all das, was ihr empfangt!"

Mit anderen Worten: was ihr sät, das erntet ihr.

Gott kann für euch nur das tun,
was Er durch euch tun kann!

Disziplin

Das Erreichen höheren Bewusstseins verlangt eine stete Festigkeit und eine standhafte Haltung im Anwenden der Disziplin, unterstützt durch den Wunsch nach Erfolg im Erreichen des Ziels. Es geht um das Entfalten innerer Herrlichkeit.
Das ist das Lebensziel der Menschheit; und es ist nicht bestimmt für Unterhaltung oder dem Demonstrieren persönlicher Tapferkeit auf gewissen Gebieten. Wer häufig von seiner Bescheidenheit spricht, ist selten bescheiden.
Wer Disziplin als Beweggrund nicht auf sich nehmen will, strebt vergeblich nach Erfolg. Technik oder Wissen ist schließlich nur Information.
Alles Wissen nützt nichts, wenn es nicht angewandt wird. Erst durch Anwendung entsteht Weisheit.

Werdet also bloß nicht „Namens-süchtig" im ätherischen Sinne. Messt ihr im Anfangsstadium dem Namen zu große Bedeutung bei, dann übersehet ihr den Inhalt und könnt sogar Foppgeister und Scharlatane aus der Astralwelt anziehen. Seid euch bitte klar: das himmlische Personal wird ständig ausgewechselt nach Maßgabe eurer Entwicklung, eurer Kenntnisse, Weisheit und eures Verständnisses, zusammen mit eurem brennenden Wunsche, das Ziel zu erreichen.
Für den Anfänger und Schüler können manchmal zufällige und unerwartete Kontakte unerwünschte und unvermutete Wesenheiten herbeiziehen.
„Pünktlichkeit und Einhalten der verabredeten Zeiten sind sehr wichtig für die Disziplin. (Kuthumi). Selbstdisziplin führt den Schüler immer tiefer von einer Einweihung zur anderen auf dem Pfad zur Meisterschaft." Atem und Geist sind eng verbunden. Für beginnende Meditation wird ein ruhiger Atem Geist und Herz beruhigen. Atem-Übungen durchführen!

Mastige Nahrung kurz vor der Meditation belastet die höheren Drüsen. Empfohlen wird, mindestens zwei volle Stunden vor der Meditation schwere Speisen zu meiden. Süßigkeiten, überfette Speisen und übermäßiger Genuss von Weißbrot werden von Lehrern und vielen anderen Höherentwickelten missbilligt. Dunkles Brot wird empfohlen, außer man esse zuviel davon.
„Folgende Speisen sind einer geistigen Höherentwicklung abträglich; sie hindern höhere Energien, die physische Ebene zu durchdringen." „Dies sind in der Reihenfolge ihrer Bedeutung:
Narkotika (Drogen), Alkohol, Fleisch und Fisch, Tabak, Zucker im Übermaß, Salz, starker Kaffe (Espresso!), Knoblauch und Zwiebeln" (Saint Germain). Meidet Tierfleisch.
Wem all dies schwer fällt, der soll sich einfach bewusst sein, dass er sich ja vom Animalischen befreien will und er sich die Aufgabe, sich vom Tierischen zu lösen, durch Essen von Tierfleisch nur erschwert.
Reine Speisen sind: Nüsse, Körner, Obst und Beeren, Gemüse, Vollkorn-Brot, sowie alle passenden Beilagen, alles sonnen-gereift!
Meidet hindernde, einengende Kleidungsstücke, die nur die Aufmerksamkeit auf die Körperform ziehen wollen.
Der Körper bekämpft den Geist; daher muss der Körper gebändigt werden. Er soll auch gepflegt und frei von Körpergeruch sein. Makellos sauber und ohne Speisereste am Mund. Irdische Düfte wirken abstoßend auf höhere Wesenheiten. Verzichtet in eurer Wohnung auf alle Ablenkungs-Objekte. Entartete, verkommene

Literatur und Erzeugnisse der modernen Presse sollten nicht aufgenommen werden in unseren Geist, sondern vielmehr soll die Zeit für geistig fördernden Lesestoff aufgewendet werden.

Lasst euch nicht verstricken in die Angelegenheiten anderer, wodurch euer eigenes Seelenheil Schaden nehmen könnte. Übet wohl Barmherzigkeit, aber ergehet euch nicht in Mitleid.

„Da wird behauptet, der Körper müsse stillgelegt werden in dieser oder jener Stellung oder auf die eine oder andere Art ungebunden sein. Tatsächlich aber kann der Resonanz-Magnetismus zweier Geist-Wesen, die sich auf der universellen Frequenz treffen, ohne weiteres stattfinden, z.B. am Steuer eines Wagens, in einer Menschenmenge oder beim Warten auf ein Verkehrsmittel. Bei mir ist es immer dann, wenn ich koche, d. V.

Nach Ansicht verschiedener Leute sei es gut, das Rückgrat gerade zu halten. Jeder Mensch ist ein einmaliges Individuum; eure Erfahrungen können völlig verschieden sein von denen anderer.

Wie wir uns Einstimmen auf die Telepathie

1. Entspannung

Sei Still – die Stille soll dein ganzes Wesen durchdringen. Als Nächstes beruhigen wir den Gefühls-Körper. Verbanne aus dem Herzen alles, was nicht Frieden und Liebe ist. Durch Einatmen von positiven Elementen wie Frieden, Harmonie und Liebe und Ausatmen von Nervosität, Unruhe, Ungeduld usw. entledigen wir uns aller Emotionen und Alltags-Sorgen. Wir entspannen das Scheitel-Chakra, die Gesichts – Muskeln, Nacken, Brustkorb, Bauch und Unterleib, Oberschenkel, Beine, die Füße, Wirbelsäule und Arme. Jeder Körperteil ist entspannt. Wir sind Lichtwesen. Bestätige dies durch das Widerholen von:

„ICH BIN" ein Kind des Lichtes" – „ Ich diene mit der Bruderschaft des Lichtes, um Licht auf diesen Planeten zu bringen".

„ICH BIN" ein Hüter des Lichtes!

„ICH BIN" tätige Liebe hier! In Zusammenarbeit mit dem Ashtar-Kommando.

„ICH BIN" ergeben dem Reich Gottes auf Erden – der Interplanetaren Bruderschaft und dem Universellen Frieden.

„ICH BIN" ein Kind des Lichtes, auf diesem Planeten verkörpert, um auf diesem Planeten dem Willen meines Himmlischen Vaters zu dienen. So sei es!

2. Licht-Anruf!

Rufst du das Licht an, dann befiehlst du, Gottes Wille soll geschehen.

Boshafte, tückische, schädliche Wesenheiten, körperhaft oder entkörpert, können im LICHT nicht verweilen. Wird das Licht angerufen, um solches Gesindel zu verjagen, so verschwinden sie.

Bitte lernt den Licht-Anruf! ICH BIN GANZ LICHT!

Rufe das Licht an beim Aufstehen am Morgen, beim Verlassen des Hauses und vor allem: Begib dich nicht in die Meditation ohne vorherigen Licht-Anruf zu deinem Schutze!

Sage: „**Ich will kein Wort hören von irgend einem Wesen, das <u>nicht</u> dem Golden-Weißen Gottes-Licht im Himmel oder auf Erden dient.**"

Nun verwende das Licht zum Aufbau deiner Schutzform.

Stell dir vor oder visualisiere eine Lichtkegel, eine Licht-Pyramide oder einen Licht-Kreis als einen undurchdringlichen Schutz-Ring um dich herum. Du bist in Golden-Weißes Christus Licht eingehüllt.

3. Rufe das Golden-Weiße Licht

und lenke es in deine Gehirn-Zone. Lenke das Licht bewusst das Rückgrat hinab. Verweile bei jeder Chakra-Zone und überflute sie mit Golden-Weißem Licht. Das Kehlkopf-Chakra, das Herz-Chakra, die Wirbel-Säule hinab zum Solarplexus, dann zu den niederen Chakren, also Milz-, Nabel- und Wurzel-Chakra.
Anschließend ziehe bewusst das Weiß-Goldene Licht wieder aufwärts durch die Wirbel-Säule. Verweile dabei wiederum bei jedem Chakra und überflute es.
Abschließend wird der Strom Golden-Weißen Lichtes zum Schädeldach und dem Scheitel-Chakra gelenkt. Nimm all das Licht und erfülle dich damit und lass es dann rund um die ganze Welt kreisen.
Jetzt bist du ein leuchtender, funkelnder, blitzender, kreisender großer Licht-Strahl.
Lass das Licht von unten nach oben spulen und deinen Körper mit dem Licht durchfluten. Jetzt bist du bereit für deinen Anruf an die höheren Ebenen, mit deiner Autorität als Sohn oder Tochter Gottes.

4. Du bittest um geistige Zusammenarbeit und sagst/denkst:

„Ich, als Sohn/Tochter des Neuen Zeitalters, der/die ich jetzt erwache, gebiete jetzt im Namen meiner „ICH BIN" Präsenz, mein Heiliges Christus-Selbst möge meinen menschlichen Geist erfüllen, in mich eintreten und das Werk der Wiedervereinigung mit seinem Gott-Empfänger vollbringen."
„Tritt nun ein in mich, oh Christus, und hebe mich wieder empor zu meinem Ursprung. Erbringe die für mich erforderlichen Gott-Energien, damit ich heute ausschließlich die Vollkommenheit von Gottes Liebe, Leben und Licht erkenne, in allem, was ich sehe, rede und tue."
„So geschehe es im Namen meiner „ICH BIN" Präsenz!"

Jetzt bist du bereit zur Fortsetzung dieses „Anrufes":

„Im Namen Gottes, Ich bin die/der Ich bin und im Namen von Christus Jesus erbitte ich die Anwesenheit und Hilfe der himmlischen unsichtbaren Armee, der Engel, der Lichtträger des Universums, der Bruderschaft des Lichtes, unserer Raum-Freunde anderer Welten, der Avatare, der Meister, der Lehrer, der Heiler, und all jener, die in meiner Seele führend, belehrend und schützend wirken."
„Mögen sie die Liebe empfangen, die ich ihnen jetzt zusende und mir in meinem Bemühen beistehen und zwar jetzt in diesem Augenblick, um den Göttlichen Willen für mein Leben zu finden und auszudrücken.
Im Namen des allerhöchsten Schöpfers rufe ich euch oder auch_____Lehrer an.

5. Aktive Passivität

Empfang – du denkst überhaupt nicht – du bist passiv, friedvoll, aufnahmefähig…
aber lauschest!

Genauigkeit

Die guten Telepathen werden bei ihrer Arbeit aufgeladen, sofern diese vernunftgemäß durchgeführt wird.

Zunächst wollen wir einmal die stets vorhandene Einmischung der Dunkelmächte beiseite lassen. Doch sobald Verdacht oder Klarheit über deren Versuche besteht, muss man entschlossen und furchtlos dagegen auftreten.

Hochentwickelte Wesen drücken sich aus durch Liebe, Verstehen und Barmherzigkeit, ohne irgendwelches Verurteilen. Ein wahrer hoher Lehrer wird nur an das Höchste und Beste unseres Charakters appellieren und sich an unsere innerste Seele wenden. Würden wir durch die Höheren bemuttert, könnten wir niemals Unterscheidungs-Vermögen erlernen, das auf dem Entwicklungs-Pfad später so dringend benötigt wird.

Wer Negation ins Jenseits mitnimmt, wird sich auch dort an eine falsche Meinung klammern, bis der Sinn für höhere Lehren offen ist. Die bloße Tatsache, entkörpert zu sein, heißt noch längst nicht, dass man damit auch gescheiter geworden ist!

Was wir beachten sollen:

Niemals Verbindung aufnehmen wollen aus emotionellen Gründen.

Niemals Botschaften empfangen wollen von Toten.

Wer sich für telepathische Verbindung interessiert, soll bestrebt sein, Wahrheit, Wissen und Kenntnisse zu erwerben.

Das Ziel aller Kommunikation sollte der Kontakt mit den höchstmöglichen Ebenen sein und zwar aus höchsten ethischen Beweggründen.

Ein ewiges universelles Gesetz besagt: „Gleich und gleich gesellt sich gern" und dies wirkt auch hier.

Zum wichtigen Vorgang des Unterscheidens gehört auch das Erkennen der Herkunft der Sprecher. „Prüfet die Geister, ob sie von Gott sind!"

Jeder Kommunikator soll aufgefordert werden, zu bestätigen, ob er den Herrn der Heerscharen verehrt und Christus Jesus dient und somit im Lichte Gottes steht, oder nicht.

Man soll DAS LICHT GOTTES ANRUFEN. Wer nicht aus dem Lichte stammt, kann darin nicht verweilen und muss verschwinden. Der Anruf: „Im Namen Gottes des Allmächtigen und im Namen des Aufgestiegenen Christus Jesus, zeig mir Dein Licht! So Du nicht aus dem Lichte stammst, werde aufgelöst und verzehrt durch die Macht des Lichtes! Wer sich weigert oder ausweicht, soll als Betrüger gemieden werden.

Diese Identitäts-Kontrolle darf nicht auf die leichte Schulter genommen oder gar vernachlässigt oder weggelassen werden.

Telepathie ist ein unpersönliches universelles Prinzip. Was du bist, das ziehst du an. Wer abkommt vom reinen Strom, muss darauf gefasst sein, in schmutzige, verseuchte Gewässer zu geraten, wenn er mit den Verhältnissen nicht vertraut ist.

Wortschwall und Geschwätzigkeit sind nicht gerade das Kennzeichen ewiger Wahrheiten. **Kräfte aus den dunklen Sphären sind berüchtigt wegen ihrer Täuschungs-Manöver und Lügenhaftigkeit.**

Wir MÜSSEN UNBEDINGT unsere menschliche Person ausschalten in allen Phasen geistiger Arbeit. Die getäuschte Seele wird verstrickt in ein Gespinst falscher Gedanken, erzeugt durch das Unter-Bewusstsein (Tier-Seele in uns mit allen ihren Ängsten und Wünschen). Menschliches Wünschen kann die Mitteilung verfälschen. Solche Faktoren müssen erkannt werden; sie sind rücksichtslos zu prüfen und auszuschalten.

Maße Dir nie an, du wissest, was gesagt werde oder noch durchkomme oder dass Weisheit herrsche in Bezug auf das Thema! Warte das Ende der ganzen Sendung ab, ohne ein voreiliges menschliches Urteil zu fällen.

Üble Schwingungen einer anderen Person in der Umgebung des Empfängers können erfolgreiche Resultate verhindern. Auch die Anwesenheit einer Person mit negativen, ablehnenden Gefühlen kann sehr störend wirken.

Zu Zeiten emotionaler Verkrampfung hilft eine Pause mit einem tiefen langen und langsamen Atemzug.

Beschäftigt sich jemand mit himmlischem Kontakt ausschließlich für eigennützige Zwecke, dann werden die innere Gedankenwelt und das Wunsch-Denken lebendig und sind vorrangig für so einen Menschen. Egozentrische Naturen können sich an solchen Möglichkeiten regelrecht berauschen.

„Zahllose Stimmen rufen und verlocken den Erleuchteten, um ihn vom geraden Pfade abzubringen. Vergnügungen und Beschäftigungen weltlicher, vergänglicher Art sind stets vorhanden, um den ergebenen Licht-Diener von seiner Aufgabe abzuhalten. Wer aber schon weit auf dem Pfade fortgeschritten ist, erkennt dies alles und lässt sich nicht ablenken oder verwirren.

Es gibt nur den Einen Plan, den Einen Weg, die Eine Mission: **Das Verbreiten des Lichtes auf dem Planeten Erde,** das Kommen von Gottes Reich auf Erden, wie es in den Himmlischen Welten besteht, das Einbringen Göttlicher Wissenschaft in die Lebensweise der Menschheit in ihrer höchsten Fähigkeit, das Göttliche Erbe anzutreten. Solange es Leben und Atem gibt, solange wird auch Opposition da sein, um den Weg zu vernebeln, aber auch um den Scharfsinn schwächerer Seelen zu schulen.

Erinnert euch an Jesu Worte an einen seinen Jünger über die Opposition eines anderen. Des Meisters Antwort: „Was kümmert's Dich! Folge Du Mir! (Mein Lama sagte zu mir, wo Liebe ist da gibt es keine Feinde!)

Zu Zeiten emotionaler Verkrampfung hilft eine Pause mit einem tiefen langen und langsamen Atemzug. Ganz allgemein ist tiefes und langsames Atmen stets wohltuend jederzeit und unter allen Umständen. (Ashtar)

Ein unverantwortlicher Zustand, den der geistig noch Unreine gründlich genießt:
Er will das Maximum farbenprächtiger neuer Erlebnisse, ist aber noch nicht reif genug, um verantwortlich zu sein für seine Worte, sein Temperament, sein Benehmen und seinen Eindruck auf andere. Er ist ohne jegliches Verlangen nach Weiterentwicklung!
Unreife gefällt sich in Aufsehen erregenden Aussprüchen, will um jeden Preis jedes Gespräch dominieren, weiß immer alles besser und plappert stets alles aus, nur um Schritt halten zu können.
Wir sollen auf den ruhigen Menschen hören, der selten spricht. Er wird etwas zu sagen haben (die Lehrer).

Liebe dramatisiert nicht, noch beleidigt sie jemanden. Keine konstruktive Kraft übermittelt destruktive Informationen. Eine Leiter ist und bleibt eine Leiter; ihre Sprossen sind alle ein Teil dieser Leiter, Höheres oder weniger Hohes. Liebe weiß: Alle müssen lernen, unabhängig und selbständig zu werden. Wahre Liebe schafft keine Abhängigkeit oder kettet jemanden an sich.

Höflichkeit ist göttlich in jeder Hinsicht.

Höflichkeit ist eine Eigenschaft des Universums. Kein höheres Wesen darf sorglos dessen Gesetze missachten, ohne den Verlust seines guten Rufes zu riskieren. Seid nicht grob! Unterbrecht niemals das Gespräch anderer (Herodotus zu Tuella).

Ein echter Welten-Diener wird sich nicht weigern, durch das Licht zu wirken, aber er wird auch nichts unerledigt lassen, was während seiner Verkörperung noch zu tun ist. Die Struktur seines Lebens muss so behandelt werden, dass Freiheit herrscht für alle Betroffenen.

Stehet fest im Christus-Licht und lernet, dieses einzusetzen. Es ist unsere einzige Verteidigungswaffe gegen das Böse, welches eure Welt bedrängt. Denkt an den Ausspruch:

> „ICH BIN" ...ein Hüter des Lichtes!
> „ICH BIN"...tätige Liebe hier
> in Zusammenarbeit mit dem
> Ashtar – Kommando!"

Dienen

Jeder Mensch betritt den irdischen Bereich zu einem persönlich auserwählten Zweck, um eine alte oder neue Lektion zu lernen. Dies wird beim Jüngsten Gericht festgestellt, wenn die Seele die Engel des Gerichts nach ihrem Verlassen des Körpers trifft.

Eine flexible, anpassungsfähige Seele wird sich schließlich auf der Schwelle zu ihrer göttlichen Vorbestimmung finden. Sie mag dies erkennen oder auch nicht, je nach ihrer Entwicklungs-Stufe und Empfindungs-Fähigkeit. Universelle Kräfte wirken zusammen, um der Seele zu helfen ihre Erfüllung, ihre Vollendung zu finden.

Wird jedoch die höhere Fügung durchkreuzt, dann war die Verkörperung umsonst, also ein Zeit- und Energie-Verlust. Und genau dies ist das Leidige! So viele fallen ab, geraten auf die schiefe Ebene und lassen sich verführen; aber dann können sie die sanfte leise Innere Stimme nicht mehr hören, die irdische Lebensweise hindert sie daran.

Der geistig wache Mensch arbeitet mit dem Über-Selbst zusammen nach dessen Bestrebungen. Dies können wir dadurch erkennen, wenn das niedere Selbst in uns sich um das gleiche Ziel bemüht. Religiös ausgedrückt, kann man dies einen „geistigen Schubser" nennen. Der Mediziner nennt es Schuldgefühle oder Komplexe. In der Gesellschaft heißt man dies „Frustration" oder „Vorsehung". Alles in allem ist es ein Hinweis darauf, dass das Über-Selbst sich Gehör verschafft, trotz all dem Lärm und Getöse weltlicher Angelegenheiten.

Verspürt ein Mensch einen starken geistigen Drang des Gewissens, der Pflicht, oder für Ideale, dann sollte er unbedingt diesen konstruktiven aufbauenden Gefühlen Folge leisten, denn diese sind die Stimme des Über-Selbstes.

Verweigert er ihnen Gefolgschaft und hört nicht darauf, so kann er sein Lebensziel verfehlen. Seine Seele geht deswegen nicht verloren, denn er IST ja seine Seele.

Aber die menschliche niedere Seele (das Unterbewusstsein, das wir auch Tier-Seele nennen) im Gegensatz zum Über-Selbst kann unendliche Reue empfinden bei der Gerichts-Sitzung, denn sie hat ihren geistigen Fortschritt übermäßig verzögert, indem sie sich Stolpersteine auf den Pfad legte durch den vorherrschenden destruktiven Willen.

WIR SOLLTEN DIE UNS BEFALLENDEN ZWEIFEL NUTZEN.
Wir sind besser, als wir denken und fähiger, als wir glauben. Wir haben ungeahnte verborgene Talente, Fähigkeiten und Kräfte in uns.
Wir haben Zutritt zu einem riesigen Erfahrungs-Schatz, den wir uns in früheren Leben angelegt haben (Kausal-Körper). Wir können darüber frei verfügen für die Entschlüsse in der jetzigen Verkörperung.
Des Lebens höchster Plan ist Gottes Wille.
Im Brief des Paulus an die Philipper, Kapitel 3, Vers 13, schrieb der Apostel:" … eines aber sage ich: ich vergesse, was dahinten ist, und strecke mich zu dem, das da vorne ist…!"
Diese Epistel schrieb Paulus während seiner Gefangenschaft in Rom. Er wie kein anderer wäre wohl berechtigt zu dieser Haltung von Selbst-Zufriedenheit.
„Dahinten", also hinter ihm, lag die Erinnerung an die Herrlichkeit seiner Bekehrung; „hinter" ihm lagen die drei großen Missions-Reisen, auf denen buchstäblich Tausende zu dem Neuen Licht bekehrt worden waren. „Hinter" ihm war der Beginn des grossen Auftrags. „Hinter" ihm waren „überreichlich Arbeit, maßlose Mühen, Gefängnis, Kerker-Gitter, Steine, Reisen und Gefahren". Aber jene große Seele war nicht versucht, sich auf den Lorbeeren auszuruhen und von den Engeln zu zehren.

Meine Lieben, auch das Beste, was euch bis jetzt auf dem Pfade begegnet ist, soll kein Maßstab sein für den Rest eures Lebens. Da muss nämlich immer noch ein Streben nach größeren, noch kommenden Dingen sein.
FÜR UNS ALLE IST ES NÖTIG, WEITERZUMACHEN!
Auf dem Pfade der geistigen Erweckung ist es gefährlich, einzuschlafen.
Am letzten Tag der Marien-Erscheinungen in Garabandal weinte Conchita, damals fünfzehnjährig, und sagte zu Maria: „ Mutter warum nimmst Du mich jetzt nicht mit Dir in Himmel?" Die Antwort von Maria: „Mein liebes Kind, Du musst hier bleiben, und wenn die Zeit reif ist, wirst Du mit vollen Händen guter Taten nach Hause kommen!"
„Wir bekommen gemäß unserem Fassungs-Vermögen" Sind wir zufrieden mit unseren jetzigen Erfahrungen, so haben wir uns alle Wege verbarrikadiert zu höherem Wachstum und neuen Erlebnissen.
Dieses Dürsten, dieses Hungern, dieses Verlangen nach immer Höherem, nach Wahrheit, nach Gott, ist das Geheimnis des Weitermachens! Nicht mehr streben heißt stagnieren. Stillstand ist Rückschritt!
Das Wichtigste was Licht-Dienende tun können ist: Licht sein, wo immer sie auch hingehen mögen, Licht einzustrahlen in jegliche Düsterheit und Verwirrung!
Sie sollen Licht in alle vier Himmels-Richtungen aussenden. Auf diese Weise fordern sie eine Licht-Hülle um sich an, und diese gestattet der Geistigen Hierarchie, viele Verhältnisse zu läutern.
Wer dem Licht dient, muss bereit sein, mit dem Negativen des Massen-Bewußtseins zu leben. Aber er/sie ist auch verpflichtet, alles nur Menschenmögliche zu tun, um auszugleichen, zu harmonisieren und es der Masse zu ermöglichen, genau das zu tun, wofür sie ins Leben gekommen ist.
Die Geistige Hierarchie zählt auf alle Lichtträger, dass sie das Licht aufrechterhalten, dass sie Licht sind, das sie Licht ausdrücken und das Licht aussenden, damit die Entwicklung der „Menschen-Masse" auf diesem Planeten in ein höheres Bewusstsein geführt werden kann.
Es gibt keinen anderen Weg, diesen Planeten in Ordnung zu bringen und ihn für die nächst höhere Dimension und seine Aufgabe in der Planeten-Föderation dieses Sonnen-Systems vorzubereiten (Die Lehrer).

Ashtar sagt:

„Lebe jeden Tag, als wäre es dein letzter. Sammle all dein geistiges Gepäck, damit alles Dauerhafte sofort mitgenommen werden kann. Lass alles andere zurück.

Lebe so, dass du jederzeit und allerorts deiner Vergangenheit den Rücken kehren kannst, ohne Bedauern oder Rückblick.

Ziehe alle deine Träume und Wünsche, Gott und den Menschen zu dienen, an dich, denn diese sind dein Reichtum."

Wir sind die Gesamtsumme all unserer früheren Leben.

Erwachen, bewusst werden ist wirklich nichts anderes als ein Aufrühren alter Erinnerungen. Wir erinnern uns an das, was unser Innerstes schon immer wusste!

Daraus folgt: Aufgabe unserer Verkörperungen – so viele es auch sein mögen – ist das schichtweise Abtragen der rauen Borke irdischen Lebens, gewachsen im Laufe vieler Verkörperungen. Mit zunehmender Verdünnung der Schichten um den inneren Kern wird dieser schließlich freigelegt für den so nötigen Kontakt mit den Freunden aus dem Universum.

Was erfolgreiche Geistes-Dienende ausmacht, wird bestimmt durch deren Erfolg im Abtragen der Schichten bis zum Erreichen des erwähnten inneren Kontakt-Kerns. Erst dort spricht der Himmel zu uns, erreicht er uns und beeinflusst uns.

Die Erklärung hierfür ist nicht ganz einfach, aber deine Seele hat überhaupt keine Schwierigkeiten, die Himmlischen Sprecher zu hören, sie zu verstehen und sie zu akzeptieren.

Ihr alle seid strategisch am richtigen Ort eingesetzt, um als Licht zu leuchten, Vertrauen erweckend und treu für all jene, die noch eines höheren Bewusstseins ermangeln.

Die jetzigen Zeiten erfordern Beweise und materielle Unterlagen. Aber der größte Beweis jedes Menschen ist die leuchtende Aura von Treue und Licht mit klarer Führung auf dem Pfade, für jene, die noch im Schatten weilen.

Lasst doch die Spötter meckern, die nach materiellen Dingen verlangen! Unsere lieben Schwestern und Brüder auf der Erde leuchten wie große Scheinwerfer in der Finsternis; ihre Anwesenheit hat lange schon viel vorausgesagtes Unheil abgehalten. Unsere Licht-Träger bleiben, wo sie sind.

Folge deiner Inneren Stimme. Such die Botschaft mit deinem Wesen. Erkenne dich selbst und die Herrlichkeit in dir! Nichts wird dir zustoßen!

Strahlende Söhne und Töchter des Allerhöchsten! Haltet euch an das Gesagte und gehet hin in Frieden! „I AM" Ashtar.

Der Engel vom Gelb-Golden Strahl der Weisheit sagt:

„Suchen die Meister von Gottes Licht, Liebe und Leben auf Erden nach besonders geeigneten Schülern, zum Einsatz als Kanäle, dann sind sie interessiert an mehreren Dingen:

1. Wie klar ist der Kanal?
2. Welcher Art Leute wird die Information dargebracht werden?
3. Werden die Mitteilungen so vielen Gottes-Kindern wie nur möglich vermittelt?

Kinder, es ist Zeit zusammenzukommen an gemeinsamen Treffpunkten, um auf der ganzen Erde die Göttlichen Durchsagen zu empfangen, zu verarbeiten und zu verbreiten.

Stellt euere niederen Egos beiseite, sofern noch vorhanden. Denn der Vater sagt: „Wandle auf dieser Erde, so wie ich dich gemacht habe, Kind, und lass meine Liebe, meine Weisheit und meine Macht dich durch das Leben führen. So wie ICH BIN, so wirst du tun, was dein Gott dir gezeigt hat als Seinen Weg.

Zusammen können wir so vielleicht mit vereinten Kräften dem Appell der Engel des Gelb-Goldenen Strahls folgen, zusammenzukommen im gemeinsamen Bemühen, Gottes Informationen zu verbreiten.

Athena, der Wächter-Engel lehrt:

„Wer in Liebe geht und steht und lebt, Gottes Liebe ausströmt auch in der kleinsten ärgerlichen Situation, der hat die wahre Heiligkeit errungen. Kennzeichen der Heiligen ist vollkommene Liebe.

Eine machtvolle Liebes-Taufe kann euch niemals verlassen, denn sie ist eine Salbung. Man mag versucht sein, irgendein bedeutendes, gewichtiges Ereignis zu erwarten oder dass ein Wunder geschehe, aber seid euch klar: Das Gewaltigste im Universum ist „die Liebe"!

Mit Liebe sprach der Schöpfer das Wort und Energie begann zu fließen als Materie.

So seid euch denn bewusst: Jedes Wort, in Liebe gesprochen, geht hinaus mit großer Kraft.

Der Vater liebt ALLE, und Seine Liebe ist nicht abhängig von wiedergegebener oder verdienter Liebe, sondern sie ist Liebe ohne Bedingung für ALLE.

Somit ist jede Seele der Liebe würdig. Jede Situation kann in Liebe gebadet werden. Jedes Ärgernis wird durch Liebe aufgelöst. Jede böse Absicht wird mit Liebe vereitelt und verliert ihre Macht.

Kind der Liebe, schreite vorwärts mit innerem Frieden, mit innerer Freude, die nur Er geben kann und welche die Welt nicht wegnehmen kann.

Dein ist die Krone, dein ist der Lohn, aber vor allem, dein ist die Wissens-Freude in der Gewissheit, der Allerhöchste hat dich ausgesandt, um mit dem Duft der Liebe die Atmosphäre des Geistes zu erhöhen und zu veredeln durch deine bloße Gegenwart.

Oh ja, die Finsternis wird es wissen, die Finsternis wird es wahrnehmen, aber sie wird hilflos sein gegenüber den Gott-Gesandten. Diese kennen keine Arglist, haben keine irdischen Schätze, suchen keinen Ruhm, nichts kann sie abbringen von ihrem Ziel, es gibt nichts anderes als sie in Ruhe zu lassen.

Sie können wohl belästigt werden; dadurch werden sie nur noch geduldiger. Man kann sie plagen; sie werden nur noch andachtsvoller. Man kann sie verfolgen und auf sie speien; sie werden nur noch reineren Herzens und lauterer im Denken.

Was immer sie berühren möge, von Ihrem Himmlischen Vater ist der Segen Gottes... und die Finsternis weiß dies.

Wir schauen auf die Herrlichkeit des Heiligen auf seiner irdischen Pilger-Fahrt und stimmen ein in die Lobes-Hymnen der Engel! Wie kühn stehen sie da, wie schön ist ihr Leuchten, heller als das Firmament und herrlicher als die Sonne in Gottes Reich. Habt Vertrauen! Es ist Gott-Vaters Wohlgefallen, euch dieses Reich zu geben!

Ich habe gesprochen in Seinem Namen und in Seinem Auftrag, um den Geist zu beschleunigen und die Seele zu ermutigen. Wandle Seinen Pfad...Achte auf die Morgen-Dämmerung Seines Tages, der immer näher rückt.

„I AM" Athena, der Wächter-Engel"

ATEM-ÜBUNGEN NACH SAINT GERMAIN

Ausgleichend, Aufladend und Rhythmisch

Wir können alles im Körper durch Anrufe berichtigen und ändern, durch das Bewahren der Harmonie und dem Einsatz dieser drei Atem-Übungen.

Aber bewusste Aufmerksamkeit und regelmäßiges Anwenden sind unerlässlich.

Macht alle diese Übungen mit einer geraden Takt-Zahl (2, 4, 6, 8, usw.) je nach Zeitdauer, während der ihr den Atem gut anhalten könnt. Nach einiger Übung kann die Takt-Zahl erhöht werden.

Die nachfolgenden Übungen dürfen niemals durchgeführt werden, ohne Konzentration auf euer Gott-Selbst („ICH BIN"-Präsenz!) und ebenso muss immer eine gerade Silben-Zahl (Taktzahl) verwendet werden, wie z.B.:

1. „ICH BIN" ganz Licht! (4 Takte)

2. „ICH BIN" ganz Licht gleich jetzt!" (6 Takte)

3. „Ich halte Gottes Licht sehr hoch" (8 Takte)

4. „ICH BIN" Gottes ausgleichender Atem" (10 Takte)

5. „ICH BIN" ganz Licht und mache alle Menschen frei" (12 Takte)

Verwendet den euch passenden Anruf mit gerader Silben-Zahl. Ihr könnt längere Anrufe wählen, sobald ihr den Atem länger halten könnt.

Ausgleichender Atem

Rechte Nüster schließen. Tiefen Atemzug durch die linke Nüster. Gleichzeitig Anruf. Atem anhalten. Gleichzeitig Anruf. Ausatmen durch rechte Nüster. Anruf gleichzeitig. Leer bleiben. Gleichzeitig Anruf. Stets gleiche Takt-Zahl!

Übung mit der linken Nüster wiederholen. Abwechselnd Übung durchgehen, solange sie als angenehm empfunden wird. Die Takt-Zahl kann bald einmal erhöht werden. Eine bisher nicht gekannte Ausgewogenheit kommt in den Körper.

L	EIN (4, 6, 8, 10,12)	R	EIN
	VOLL		VOLL
	AUS		AUS
	LEER		LEER

Aufladender Atem – energetisierend

Tiefer lungenfüllender Atemzug. Einen Moment anhalten. Anruf für gewünschte Vollkommenheit. Langsam ausatmen (mit gespitzten Lippen aber nicht pfeifen) leer bleiben.
10 – 20 mal wiederholen.
Mag der Körper noch so müde sein, er wird voll aufgeladen.
Diese Übung stets begleiten mit der Konzentration auf die „ICH BIN"-Präsenz!

Anruf bei jedem Ein- und Ausatmen.
Diese Übung ist überall durchführbar, beim Gehen, Fahren oder sonst wie. Aber bitte dabei nicht unangenehm auffallen!

Rhythmischer Atem
Luft einziehen – Anruf – gleiche Takt-Zahl; Atem anhalten und gleichzeitig Anruf. Ausatmen und gleichzeitig Anruf. Gleiche Takt-Zahl, leer und gleichzeitig Anruf. (Alles nur denken – nicht sprechen).
Übung mehrmals wiederholen bis Ausgewogenheit in den Körper kommt.

Takt-Zahl erhöhen mit zunehmender Geübtheit.

Alles kann im Körper verändert werden, aber nur bei systematischer und regelmäßiger Durchführung der Übungen!

Bei Körper-Schmerz ausgleichenden Atem anwenden.

Goldene Flamme durch jede Körper-Zelle fließen sehen und fühlen wie sie durch den Körper strömt.

Goldene Flamme um den Körper stehen sehen wie eine Sonne.

Wer diese drei Atem-Übungen wie beschrieben durchführt, merkt, wie der Körper ausgewogen wird. Viele alte Zustände lassen einfach nach und verschwinden. Aber systematisches Durchführen ist unerlässlich. Der Atem sollte nur so lange angehalten werden, wie dies ohne „Verkrampfen" möglich ist!

TV als UFO-Detektor

1. - Gerät einschalten
2. - „Kontrast" auf Maximum
3. - Kanal 13 wählen
4. - Bildschirm bis zur Dunkel -Schwelle abdunkeln
5. - Auf Kanal 2 oder 3 wechseln

- Ein UFO (RS = Raumschiff) erscheint auf dem Bildschirm als ruckweise auftretende weiße Streifen auf dem fast schwarzen Schirm.

- Bei sehr nahem RS wird der Schirm völlig weiß.

- Keine Antenne nötig! Falls vorhanden, erweitert sich Erfassungs-Bereich auf ca. 50 km.

- Rotierende Antenne: Zeigt Flugrichtung an. Antenne drehen, bis Signal am stärksten.

- Jeder RS-Typ hat sein eigenes Signal. Zigarrenförmige Mutterschiffe geben andere Signale als kleine scheibenförmige RS. Bitte selber herausfinden!

- TUFOD (Televisions-Ufo-Detektor) zeigt, ob RS schwebt, beschleunigt oder hochschießt in Funkenregen.

Belehrungen von Jesus Christus, dem Herrn und führenden Geist dieser Galaxie

Wenn aber jener Geist der Wahrheit kommt,
wird er euch in alle Wahrheit einführen.
Denn er wird nicht aus sich reden, sondern
was er hört, wird er reden, und was zukünftig
ist, euch verkünden.

Joh. 16.13

DIE STIMME VON OBEN

**Offenbarungen für die
Menschen der Endzeit**

Diese Belehrungen begannen in der Nacht zum 20. Februar l967, etwa um 1.00 Uhr nachts, und wurden Herrn Knud Weiking aus Dänemark mehrere Jahre durchgegeben. Die Auszüge aus dem Buch „Geistige Schule von Borup", das l982 in der Schweiz veröffentlicht wurde, schreibe ich hier wieder in sehr verkürzter Form, damit meine persönliche Meinung oder meine Gedanken, bezogen auf dieses Thema nicht diese wichtigen Belehrungen ändern können.
Mit freundlicher Genehmigung des Schweizer Verlages bemühe ich mich, hier das Wichtigste aus dem Buch weiterzugeben. In Dänemark sind diese Belehrungen unter dem Namen „UNIVERSAL LINK" veröffentlicht worden und sie sind eine umfassende Hilfe aus dem Weltraum und an alle Menschen des Planeten Erde gerichtet, die sich bewusst und mit Willen körperlich und geistig den höheren Schwingungen anpassen, was notwendige Vorbedingungen sind für die weitere Entwicklung des menschlichen Geistes im heraufdämmernden Neuen Zeitalter.

Die Worte unseres geliebten Herrn, der hier als Orthon spricht, denn wir aber unter den Namen Jesus Christus sehr gut kennen:
„Viele Menschen halten heutzutage verzweifelt Ausschau nach einem Ausweg, nach einer Möglichkeit, die weltweite Katastrophe zu verhindern, der wir entgegengehen und über deren Folgen wir uns alle im Klaren sind. Viele einflussreichen und einsichtigen Personen haben große Anstrengungen unternommen, um eine Katastrophe zu verhindern, und vielleicht hoffen einige noch, es möge in letzter Stunde gelingen. Jedoch Hoffnung ist eines; etwas anderes ist es, den Tatsachen ins Auge zu sehen, so, wie sie sich darstellen: Das chinesische Volk ist heute der Machtfaktor, der die Machtverhältnisse auf Erden aus dem Gleichgewicht bringt. Dies Gleichgewicht existiert nicht mehr, und wir stehen vor einem Atomkrieg, der in seinem schlimmsten Ausmaß zur Auslöschung unseres Planeten führt.
Angesichts der neuesten Entwicklung auf der Weltbühne scheint es nicht mehr möglich zu sein, auf irdischer Ebene einen Weg aus der drohenden Katastrophe zu finden...
Fliegende Untertassen = Ufos sind als außergewöhnliche Erscheinungen so lange beobachtet worden und bekannt gewesen, wie schriftliche Aufzeichnungen existieren. Sie sind im Laufe der Geschichte zwar mit anderen Namen bezeichnet worden und an anderen Orten und zu anderen Zeiten wahrgenommen worden. In der Neuzeit (seit 1947) erscheinen sie jedoch häufiger – tatsächlich gleichzeitig mit unserem Eintritt ins Atomzeitalter. Die Zahl der Menschen, die diese seltsamen Raumschiffe inzwischen gesehen haben, geht in die Millionen...

Wenn wir untersuchen, was vor 2000 Jahren bezüglich der „Letzten Tage" oder dem „Ende der Zeit" gesagt wurde, finden wir – so klar wie wir es nicht besser wünschen können – eine Beschreibung unserer heutigen Welt ebenso wie die eines Atomkrieges mit nachfolgender Massenlandung aus dem Weltraum samt Evakuierung der hiesigen Menschheit.

Es ist offenkundig, dass die Ufos eines der vorausgesagten „Zeichen am Himmel" sind. Aber gleichzeitig sind sie eine Verbindung, eine ganz praktische Hilfe in einer gigantischen Operation für die Erde, die auch unter dem Namen „Universal Bund" bekannt ist.

Im Verlauf der letzten Jahre sind hunderte von Verbindungen und Bemühungen zustande gekommen. In einigen Fällen waren es rein physische Begegnungen mit gelandeten Ufo-Mannschaften, in anderen Fällen kamen die Kontakte telepatisch oder auf irgendeine andere Art zustande. Oft sind mehrere Methoden gleichzeitig benutzt worden. In der ganzen Welt sind Zentren gegründet worden, um die Botschaft von der bevorstehenden Erlösungs- bzw. Hilfsaktion zu empfangen und zu verbreiten, die sich „Universal Link" oder „Zweites Kommen Christi" nennt. (Hier füge ich hinzu: „die Kornkreise habe ich bereits im Kapitel: die Botschaften der Kornkreise erwähnt (S. 88) - mit Abbildungen d. V.)…

Die Menschheit hat eine endlos lange Zeit gewartet – auf „Gottes Reich", auf die „Gesellschaft der Venusianer", das „ Millennium", das „Neue Zeitalter"… es ist alles dasselbe: Das Zweite Kommen Christi ist nahe!...

Bald werden sich die großen Weltereignisse mit voller Kraft und Geschwindigkeit entfalten. Lasst euch nicht von der Angst überwältigen. Das ist endgültig und Mein absoluter Wille. Habt Mut und seid zuversichtlich; alles ist in Meinen Händen.

Diese Ereignisse werden in China beginnen und sich über China nach Russland ausbreiten, bis die Welt eine Hölle ist, aus der Mein Königreich erstehen wird wie der Vogel Phönix. Ich bin ein Phönix.

Wenn sich die Ereignisse überstürzen, wird großes Leid erwachsen. Dies ist notwendig und soll euch nicht schrecken. Alles und alle sind in Meinen Händen – niemand kann nach Meinem Willen seinem Schicksal entrinnen, aber niemand wird Verzweiflung erleiden. Mein Plan ist vollkommen...

Ich bin mit euch allezeit.

Ich bin das Leben und die Wahrheit.

Vertraut Mir unbedingt. Alles ist gut.

Das Prinzip der geistigen Hierarchie muss begriffen und vollkommen verstanden werden. Dies ist dringend notwendig, damit die geistige Reform, die jetzt auf Erden durchgeführt wird, geschaffen werden kann.

Alles, was der Mensch empfangen hat, ist ihm von uns gegeben worden. Der Zweck war, dass er diese Dinge braucht, aber nicht missbraucht. Aus diesem Grund sind geistige Gewährsmänner auf die Erde geschickt worden...

In Zukunft werdet ihr auf eurer Erde und im Sonnensystem Reisen machen können – sogar in der ganzen Galaxie, zu der ihr gehört - Reisen werden es sein, die ihr euch heute noch gar nicht vorstellen könnt...

Das Wissen auf den Gebieten der Physik, Chemie und Mathematik, welches die Menschheit erlangen soll, wird ihr auf geistige Weise gegeben werden. Alles wird von uns gegeben. Gleichzeitig wird auf Erden ein physikalisches, chemisches und mathematisches Wissen von Menschen demonstriert werden, die es schon seit Jahrtausenden beherrschen…

Euere Lebensweise wird sich in Charakter und Art ändern, so dass das Leben künftig in schöner Harmonie und Einigkeit gelebt werden wird...
Auf Erden werden Dinge geschehen, die vielen grausam erscheinen. Für uns sind sie jedoch ein ganz natürlicher Vorgang. Ihr sprecht von Bestrafung; wir sprechen von geistiger Reinigung. Wenn wir von geistiger Reinigung sprechen, meinen wir einen geistigen Richtungswechsel. Das müsst ihr richtig verstehen. Nichts Erschaffenes wird verloren gehen.
Lasst euch von den Skeptikern nicht euren Sinn verwirren.
Ich werde persönlich um euch bemüht sein - ihr habt in dem Licht, das euch von uns gegeben wird und das für euch die Wahrheit darstellt, euren Weg zu gehen...
Es wird alles so schnell geschehen, dass nur diejenigen, die es verstehen, auf der geistigen Seite in unseren Plan miteinbezogen werden. Wir haben die Macht auf der Erde übernommen. Wir werden in allernächster Zukunft diejenigen sein, die alles bestimmen. Lasst euch nicht durch äußere Dinge verwirren. Lasst andere in ihrem eigenen Lichte wandeln.
Unser Plan ist endgültig. Ob der eine oder andere teilnehmen wird an dem Werk das getan werden muss, ist im Augenblick unwichtig. Ich kann nur sagen, dass Tausende von Menschen bereits in der Mitarbeit stehen und Abertausende werden noch mitarbeiten. Viele sind gerufen, aber nur ganz wenige sind auserwählt worden.
Wir zwingen niemand, dieses oder jenes zu tun. Ihr habt den freien Willen, uns zu folgen, und wir haben unseren freien Willen, euch zu folgen.
Skandinavien ist ein wichtiger Teil und ein wichtiges Glied in unserem Operationsplan. Wir können es euch jetzt nicht erklären, warum das so ist. Harmagedon wird die Erde heimsuchen und aus Harmagedon wird eine neue Welt sich gestalten. Eine neue Epoche wird geboren – eine Geburt hat ihre Wehen...
Vor etwas muss ich euch jedoch warnen: Was immer ihr auch nicht gleich ganz versteht, müsst ihr glaubend annehmen – vertraut auf uns. Wir haben euch andere Beweise gegeben – wir haben auch anderen außer euch Beweise gegeben.

In Bezug auf das Gesetz der Hierarchie ist es absolut notwendig, dass ihr dessen Funktion versteht: Das universelle Gesetz, auf welchem sich die Zukunft aufbaut, ist absolute Uneigennützigkeit, absolute Hingabe und absolute Selbstlosigkeit...

Stellt euch nur ein Gütererzeugungssystem vor, das so vollkommen funktioniert, dass alles, was je gebraucht wird, in absolutem Überfluss vorhanden sein wird. Es wird keine nutzlose Arbeitszeit mehr geben. Das wird den Menschen eine Freizeit gewährleisten, die absolut unvorstellbar ist. Und lasst mich euch sagen: Nicht einmal zwei Stunden tägliche Arbeitszeit wird der Mensch noch nötig haben...

Wir bestehen als eine Dualität. Wir sind physisch und geistig und sind fähig, uns auf beide Arten zu manifestieren.
Das ist für menschliche Wesen schwierig zu erklären, denn dies können sie nicht verstehen...
Dieser Geist ist es, der die Menschen in diese heutige verzweifelt schwierige Lage gebracht hat, dass sie ihre eigene Technik oder Wissenschaft nicht mehr kontrollieren können...

Unser Vorhaben kommt nicht nur einem besonderen Teil der Menschen zugute, sondern ist für die ganze Menschheit dieser Erde als Hilfe gedacht. Wir sind jedoch nur an denen interessiert, die sich unseren Botschaften gegenüber entsprechend verhalten, denn sie werden die Zeit, die jetzt kommt, verstehen.

Diejenigen, die unser Vorhaben nicht verstehen wollen und sich selbst nicht damit befassen, müssen die volle Verantwortung dafür tragen. Wenn ich sage, <u>die volle Verantwortung müssen sie tragen</u>, so versteht mich bitte nicht falsch. Es bedeutet nicht, dass sie verloren gehen, nur weil sie das, was wir ihnen als Botschaft verkündigen, nicht annehmen. Ich habe es immer wieder betont, dass nichts, was erschaffen worden ist, verloren gehen kann. Aber es muss so verstanden werden, dass diese Menschen – wenn unsere Hilfe für die Menschheit kommt – unter ungeheuren physischen und geistigen Belastungen leiden werden, weil sie sich nicht darauf vorbereitet haben.

Große Dinge sind im Begriff sich zu ereignen. Das erste Buch ist das Alte Testament, das zweite Buch ist das Neue Testament und das dritte Buch wird jetzt geschrieben werden.

Die Menschen in Indien warten auf ihr Nirwana, die Christen auf das Zweite Kommen des Christus, die Juden warten auf ihren Messias und die Hopi-Indianer warten auf ihren Großen Weißen Geist. Es ist alles ein und dasselbe, der gleiche Aspekt...

Wir warten mit Freude darauf, euch zeigen zu können, was wir zustandegebracht haben, und wir sehen dem Tag entgegen, an dem wir euch Erdenmenschen die Kräfte vermitteln dürfen, die wir kontrollieren. Wir sind frohen Herzens, zu wissen, dass wir die Gebäude errichten dürfen, welche wir fähig sind zu errichten und wir sind froh, wenn wir euch die Lebensweise vermitteln können, die wir haben. Seid fröhlich und sagt eueren Mitmenschen, warum ihr fröhlich seid, dass wir uns mit euch freuen und dass auch sie frohen Herzens das erwarten dürfen, was sich nun bald ereignen wird.

Was die „Schlacht von Harmagedon" betrifft, so könnt ihr dies auf ganz einfache Weise verstehen. Es ist durchaus nicht schwierig.

Wir haben euch gesagt, dass wir eine Zweiheit (Dualität) darstellen, ebenso ihr, nur seid ihr euch dessen nicht bewusst. Dies ist ein Kampf der Geister – des Guten gegen das Böse; ich kann es nicht deutlicher sagen: Gut gegen Böse. Das Böse, durch die Menschheit auf Erden dargestellt, wütet. Die Menschheit fühlt intuitiv, dass das Ende nahe ist und steht dem machtlos gegenüber.

Ich habe schon früher mit euch über die kommenden Ereignisse gesprochen und sagte euch: ihr sollt die äußeren Dinge nicht euren Sinn verwirren lassen. Das ist heute notwendiger denn je zuvor.

Bis jetzt explodieren die Geschosse der Atomwaffen noch nicht auf der Erde, aber ich sage euch, es wird nicht mehr lange anstehen...

Wir müssen unser Werk vollendet haben, und wir werden es auch erreichen.
Wir kennen die Menschen, ihr Planen und Denken. Wir haben unseren Zeitplan darauf eingestellt. Wir haben aber auch zu einem gewissen Grad das Denken der Erdenmenschen so geleitet, dass es unserem eigenen Zeitplan dient.

Wenn ich sage: zu einem gewissen Grade, dann deshalb, weil die Menschen noch immer einen freien Willen haben. Nichts ist uns unbekannt. Jeder GPU-Mann, jeder CIA-Mann, jeder Geheimagent ist unter unserer genauen Beobachtung. Niemand kann etwas tun, ohne dass wir nicht davon wüssten.

Und nun ein Wort auf den Weg, dass sich eure Gemüter und Herzen nicht ängstigen:

Vertraut uns unbedingt und unbeirrbar!

Einige unter euch interessieren sich für das, was ihr „UFO`s" – Raumschiffe – nennt. Ich verspreche euch, dass, wenn wir unsere Maßnahmen treffen, kein Raumschiff auch nur ein Zehntel Millimeter von der ihm vorgeschriebenen Position entfernt sein wird. Wir werden kommen, und wir werden unsere Maßnahmen so treffen, dass die Menschen verstehen, dass wir zu ihrer Hilfe kommen. Leider wisst ihr auch, dass die Menschen bis zur äußersten Verzweiflung gebracht werden müssen, bevor sie verstehen und Hilfe annehmen. Es liegt in der Natur des Menschen, dass er sich nicht helfen lassen will; er will unabhängig sein. Wir wissen jedoch, dass er nicht unabhängig sein kann in seinem gegenwärtigen Zustand. Er wird dies sehr bald selber merken; dann wird er unserem Anerbieten ganz anders gegenüberstehen.

Die heutige Menschheit steht vor ihrem Ende. Sie ist geistigen Dingen gegenüber unaufgeschlossen und hat sich nie um geistige Dinge bemüht.
Die materialistische Einstellung des Menschen ist so groß, dass nur wirtschaftlicher Nutzen und materieller Gewinn Bedeutung für ihn haben.
Wenn es um seine Mitmenschen geht, kann er nichts tun; das habt ihr gesehen. Millionen von Menschen auf Erden haben nicht das Notwendigste zum täglichen Leben, obwohl für alle in Hülle und Fülle vorhanden wäre.

Versucht euch einmal zu vergegenwärtigen, wie viel ihr für Kriegsunternehmen verwirtschaftet und wie viel im unnötigen Produzieren von Kriegsmaterial aller Art verwirtschaftet wird. Versucht euch klarzumachen, was ihr getan habt, indem ihr Getreide verbrennt, um die Preise hochzuhalten. Und beseht euch einmal eure Produktion. Überlegt euch, was ihr eigentlich tut, wenn ihr erzeugt und erzeugt, ohne Unterlass, nur damit ihr verkaufen und verkaufen könnt. Diese Zustände müssen beendet werden.

Die größte Gefahr ist heute für euch die Tatsache, dass ihr im Besitz von Kräften seid, welche die ganze Erde vergiften können. Diese Kräfte treffen nicht nur nach innen, also euch, sondern wirken auch nach außen und gefährden uns. Deshalb sind die Zustände auf Erden jetzt so, dass sie das Ende der Zeit herbeiführen.

Wir sind sehr geschäftig hier und das bedeutet viel, denn wir sind gewohnt, in Frieden und Harmonie zu leben.
Ganze Planeten sind in diesem Augenblick unterwegs zu eurer Erde. Was hier bei euch bald geschehen wird, verändert alles. Ich habe euch dies vorhergesagt, und Ich wiederhole es: Die Veränderungen werden endgültig und total sein.

Er, der seine Wiederkunft zur Erde vorhersagte – Er, der das Versprechen gab, dass nach seiner Rückkehr alles anders sein wird – Er, der verheißen hat, hier seine

Königsherrschaft aufzurichten, Er ist es, der kommt. Er ist kein Richter noch ein Rächer – Er ist ein Erlöser.

Es ist nicht etwa reiner Zufall, dass die skandinavischen Menschen besonders ausgesucht wurden. Die Skandinavier haben schon vor vielen Jahren – geistig gesprochen – das Kriegsbeil begraben. Sie sind immer ein großes und stattliches Volk gewesen – sie haben die grauenhaften Dinge nicht begangen, welche wir in anderen Teilen der Welt gesehen haben. Die Ausnahmen bestätigen nur die Regel.

Ich sage euch, ihr wäret erstaunt, wüsstet ihr die große Zahl derer, die mit an dieser Sache beteiligt sind. Es sind Tausende und Abertausende.
Diese Botschaft wird über die ganze Welt gehen, aber Ich sage euch: Die Menschen, die diese Botschaft hören wollen, müssen selber die Quellen suchen, aus denen sie von der Kraft schöpfen können, die wir jetzt der Menschheit geben.

Genau gesprochen ist die Zeit kurz – besonders, wenn wir es mit menschlichen Augen betrachten. Aber seid guten Mutes, die Zeit wird uns nicht davonlaufen. Alles ist in unseren Händen, und alles ist sehr sorgfältig vorbereitet worden – vertraut uns vorbehaltlos.

Das Ende der Zeit ist nahe. Die Dinge, welche über Jahrhunderte hinweg prophezeit worden sind, gehen jetzt in Erfüllung. Ich habe die Macht über die Erde. Ich bin der, von dem geschrieben und gesprochen wurde. Ich manifestiere Mich überall auf der Erde.

Unterweisungen und Anordnungen sind gegeben worden, um auf Erden die gesetzlichen Vorbedingungen zu erfüllen, die zu einer physischen Manifestation Meines Kommens notwendig sind. Heute schon sind auf Erden die Pläne und Berechnungen vorhanden, bezüglich der Energien, deren wir uns bedienen, wenn wir uns im Kosmos bewegen. Was wir schon seit Jahrtausenden gemeistert haben, wird sich auf Erden nun auch technisch verwirklichen.

Was die physische Offenbarung betrifft, die stattfinden wird, so wird sie sich so vollziehen: Sobald sich die vollkommene Verwirklichung der universellen Gesetze auf Erden zeigt, werden wir sofort physisch erscheinen, und zwar auf eine Art und Weise, dass jedes menschliche Wesen überzeugt sein wird, dass wir gekommen sind.

Es steht geschrieben, dass es Feuer vom Himmel regnen wird. Das sollte bildlich verstanden werden, denn das Feuer, das herunterregnen wird, muss sich zuerst auf Erden manifestieren, bevor es von uns kommen kann. Doch sobald es sich manifestiert hat, werden wir unverzüglich erscheinen. Das ist eine Freudenbotschaft und muss eine Freudenbotschaft sein.

Für diese Erde bin ich das Alpha und das Omega. Ich bin der Wahrhaftige, der zu euch gekommen ist mit der Gnade und dem Frieden des Himmels. Ich bin der, der euch von Trübsal und Bedrängnis befreit. Ich bin der, der euch Frieden bringt.

Die Stunde unserer Operation auf Erden kann der Menschheit nicht geoffenbart werden. Der Tag und die Stunde werden ein Geheimnis bleiben, bis zum Augenblick unseres Kommens.

Wir sind sehr zurückhaltend, Zeiten und Stunden zu nennen. Die Zeit für unsere Operation ist nicht einmal denen bekannt, die mittendrin in den Vorbereitungen dazu sind – nur Ich weiß die genaue Stunde. Das ist wahr auch in Bezug auf die Prophezeiungen. Macht keine spitzfindigen Deutungen darüber.

Wenn der Tag und die Stunde bis jetzt verborgen bleiben mussten, so erinnert euch daran, dass wir auch in den Prophezeiungen keine ungefähren Zeitangaben gemacht haben. Aus diesem Grund hat es immer Fehldeutungen gegeben, und deshalb ist es Mir möglich, wie ein Dieb in der Nacht zu kommen.

Wir arbeiten in dieser Sache mit einer sekundengenauen Pünktlichkeit.

Ihr fragtet Mich wegen eures Kalenders. Ich kann euch nur sagen, dass er um mindestens 6 Jahre zurück ist.

Wir werden mit der Erde etwas für die Menschheit Unerhörtes tun. Sie wird tatsächlich stillstehen, und wenn Ich sage tatsächlich, so meine Ich damit, dass sie eine Sekunde lang sich nicht um ihre Achse drehen wird. Nach diesem werdet ihr weder euere Erde noch ihre Umlaufbahn wieder erkennen – sie wird sich völlig verändert haben...

Wir beherrschen das Universum vollständig. Später, d. h. zukünftig, wird dann auch der Mensch ein Wissen und die Technik erlangen, die ihn befähigen, sich im Universum zu bewegen – Ich sagte das bereits. Und gleichzeitig wird er auch das Wissen und die Technik erlangen, die Dinge zu tun, die wir jetzt tun.
Der Welt wird von uns direkt eine Sprache gegeben werden. Wenn wir physisch sichtbar zur Erde kommen, dann kommen wir in unzählbaren Scharen, und ihr werdet dann die Sprache sprechen, der wir uns bedienen.
Ihr werdet sehen, wie schnell ihr diese Sprache erlernen werdet, denn es wird auf eine Art und Weise geschehen, wovon ihr euch nicht einmal im Traum eine Vorstellung machen könnt.

Alles was die Menschheit seit eh und je über die Wiederkunft Christi gehört hat, wird eintreffen. Die Prophezeiungen, welche seit Jahrtausenden darauf hindeuten, werden in Erfüllung gehen. Viele wunderbare Dinge werden sich auf der Erde und unter ihren Bewohnern ereignen...

Die Menschheit hat allen Grund, sich zu freuen, ungeachtet dessen, was im gegenwärtigen Zustand mit jedem Einzelnen geschehen wird.

Diejenigen, die lebend übrig bleiben, werden eine völlig neue Lebensgrundlage bekommen, und diejenigen, welche hier nicht verbleiben, werden irgendwo anders ihr Leben fortsetzen.

Wenn ihr sehen könntet, was in diesem Augenblick in eurem Sonnensystem und außerhalb desselben vor sich geht, ihr wäret verblüfft. Ihr würdet sehen, dass andere ebenfalls geschäftig sind, und Großes wird von denen verlangt, die nicht auf dieser Erde leben. Diese Operation ist universell. Sie ist von einem solchen ungeheuren Ausmaß, dass nicht bloß Hunderttausende, sondern Millionen darin einbezogen sind.
Wenn ich von Hunderttausenden und Millionen rede, so meine ich damit nicht Erdenmenschen.

Große Aktivität ist auch auf Erden sichtbar, um unsere Ankunft vorzubereiten. Alles ist sorgfältig geplant – nichts wird vergessen oder vernachlässigt.

Alles geschieht unter der Überwachung der höchsten geistigen Wesenheiten der Hierarchie. Ich persönlich habe die verantwortliche Führung. Das ist Meine Botschaft für die Erdenmenschheit und so wird es geschehen. Ich habe gesagt: Für diese Erde bin ich Alpha und Omega – Anfang und Ende!

Nord-Europa wurde sorgfältig ausgewählt und wird die Gegend sein, von wo aus wir unsere ganze Operation global leiten. Ich sage euch das nicht, damit ihr euch über andere erhaben dünken sollt. Alle Erdenmenschen sind uns lieb und wert, und wir sind uns jeder lebenden Seele bewusst; aber die Nord-Europäer haben einen großen unübersehbaren Vorzug, welchen wir auszunutzen wünschen: Auf geistigem Gebiet seid ihr euren anderen Mitmenschen weit voraus...

Wenn das Hierarchische Gesetz auf Erden eingeführt wird – was zur Folge haben wird, dass der Starke dem Schwachen helfen muss, und dass man seine Ohren nicht verschließen darf, wenn jemand ein Problem bewegt – dann wird euch aufgehen, dass ihr das als Gepflogenheit schon lange kennt.

Viele haben euere politischen Systeme kritisiert wegen der Kompromisse, die sie beinhalten, aber haben sich daraus nicht tragbare Verhältnisse für alle Menschen ergeben?
Diese innewohnende Toleranz und dieser Respekt für seine Nebenmenschen und deren Lebensbedürfnisse ist es gerade, was wir ausnutzen wollen. Ihr werdet es leichter finden, unsere Lebensbedingungen auf Erden zu manifestieren, weil ihr ihnen näher seid. Viele haben erhabene Gedanken gehabt in Bezug auf gleiches Recht und Gleichberechtigung, und schon lange habt ihr das Prinzip des freiwilligen Dienens für das Allgemeinwohl der Gesellschaft, in der ihr lebt, zu praktizieren verstanden.
Viele von euch gehören zu jener Gruppe von Menschen, die die geistige Führung und Kraft ausüben werden, nachdem wir der Erde geholfen haben, denn wenn unsere Hilfe nicht mehr notwendig ist, werdet ihr weitermachen...

Wir wollen jetzt, dass die Menschheit sich evolutionsgerecht entwickelt, dass sie mit der Vergangenheit bricht. Das ist ein gigantisches Vorhaben und gigantische Veränderungen wird es bringen...

Bei uns ist es so, dass jeder durch seinen eigenen freien Willen für sich selbst und andere genau das tut, was er für ein harmonisches, fröhliches Zusammenleben in glücklicher Gemeinschaft für notwendig erachtet.
Aus freiem Willen vermeiden wir es, anderen Schaden zuzufügen, sie durch unser Verhalten zu verletzen oder sie in unseren Dienst zu zwingen. Auf diese Weise wirken alle zusammen für eine Gemeinschaftsform, die viel umfassender den „Sozialismus" verwirklicht als alle Philosophien, die ihr bisher auf Erden ausprobiert habt. Auf diese Weise ist es uns möglich, eine Gesellschaftsordnung zu verwirklichen und ein System zu schaffen, das ganz einfach ist und in dem jedermann immer und überall genau das hat, was er braucht. Einen Menschen in seiner freien Entwicklung zu hindern, ist aus unserer Sicht so schlimm wie Mord und Verbrechen, die ihr doch so verabscheut.

Hier habt ihr eine der Ursachen für die Leiden der Erdenmenschheit. Sie besteht darin, dass ihr einander bedrückt und euch euren Willen aufzwingt; die einen üben geistige Vergewaltigung, die anderen wirtschaftliche – beides ist gleichermaßen Unrecht.

Ihr müsst das Lebensrecht anderer achten!

Gebt allen Freiheit, und ihr selbst werdet frei sein – das ist das Gesetz...
Ihr habt bisher eigentlich auf der Stufe der Tiere gelebt. Das muss jetzt vorbei sein.
Das Prinzip des Tötens muss auf Erden völlig aufgegeben werden. Ich wiederhole: Das Töten muss auf Erden gänzlich aufhören.
Und wenn Ich sage: Das Prinzip des Tötens, dann meine Ich *alles* Töten – nichts, was immer es auch sei, darf getötet werden.
Man versorgt und pflegt ein Tier, und wenn es krank ist, hilft man ihm genauso, wie man einem Mitmenschen hilft. Da gibt es keinen Unterschied – beide sind von Gott erschaffene Geschöpfe; ob auf einer höheren oder niedrigeren Stufe: Das Leben aller Geschöpfe muss geachtet werden....

Wenn der Mensch seinen eigenen Körper verlässt, darf er sich nur innerhalb der irdischen Sphäre bewegen. Wir hingegen können uns auf der Erde bewegen, falls wir aus unserem Körper austreten, auch wenn sich unsere Körper tatsächlich in einem Raumschiff befinden. Was die Menschen bisher „Engel" nannten, sind wir, wenn wir uns manifestieren. Von Zeit zu Zeit sind wir aber auch in einem physischen Leib gegenwärtig gewesen...

Diejenigen, die jetzt zu eurer Hilfe kommen, stehen auf der hierarchischen Stufenleiter eine Stufe höher als ihr. Das Universum ist so unausdenkbar groß, dass ihr es unmöglich begreifen könnt...

Ich bin der Oberste Führer und – in Beziehung zu eurer ganzen Galaxie – der geistige Garant für Gott. Ich habe für diese Operation die ganze Verantwortung und den Oberbefehl.

Auf der Erde wurde eine Kirche gegründet, die meine Worte verkündigen sollte, aber sie hat Mein Werk schlecht verwaltet. Das ist nicht Meine Schuld, aber es ist so gekommen. Die bisherige Kirche auf Erden war nicht Meine Kirche. Nur in einzelnen Fällen waren Menschen, die mit der Kirche verbunden waren, die Meinen. Versteht meine Worte richtig: Einzelmenschen, die mit der Kirche Verbindung hielten, waren die Meinen. Die Kirche als solche ist nah ihrem Ende.
Meine Kirche wird nun auf Erden errichtet werden; Mein Thron ist jetzt tatsächlich errichtet worden...

Aber auch hier wie überall gilt: Man soll nicht verallgemeinern. Auch innerhalb der Kirche hat es immer ernsthafte Sucher gegeben, aber sie haben nie irgendwie einen entscheidenden Einfluss in ihr gehabt.
Dieser Zustand wir jetzt bald vorbei sein. Die wahrhaft Gläubigen werden jetzt die Kirche errichten, die für die Erde die richtige ist, aber merkt euch wohl, was Ich sage: Diese Kirche wird nicht länger mehr nur ein Gebäude an der Straße sein, in das man nur sonntags geht. Die Kirche wird nun ein Bestandteil der täglichen Lebensgestaltung sein. Wo immer ihr auch sein möget, wo immer ihr euch gerade

bewegt – immer werdet ihr in Meiner Kirche sein, denn Mein Geist wird alles durchdringen und verändern und Freude und Glück wird von ihr ausstrahlen.

Gerade heraus gesagt: Es wird keinen Verdruss, keine schlechte Laune mehr geben; alles wird Lachen und Fröhlichkeit sein, ein Leben der Freude – es wird eine wahre Freude sein zu leben!

Ich bin der Soutanen und steifen Halskrausen müde – Ich will aufgerollte Ärmel und Arbeit sehen! Wer dient Gott besser: Die, die mit gefalteten Händen dasitzen und gesenkten Hauptes nichts tun oder jene, die bereit sind, tätig zu sein, um zu helfen?

Mein Kommen wird so umwälzend sein, so gründlich, dass nichts Bestehendes bleiben wird. Ich wiederhole: Nichts Bestehendes wird bestehen bleiben!..

In Bezug auf die Menschen, die von dieser Erde weggenommen werden und die, die auf dieser Erde verbleiben werden, ist viel vermutet worden; aber lasst euch sagen: Die Zahl der Übriggebliebenen wird größer sein als allgemein angenommen wird.

Ihr habt gehört, dass zu euch gesagt wurde: „In Meines Vaters Hause sind viele Wohnungen". Dies sollte so verstanden werden, dass der größte Teil der Planeten im Universum mit lebenden Geschöpfen der einen oder anderen Art bewohnt ist.
Es ist jedoch so, dass eine höhere Lebensentfaltung nur auf den dafür ausgewählten Planeten möglich ist. Glaubt ja nicht, dass die irdische Menschheit besonders hoch in der kosmischen Rangordnung steht. Der Erdenmensch hat manches schon erreicht, aber erst jetzt wird er beginnen, sich als menschliches Wesen zu benehmen. Bis jetzt hat er als tierisches Wesen gelebt und sich auch so benommen. Er hat bisher in einer absolut tierischen Ichbezogenheit gelebt und hat nie gewollt, über sein eigenes Ich hinauszusehen. Darum ist er heute auch in der Lage, sich selbst radikal zu vernichten.…

Ich sehe mit Freude der Zeit entgegen, wenn diese Operation beendet sein wird und wir mit der wahren Aufbauarbeit beginnen können, denn wisset: Die eigentliche Arbeit kann nicht beginnen, bevor das Königreich auf Erden errichtet ist. Das ist Mein wahres Zweites Kommen zur Erde.
Es ist Mein Geist, der zum Maß aller Dinge erhoben werden wird. Und es ist die geistige Macht, welche Ich darstelle, die auch ihr manifestieren müsst.

Viele Erdenmenschen werden sehr überrascht sein, wenn sie sich der Tatsache gegenübergestellt sehen, dass unsere weiblichen Wesen den männlichen absolut gleichgestellt sind, und dass sie den euren gegenüber in jeder Hinsicht voran sind…

Die Frau ist ebenso göttlich wie der Mann, und umgekehrt. Gegenseitige Achtung und Verstehen müssen auch hier absolut und vollkommen sein, um Erfüllung in wahrer Liebe zu finden. Wahre Liebe verströmt sich an alles und jeden. Selbstverständlich kann man zu einer Frau in einem Liebesverhältnis stehen – das ist ganz natürlich; aber wahre Liebe ist weitaus größer als die Liebe, die sich bis jetzt auf Erden manifestiert hat.

Was ihr Liebe nennt, ist weitaus in den meisten Fällen eine Art von Egoismus. Der Sex-Instinkt ist die eigentlich treibende Kraft.

Wenn man nur wirklich verstehen würde, was Leben ist und bedeutet; alles würde wesentlich anders sein. Liebe ist nicht bloß ein Spiel zwischen Mann und Frau, sondern etwas, das sich verströmt an alles und jeden, und was man aussendet, das erhält man zurück. Eine egoistische Liebe wird sich immer in Egoismus umkehren und gegen sich selbst richten...

Aber ich sage euch: Sich selbst hinzugeben und sich zu verkaufen, ist nicht das gleiche Ding...

Nach dem, was ich euch hier gesagt habe, werdet ihr das Wesentliche erkannt haben – das Ziel, das euch gesetzt ist. Ihr habt dieses Ziel in bildlicher Darstellung erkannt; es heißt: Grenzenlose Liebe...

Und wenn ihr grenzenlose Liebe aussendet, wird grenzenlose Liebe zu euch zurückfließen.

Wenn man seinen Mitmenschen liebt, wird man ihm nichts Böses antun. Ihr werdet ihn nicht in irgendwelcher Form beleidigen...

In grenzenloser Liebe müssen wir zusammen den Weg gehen; dieses ist es, das künftig über der Erde scheinen wird. Grenzenlose Liebe ist die Wurzel alles Guten! Aus dieser Wurzel kann nur Liebe wachsen - eine Liebe, die unmittelbar in uns selber wächst...

Dieses Zweite Kommen Christi umschließt die Manifestation Meiner geistigen Kraftfülle auf Erden. Dieses heißt aber nicht, dass nur meine geistige Kraft sich zeigt, Ich selbst werde kommen, persönlich und physisch. Gleichzeitig mit Meinem persönlichen physischen Erscheinen werden sich große geistige Kraftströme auf der Erde manifestieren, die aus dem Universum kommen. Mit anderen Worten heißt das, dass diese universellen Kraftströme direkt von Gott kommen.

Hand in Hand mit dieser spirituellen Manifestation wird eine physische Manifestation erfolgen... Ein gleichzeitiges physisches Erscheinen planetarischer Wesen. Diese Wesen stellen in sich selbst so eine hohe geistige Qualität dar, dass sie befähigt sind, bei der Anhebung der Erde auf eine neue Bewusstseinsebene behilflich zu sein...

Die Menschen werden es begreifen, wenn wir physisch sichtbar kommen; schwieriger wird es für sie sein, unser geistiges Kommen zu verstehen.

Diese Verbindung von zwei verschiedenen Operationen, einer physischen und einer spirituellen, habe Ich symbolisch schon mit dem Bild einer Kette zum Ausdruck gebracht, und so ist es: Wir haben verschiedene Kettenglieder, die zusammenhalten und zusammen dem gleichen Zweck dienen, und daraus ergibt sich der Name Universal Link...

Die amtlichen Stellen und die Presse sind zu feige, den Menschen kundzutun, was unmittelbar bevorsteht. Darum lasst Mich es euch gerade heraus sagen: Ein Atomkrieg bedeutet in seiner extremsten Konsequenz totale globale Vernichtung. Kein menschliches Wesen hätte noch eine Überlebenschance, wenn auch nur ein Drittel der vorhandenen Kernwaffen zum Einsatz gebracht würde...

Wir sind bei euch – Ich sagte das und Ich sagte auch, dass wir kommen werden, um der Menschheit aus dieser hoffnungslos verzweifelten Lage, in die sie sich selbst gebracht hat, zu helfen. Millionen werden zugrunde gehen, aber Millionen werden auch überleben, und um derentwillen werden wir kommen – darum seid guten Mutes und richtet euere Gedanken auf uns!

Die Menschen, die sich für das Neue Zeitalter nicht qualifizieren, werden auf anderen Planeten ihr Leben wieder auf die gleiche Weise fortsetzen können wie hier. Deshalb noch einmal: Seid in den kommenden angstvollen Tagen guten Mutes – sie werden nur eine kurze Zeit dauern, dann wird der Phönix erscheinen. Das wird Mein Kommen sein, das Zweite Kommen des Christus zur Erde – das wird als Freudenbotschaft in Flammenbuchstaben über den Himmel geschrieben erscheinen, so dass ihr es sehen könnt.

Der größte Fehler, den der Mensch beging, war, dass er in den Mikrokosmos eindrang; dass er das Atom gespalten hat. Das durfte er nicht tun; das ist ein Verstoß gegen das kosmische Gesetz. Er hat etwas von Gott Geschaffenes zerstört, er hat eine göttliche Ordnung gebrochen. Das darf man so wenig, wie man einen anderen Menschen umbringen darf, denn wahrlich, Ich sage euch, der, der einen anderen Menschen umbringt, wird sofort dafür auch die Verantwortung tragen müssen. Ich habe gesagt: Wer das Schwert nimmt, wird durch das Schwert umkommen, und wenn die Menschheit sich am Mikrokosmos versündigt, wird die gesamte Menschheit dafür verantwortlich sein müssen...

Uns ist nicht erlaubt, uns einzumischen, und wir werden auch nicht eingreifen, aber wir werden helfen und solange helfen, bis die Menschheit eine Lebensweise gefunden hat, die konstruktiv und in Übereinstimmung mit den kosmischen Gesetzen ist, nicht – wie bisher – destruktiv und gesetzeswidrig. Immerhin, der Mensch hat seinen freien Willen und deshalb sollte ihm erlaubt sein weiterzumachen, und es wird ihm erlaubt werden weiterzumachen. Es wird ihm erlaubt, so lange weiterzumachen, bis er zum letzten Mittel, zur globalen Vernichtung, getrieben wird, so dass es kein Zurück mehr gibt...
Wenn wir jetzt schon kommen würden, so würde das Einmischung sein, obwohl es Tatsache ist, dass wir um Hilfe gebeten wurden. Wir müssen warten, bis unsere Hilfe notwendig geworden ist... Wir sind vorbereitet, so dass wir mit Blitzesschnelle kommen können zu jedem Platz, wo Hilfe Not tut, und wir werden kommen!

In naher Zukunft werden viele „Fliegende Untertassen" zu euch kommen. In immer größerer Zahl werden sie kommen und zu sehen sein...
Diese Demonstrationsflüge dienen verschiedenen Zwecken. Das wichtigste dabei aber ist: Den Menschen bewusst zu machen, dass es ganz andere Dinge gibt als die, mit denen sie sich im Allgemeinen beschäftigen.

Nachdem sich Mein Kommen zur Erde sowohl physisch als auch geistig vollzogen haben wird, wird die Erde von einer geistigen Stufe zur nächst höheren angehoben werden – sie wird auf der Stufenleiter der Hierarchie eine Sprosse höher steigen...

Die Leiden der Menschheit werden vom Menschen selbst verursacht – durch einen Atomkrieg.
Die Verwüstungen auf der Erde werden gewaltig sein, doch unsere Hilfsaktion wird die letzte Katastrophe, die globale Vernichtung verhindern...

Wir werden die Erde wieder aufbauen, und zwar so, dass vollständig andere Lebensbedingungen und Lebensmöglichkeiten bestehen, als sie die heutige Menschheit kennt.

Nirgendwo werden Elendsviertel zu finden sein. Das Geldsystem wird abgeschafft sein, und niemand wird mehr Not oder Mangel kennen. Alles wird auf Friede und Harmonie ausgerichtet sein.

...was ich meine, wenn ich sage, dass wir um Jahrtausende eurer Evolutionsstufe voraus sind – Jahrtausende, Ich sage es euch. Vergegenwärtigt es euch, was für eine Hilfe wir euch zu geben imstande sind.

Gebäude, Schulen und Universitäten einer vollständig anderen Größenordnung werden vor euch erstehen, bevor ihr euch dessen überhaupt bewusst werdet... Ich kann euch versichern, dass sogar euere Professoren zu lernen haben...

Was ihr heutzutage als größte Errungenschaft der Wissenschaft bewertet, wird Allgemeinwissen der Ersten Grundschulkasse sein; so groß wird der Unterschied sein zwischen dem, was ist, und dem, was kommen wird.

Viele Menschen sind heute noch sehr rückständig, verglichen mit den europäischen und nord-amerikanischen Völkern. Das aber sind sie nur in technischer Hinsicht; für uns entscheidet mehr die geistige Qualität.

Darum wird es – so wie ihr es nennt – keine unterentwickelten Gebiete mehr geben. Alle Menschen werden geistig gleichwertig sein...

Ich habe euch lange im Voraus verheißen, dass es keinen Tod mehr geben wird, wenn Ich wiederkomme, und so wird es sein, wenn es auch für den heutigen Menschen unglaublich klingt.

Der Geist wird Materie vollständig durchdringen. Auf diese Weise wird der Mensch seinen Körper auf eine vollkommen andere Art kontrollieren können, als es ihm bisher möglich war. Er wird 600, 800, 1200 oder 1400 Jahre alt werden – ganz nach seinem eigenen Willen und Wunsch... Ich habe dem Menschen ewiges Leben versprochen, dieses wird ihm jetzt gegeben werden. So wird es sein, und so wird es sich ereignen.

Das „Tausendjährige Reich" sollte so verstanden werden: Dem Menschen sind tausend Jahre Zeit gegeben, um sich während dieser Zeit auf die gleiche geistige Stufe zu erheben, auf der wir stehen...

Nicht jedermann wird gleich schnell dieses Ziel erreichen, und aus diesem Grund wird nach den gesetzten 1000 Jahren eine weitere Auslese stattfinden, eine weitere Prüfung zu bestehen sein...

Wenn wir auf physische, reale Weise mit Erdenmenschen Kontakt aufnahmen, sind es immer unsere eigenen, freiwillig inkarnierten Brüder gewesen – das Gesetz erlaubt es nicht anders... Die freiwillig Inkarnierten haben die Erlaubnis, zu ihren Mitmenschen zu sprechen, denn sie haben sich tatsächlich in den Zustand eines Erdenmenschen zurückversetzt, aber wiederum: Sie dürfen sich nicht einmischen.

Es ist Ihnen beispielsweise nicht erlaubt, den Wahrheitsbeweis dafür anzutreten, was sie ihren Menschenbrüdern sagen. Sie dürfen auch keine Position in einem Amt oder bei einer öffentlichen Behörde bekleiden...

Das Göttliche Gesetz muss befolgt werden – auch von Mir - und es wird buchstabengetreu befolgt... weil es eine geistige Hierarchie ist, die das Universum regiert. An der Spitze dieser Hierarchie steht Gott...

Die Philosophie, die wir bejahen heißt in die Praxis übertragen: Der Stärkere hilft immer dem Schwächeren... und tut dies aus freiem Willen heraus...

Nach unserem Kommen wird es keine Länder und Grenzen mehr geben...

Und der Mensch sollte nicht nur seine absolute geistige Freiheit haben, sondern auch seine ökonomische Freiheit, wenn Ich so sagen darf. Er muss vollständig befreit werden von anderer Menschen Einmischung in sein Leben und Tun. Dann wird der Mensch aus freiem Willen dem anderen beistehen und helfen...

Ich habe euch gesagt, dass diese Ereignisse vom Osten ausgehen und sich von da aus über die Erde ausbreiten werden. Schreckliche Dinge werden geschehen, und ihr sollt ja nicht denken, wir finden es aufregend, diesen schrecklichen Leiden tatenlos zuzusehen, die der Mensch – ganz offen gesagt – selbst heraufbeschworen hat. Aber wir wissen, wie die ganze Sache enden wird, und nun wisst auch ihr, wie das alles ausgeht... Deshalb erbitte ich Mir von euch für die jetzt folgende Zeit nur dieses: Seid guten Mutes, kehret eure Gedanken weg von dem was sich um euch herum vollzieht, richtet eure Gedanken auf uns, im Vertrauen darauf, dass wir mit euch sind... richtet eure Gedanken auf das, was kommen wird; auf das zuletzt doch glückliche Ergebnis dieser Operation, welche Ich durchführe. Richtet eure Gedanken auf Gott, den Vater!...

Die Welt wird zukünftig von einem Platz aus regiert werden, und sie wird dann nur von solchen Menschen regiert werden, die volle geistige Erkenntnis erlangt haben. Die Welt wird auch nicht länger mehr nur durch Worte und Gesetze regiert werden, sondern durch die Demonstration der „Unendlichen Liebe", welche von denen ausgeht, die zum Regieren berufen sind...

Nun, von dem Tag an, da alle Menschen in unendlicher Liebe miteinander leben, kann man wirklich sagen, dass das Zweite Kommen Christi – Mein Zweites Kommen – sich erfüllt hat.

BORUP'S geistige Schule

Ich habe in Borup gelehrt und gesagt, dass der Menschheit vom Kosmos her Hilfe gebracht wird, direkte und physische Hilfe. Und ich habe auch gesagt, dass in Dänemark ein dauernder Kontakt bestehen wird zwischen Erdenmenschen und Bewohnern anderer Planeten.

Was nun kommen wird...

Durch die Schulung, die hier gegeben wurde und die schriftlich niedergelegt wurde, kann klar erkannt werden, was geschehen wird. Wenn ihr Mir jetzt bei einem kleinen Gedankenexperiment folgen wollt, werdet ihr die „Operation: Das Zweite Kommen Christi", wie man das nennt, besser verstehen...

Ich möchte euch jedoch daran erinnern, dass die Erde wüst und leer sein wird, wenn der Mensch zu ihr zurückkehrt. Kein menschliches Wesen könnte darauf existieren, wenn ihm nicht weitergeholfen werden würde. Und nun bitte Ich euch einmal darüber nachzudenken und euch zu vergegenwärtigen, was für ungeheure Versorgungsmaßnahmen für euch bereits bereitgestellt sind – Vorräte auf fast ein Jahr hinaus für die, die zur Erde zurückkehren...
Diese Hilfe wird deshalb gegeben werden, damit der Mensch dadurch erkennen kann, wie er ein Leben in Frieden und Harmonie und in Übereinstimmung mit den Gesetzen Gottes führen kann, damit er künftig nicht mehr dem Prinzip des Tötens folgt...
Wenn der Mensch aufhört Fleisch zu essen, dann werden seine Zellen in einer anderen Weise erneuert als durch den Fleischgenuss...
Deshalb kann ich euch genau versichern, dass es nach diesem Tag keinen Tod mehr geben wird – kein physischer Tod wird sich mehr ereignen...

Gleichzeitig wird der Mensch dann auch lernen, sich im Weltraum zu bewegen, er wird sogar weit und tief in ihn vordringen, denn der Mensch wird zu der ganzen Galaxie, zu der er gehört, Zutritt erhalten. Das bedeutet, dass er Tausende und Abertausende von Planeten besuchen wird...
Dann werdet ihr erkennen, wie gewaltig alles im Universum ist. Und in diesem großen Universum ist Gott !...

Die erste Schulung, die der Mensch durchmacht, wird ihm im Weltraum gegeben werden, und zwar in der Zeit zwischen den Umwälzungen auf der Erde und der Rückkehr des Menschen zur Erde...
Und so wird jetzt Hilfe zu einem schwachen Glied in der Galaxie kommen...
Dann werdet ihr auch den inneren Wert des Gesetzes erfassen und werdet erleben, dass der Planet Erde eine ganz neue Bewusstheitsstufe erreicht...

Oft wurde in der Kirche das Gebet gesprochen, das Ich die Menschen lehrte: „DEIN REICH KOMME" – Jetzt kommt Gottes Reich zur Erde. Gott ist es, DER Mich sendet – seid drüber nicht im Unklaren. Ich habe euch Meine Stellung erklärt: Ich bin Gottes geistiger Bürge für diese Galaxie, und es ist Gott, DER bei diesem Werk hinter Mir steht, das die „Wiederkunft Christi" genannt wird, die jetzt sich erfüllen wird...

Die Taufe wurde eingeführt und der Taufakt so vorgenommen, dass er eine Reinigung des Geistes symbolisierte. Zur geistigen Reinigung wurde Wasser verwendet. Wasser symbolisierte den Wunsch, dass jemand begehrte, sich mit Geist und Seele ganz und aufrichtig unter Gott zu stellen. Jetzt kann ich euch sagen, dass wir vor einer Taufe von gigantischem Ausmaß stehen, einer neuen Taufe der Menschheit. Es ist die Taufe, die die Voraussetzung schafft zur Erlangung einer Stufe in der Hierarchie, die der Mensch von sich aus bis jetzt nicht erreichen konnte. Diese Taufe verlangt aber kein Wasser, sondern Feuer. Feuer wird jetzt das Läuterungsmittel sein. Feuer wird auf die Erde fallen; die Erde wird im Feuer gereinigt werden...
Aber der, der die Stimme hört und dieser Stimme folgt, der wird – so wahr Ich bin, der ICH BIN – in die Luft entrückt und von da aus Zeuge sein, was mit der Erde geschieht, wenn sie im Feuer gereinigt und geläutert wird. Danach wird er wieder zur Erde zurückkommen und sein Leben weiterführen in einem neuen Geiste, mit neuem Wissen und neuem Verstehen – in täglicher Gemeinschaft mit uns und mit Mir – und infolgedessen mit Gott. Wahrlich, es wird Gottes Reich sein, das jetzt auf die Erde kommt.

Der Mensch hat einen Zustand erreicht, von dem aus er im Augenblick nicht weiter fortschreiten kann. Er ist an einem Punkt angelangt, an dem sein Wissen seinen Geist überrannt hat. Er ist heute imstande, sich selbst und alles Leben auf diesem Planeten zu zerstören. Und nicht nur das – er hat es soweit gebracht, dass er sich auch störend in den Lauf des Universums einmischt. Das betrifft vor allem die Galaxie, zu der er gehört. Das darf nicht geschehen, denn dadurch würde es sich in einer Weise einmischen, in der das Leben auf anderen Planeten und anderen Stufen der Hierarchie gefährdet werden würde. Das ist aber durch das Gesetz einfach verboten, und aus diesem Grund wird jetzt in Erfüllung gehen, was schon viele, viele Jahre voraus prophezeit wurde...

Was jetzt geschehen wird, ist eine Erfüllung des Gesetzes...
Aber der Mensch hat seinen freien Willen, und aus diesem Grund wurde es ihm gestattet, so weit zu gehen, und aus dem gleichen Grund wird es ihm erlaubt werden, bis zur äußersten Grenze zu gehen... Es wird ihm erlaubt sein, den Hass gegen seinesgleichen zu richten, so dass er von dem Hass, den er selber geschürt hat, überall selbst betroffen wird. Als Ergebnis davon werden die schrecklichsten Dinge kommen, die die Menschheit je erlebt hat, und das Ende wird ein allumfassender Atomkrieg sein, durch den viel Not und Leiden heraufbeschworen wird...

Anderseits wird der Menschheit Hilfe zuteil werden, unter anderem aus dem Grund, weil der Mensch selber um diese Hilfe bittet, und weil viele auf Erden diese Hilfe annehmen werden. Aber diese Hilfe wird nur denen zuteil werden, die aus freiem Willen in diese Hilfe einwilligen...

Nachdem diese Evakuierung stattgefunden hat, wird die Erde eine Polverlagerung erleiden! Die Erde wird eine vollständige Veränderung erfahren, und ihre jetzige Oberfläche wird sich vollständig verändern. Die Menschen werden ihre Erde nicht wieder erkennen und werden ganz neue Globusse fabrizieren müssen. Das „Kippen" der Erde wird nur eine Sekunde dauern – blitzartig -, so schnell wird es gehen. Wenn das geschehen ist, wird es möglich sein, die Atmosphäre von den Unreinheiten zu befreien, die der Mensch verschuldet hat. Dann erst wird Leben auf der Erde wieder möglich sein, und Leben wird wieder auf die Erde zurückkehren.

Wenn die Menschen aus den Weltraumschiffen zurückkehren, werden sie sich dort niederlassen, wo es ihnen am besten gefällt...

Etwas über die Raumschiffe

Allen denen, die diesem Unterricht so weit gefolgt sind, möchte Ich sagen: Ich bin überaus glücklich, wenn Menschen sich für dieses Mein Werk interessieren, wenn sie suchen und forschen und sich bemühen, Meine Person, Meinen Geist und das, wofür ich gekommen bin, zu verstehen.
...Wenn aber der Mensch am Prinzip des Tötens noch immer festhält, dann sieht er sich auch mehr und mehr veranlasst, sich gegen alles zu verteidigen, was er sieht. Er fürchtet sich, wenn er sich mit dem Unbekannten konfrontiert sieht und stellt sich auf Verteidigung ein.
Aus diesem Grund haben wir in verschiedenen Ländern der Erde einige kleine Demonstrationen von unseren Möglichkeiten gegeben, um den Staatsmännern zu zeigen, dass es keinen Sinn hat, an eine Verteidigung uns gegenüber zu denken. Das ist nicht möglich... Es wäre dem Menschen auch nicht möglich, sich gegen uns zu verteidigen, denn da wir technisch weit überlegen sind, sind wir jederzeit in der Lage, die physikalischen Kenntnisse des Menschen zu übertrumpfen und das zu tun, was wir der menschlichen Technik gegenüber für richtig halten...
Ihr habt von gewissen Vorkommnissen erfahren, die sich in Amerika ereignet haben und von denen viel gesprochen wurde. Die amerikanische Regierung ist sich völlig darüber klar, dass wir dabei am Werk waren, und darum nehmen sie uns sehr, sehr ernst. Ich beziehe mich da auf einige Demonstrationen von Verdunkelungsmaßnahmen und Manöver verschiedener Art. Unter anderem haben wir eine Raketenbasis vollständig außer Tätigkeit gesetzt. Nur wenige wissen von diesen Dingen, denn über Ereignisse solcher Art wird nicht gesprochen; sie sind

militärische Spitzengeheimnisse. Jedenfalls, eine Rakete kann nicht abgefeuert werden, wenn es uns nicht passt.

In Bezug auf Adamski kann Ich sagen, dass er mein ganz persönlicher Freund war, und unsere Freundschaft besteht weiterhin in ausgezeichneter Weise. Wir stehen uns sehr nahe. Adamski wurde auf der Erde als unser Werkzeug gebraucht...
Die Menschen, mit denen wir in Kontakt treten, sind sorgfältig ausgewählt und folgen genauestens den ihnen gegebenen Anweisungen. Darum ist auch ihr Werk an die Grenzen dieser Instruktionen gebunden.

Ich muss euch eine ganz konkrete Antwort geben: Der Orthon, der Adamski in physischer Form begegnet ist, ist nicht identisch mit Mir. Der ORTHON, mit dem Adamski sprach, wurde von uns zur Erde gesandt, um einen zeitweisen Kontakt zu bewerkstelligen.
Ich habe die ganze Operation allein unter Befehl – Ich bin es, der dafür zuständig ist.
ORTHON ist ein Name, der im Universum bekannt ist.
Ich habe hier in Skandinavien einen kosmischen Namen gewählt – einen Namen, der vorher schon bekannt war, weil andere schon unter diesem Namen Kontakt erfahren haben.

Wenn ich zu Meher Baba spreche, nehme ich nicht Bezug auf CHRISTUS, sondern auf UNENDLICHE LIEBE, und ich spreche dann von dem, was kommt, und worauf jeder Inder wartet. Ich spreche von NIRVANA und nenne mich selber Buddha. Ich habe viele Namen. Ich habe viele Aufgaben durchgeführt und bin nicht nur einmal, sondern mehrmals auf Erden gewesen. Ich bin physisch, aber auch geistig hier gewesen. Ich habe in allen Kirchen gestanden. Ich habe euch vor 2000 Jahren gesagt, wenn einer sagt: „Hier ist Christus" oder „dort ist er", dann sollt ihr es nicht beachten. So, wenn Ich nun unter meinem eigenen Namen käme, würde Ich es Mir gegenüber unter falschen Voraussetzungen tun.
Aus diesem Grunde gebrauche Ich hier den Namen ORTHON.
Meinen wahren Namen werde Ich erst gebrauchen, wenn „Mein Tag" gekommen ist.

Karma und freier Wille

...Wenn du nun nach dem Grundsatz handelst, immer nur das Gute zu wollen und das zu tun, was gut ist, wenn du nie mehr irgendeine Form des Lebens vernichtest, dann folgst du nicht mehr dem Prinzip des Tötens, und du selbst wirst auch nicht getötet werden und dem Karmagesetz verfallen...

Es ist die Rede gewesen von Verbindungsgliedern und von einer universalen Kette, der universalen Verbindung. In der Tat, dieser Name ist nicht zufällig gewählt worden. Ein Glied ist mit dem nächsten verbunden, alles ist sorgfältig miteinander verkettet, von einem Ende des Universums zum anderen, Planet mit Planet und Galaxie mit Galaxie. Und durch all dies, in den Gliedern und zwischen den Gliedern, weben wir einen roten Faden. Das ist die göttliche Energie, die alles durchdringt.
Nehmen wir nun ein einzelnes Glied, so läuft auch zu diesem solch ein roter Faden hin. Du kannst ihn dir als einen Hauptnerv vorstellen. Von Zentrum dieses Glieds aus laufen wieder feine rote Fäden und verzweigen sich bis zu jedem einzelnen kleinen Ding innerhalb des ganzen Gliedes.

Daran könnt ihr erkennen, wie Gott mit allem verbunden und vereinigt ist. So ist es: Und ich sage euch, es ist das Werk eines Genius. In Wirklichkeit funktioniert auch ihr in eurem Körper in gleicher Weise, und daran könnt ihr erkennen, wie der Mensch nach dem Bilde Gottes erschaffen wurde...

Lasst mich in unserem Gleichnis einen Schritt weitergehen, denn ich sage euch, es sind nicht nur eure Finger, die ihr bei euch behalten sollt. Ihr müsst nun das gleiche Prinzip in Verbindung mit jedem eueres gesprochenen Wortes sehen, denn hier gilt das gleiche Prinzip...
Das müsst ihr so verstehen: Wenn ihr ein Wort aussprecht, so ist es eigentlich euer Bewusstsein, das dieses Wort spricht – und in eurem Bewusstsein ist vollkommenes Leben. Dieses Bewusstsein sendet einen Impuls aus, der ein anderes Bewusstsein trifft und beeinflusst. Seht ihr die Entsprechung? – **Achtet auf eure Worte, wägt sie, wägt sie auf einer Goldwaage!**
Wenn jemand seinen Nächsten wirklich liebt, dann wird er ihm kein Leid antun – unter keinen Umständen. Und er wird ihn auch nicht mit bösen Gedanken traktieren, noch mit bösen Worten. Immer spricht er seinen Nächsten liebevoll an und voll Vertrauen; und wenn jeder Einzelne imstande ist, nach diesem Prinzip zu leben, werden alle anderen Dinge folgen, und dann wird endlich Gerechtigkeit auf Erden regieren. Keine Ungerechtigkeit wird es mehr geben, keine Gewalttat, kein Töten jeglicher Art. Das ist doch so einfach.

Für große Teile der Menschheit wird jetzt eine neue Geburt stattfinden, und deshalb ist es eine Botschaft der Freude, auch wenn große Teile der Menschheit auf andere Planeten versetzt werden, um dort ihr Leben fortzusetzen. Aber ihr müsst verstehen und euch in euerem Denken daran gewöhnen, dass jedes lebende Wesen absolut unabhängig ist, das jedes Einzelleben ein absolut unabhängiges Individuum ist; das gilt besonders für den Menschen.

Ich habe euch gesagt, dass der Mensch so hoch in der Hierarchie eingestuft ist, dass er nach dem Ebenbild Gottes erschaffen wurde. Um einen freien Willen zu bekommen, muss einer die Ebene des Menschen erreicht haben. Erst dann ist das Bewusstsein so groß, dass Ursache und Wirkung in Verbindung mit dem eigenen Tun und Handeln im Leben begriffen werden kann. Darum ist das Inkarnationsgesetz derart, dass jede Tat zu ihrem Ursprung zurückkehrt.
Daraus ergibt sich die Schule des Lebens automatisch, von selbst. Man „erntet" seine Erfahrungen durch die Fehler, die man begeht. Aber Ich habe euch auch gesagt, dass ein Mensch sich von seinem Karma in einem einzigen Leben befreien kann, aber Ich sagte euch auch, dass nur sehr, sehr wenig Menschen dieses erreichen.

Um sich von seinem Karma befreien zu können, muss einer aus freiem Willen heraus sich geistig schulen, so gründlich, dass er zum vollen Verstehen des Lebens und der Lebensgesetze gelangt. Gleichzeitig ist es notwendig, die Taten und Handlungen der Vergangenheit, bei denen er gegen das Gesetz verstieß, zu bereinigen. Die Trennungslinie zwischen dem freien Willen und den Auswirkungen des Karmagesetzes ist praktisch unsichtbar. Nur sehr wenigen ist es deshalb gelungen, diese Trennungslinie zu finden und zu überschreiten. Außerdem habe ich euch auch gelehrt: So wie ihr euren freien Willen habt, so habe ich auch den meinen, und wir werden dann sehen, welcher der stärkere ist.

Ich habe gewisse Möglichkeiten, einen Menschen oder eine Gruppe von Menschen zu führen, vorausgesetzt, dass sie gewillt sind, sich aus eigenem freien Willen führen und leiten zu lassen. Wir können Intuitionen geben, wir können sie direkt geben oder andern geben, und können dadurch bestimmte Situationen schaffen für die, die wir führen wollen. Aber es muss immer eine freie Wahl sein für jedermann; eine freie Wahl zwischen zwei Alternativen, ob sie das eine oder das andere wollen. Auf diese Weise kann ich die Menschen über das Gesetz des Lebens belehren, und dadurch kommen sie auf dem Weg des Lebens voran, vorausgesetzt, sie haben sich aus eigenem freien Willen entschlossen, in Übereinstimmung mit dem Gesetz und nicht gegen das Gesetz zu leben.

Gott ist gnädig – und Gott ist voller Liebe, und ich habe euch gelehrt, dass Gott den Menschen in die Schule des Lebens gegeben hat, damit er lernen soll, freiwillig dem Gesetz Gottes zu folgen und Seinem Willen zu gehorchen.
Wenn ein Mensch etwas tut, von dem er ganz bewusst weiß, dass es eine Gesetzesübertretung ist, so ist das eine ernste Sache und seine Tat wird vielfach auf ihn zurückfallen, im Gegensatz zu einem Fall, in dem er nicht wusste, dass seine Tat falsch war. Wenn ihr aber etwas getan habt und es wird euch nachträglich bewusst, dass es eine Gesetzesübertretung war, weil anderen Menschen oder anderen Lebewesen Schaden zugefügt wurde, ganz gleich, ob aus dem Pflanzen-, Tier – oder Menschenreich, dann ist das etwas ganz anderes: Sobald ihr euch dessen bewusst werdet und erkannt habt, dass eure Tat falsch war, so wünscht aus tiefstem Herzensgrund, es niemals wieder zu tun. Dann war dieser Vorgang der eigentliche Zweck eurer Schulung. Ja, Gott ist barmherzig und weiß alles – und Gott ist weit großherziger, als die Menschen gewöhnlich glauben.

Wegen der Lage, in der sich der Mensch heute befindet, habe Ich euch gesagt: Es genügt, wenn ein Mensch aus freiem Willen und ehrlich und aufrichtig Gott, Seinem Namen und Seiner Existenz nach, erkennt und anerkennt. Aber es muss wirklich aufrichtig gemeint sein. Es ist unmöglich, uns zu belügen; wir wissen, ob es nur leeres Geschwätz ist, oder ob der Wunsch aus tiefstem Herzen kommt, Gottes Gesetz zu befolgen. Wer es aber ehrlich meint, dem wird sein Karma gelöscht werden, und er wird mit in die Welt versetzt werden, die denen gegeben wird, die ihr Leben auf dieser Erde fortsetzen werden. Und ich habe gesagt, wenn sich einer noch in der letzten Sekunde dieses Zeitalters bekehrt, so wird er noch angenommen werden.
Das geschieht nach dem Prinzip der Gnade: durch Seinen eigenen freien Willen rehabilitiert Gott dann diesen Menschen.

Evolution und Hierarchie

...Ich kann auch noch einen anderen Zipfel des Schleiers lüften: Ich habe euch gesagt, dass Ich der Herr dieser Galaxie bin, und Ich sagte euch, dass wir, die Herren der Galaxien, eine eigene Galaxie bewohnen. Das kann euch eine schwache Vorstellung von der Größe des Universums geben.

Einmal erreichen wir die Stufe, in der, hierarchisch gesehen, überhaupt kein Unterschied mehr besteht, ob einer Herr über eine Galaxie wird, die geistig noch nicht so hoch steht in ihrer Evolution, oder ob ihm eine Galaxie anvertraut wird, die eine sehr hohe geistige Stufe erreicht hat. Wir verhalten uns da genau konträr zum Menschen, wie er in solchem Fall handeln würde. Das müsst ihr so verstehen: Wenn einer der geistige Garant einer Galaxie wird, dann wird ihm als erstes eine Galaxie mit einer sehr hohen geistigen Evolution gegeben. Der Betreffende kann dort selber noch etwas lernen. Je höher sich einer nun entwickelt, umso schwerer wird die Aufgabe, die ihm gestellt wird. Und Ich muss sagen, mit dieser Erde ist es schon eine Arbeit gewesen – wegen der Erde, in der Tat. So ist der Weg, wie er innerhalb der Hierarchie und entsprechend den hierarchischen Gesetzen gegangen wird. Der Stärkere hilft immer dem Schwächeren – und wenn dem schwächsten Glied einer Galaxie geholfen werden muss, wird der Herr selber kommen – und Ich werde kommen, persönlich!

Aber da gibt es noch andere, die ähnliche Aufgaben zu erfüllen haben. Wir nehmen in der Hierarchie einen so hohen Rang ein, dass der geistige Kontakt als solcher von einem Menschen unmöglich verstanden werden kann. Trotzdem sind wir nicht hochmütig, das habe ich euch schon gesagt. Wir kommen zu euch und begegnen euch auf eurer Erkenntnisstufe und arbeiten mit euch auf der Stufe, auf der ihr euch befindet. Doch wenn Ich euch sage, dass eine Galaxie nur ein ganz kleiner Bereich ist und für uns nicht mehr bedeutet, als ein Hausgärtchen für euch, dann werdet ihr zu verstehen beginnen und ihr bekommt eine Idee von der wahren Situation.

Jetzt gehen euch etwas die Augen auf und ihr seht eine Menge Dinge, von denen ihr bisher keine Ahnung hattet. Ich habe euch gesagt, dass ihr noch viel, viel mehr verstehen werdet, wenn ihr einmal in den Weltraum vordringt, dann werdet ihr auch Meine Natur und Meine Wege viel besser verstehen.

Und wenn ihr einmal die Ebene rein geistiger Existenz erreicht habt, werdet ihr nach oben und nach unten hin Kontakt aufnehmen können. Dann gehen wir miteinander, dann werden die Rangunterschiede keine so große Rolle mehr spielen; dann wird das Verstehen so tief sein, dass ihr schon von dem ein klares Bild bekommt, was euch auf den nächsten Ebenen erwartet. Und das ist auch der Grund, warum die Evolution dann so schnell und immer schneller vorangeht, umso schneller, je höher ein Bewusstsein steigt…

Euere Wissenschaftler sind darin großartig, das Walten Gottes auszuschalten. Sie sollten es - bis jetzt. Stellt euch nur vor, sie würden auch die Dinge noch in ihren Griff bekommen, die ein noch gewaltigeres Ausmaß und eine noch größere Wirkung haben als die, die sie bereits entdeckt haben! Und das, was sie entdeckt haben, sind schreckliche Dinge, wenn man den Bewußtseinsgrad bedenkt, den ihr auf Erden habt. Stellt euch nur Kräfte und Energien vor, die so gewaltig, so enorm sind, dass ein einziger Mann in einem Raum imstande wäre, in einem Augenblick schlechter Laune die Erde völlig zu vernichten! Was würdet ihr tun? Es ist völlig ausgeschlossen solche Kräfte in die Hand der Menschen zu legen.

Oder stellt euch vor, er würde plötzlich die ganze Galaxie in die entgegengesetzte Rotation versetzen! Es gibt tatsächlich solche Kräfte. Das darf nicht geschehen! Dazu muss einer geistig absolut vollkommen sein, kein Fehler darf je unterlaufen – unter keinen Umständen.

ENDZEIT

Pater Pio sagte offen und klar, dass die **große**, schreckliche Katastrophe kommen wird. Es ist heute wie zur Zeit Noahs: Zunehmende Glaubenslosigkeit, moralischer Verfall, weltweiter Abfall von Gott.

Man sollte einen 3–monatigen Bedarf an Lebensmittel-Konserven (Dosen) und viel Mineralwasser lagern. **Überleben wird nur wer vorsorgt! (auch für Tiere)! Er hat versprochen, jedem zu helfen, der ihn anruft!**

Nach Mutter Erna Stieglitz: „Schon in den ersten Tagen der Kämpfe wird der elektrische Strom ausfallen. Kein Elektroherd funktioniert mehr, kein Kühlschrank, keine Tiefkühlung, keine Waschmaschine, keine Wasserpumpe, keine elektrische Steuerung von Wasser- und Stromversorgung, kein elektrisches Licht mehr, kein Aufzug und Lift, keine Bahn! Es funktioniert keine Benzin-Zapfsäule, keine Melkmaschine, keine Zentralheizung und Lüftung, von elektrischen Schreibmaschinen und Computern ganz zu schweigen. **Denken sie an Campingvorrichtungen und fangen sie heute noch an.** Bestellen sie das Buch 1x1 der Vorsorge zu 15,80 Euro, es lohnt sich. Bestellen sie geweihte Kerzen (Verlag A. Schmid; Pro Fide Catholica, Postf. 22 D-87467 Durach). Fangen sie heute noch an den Rosenkranz zu beten! Fliehen sie vor den Panzern nie auf die Straße! Bleiben sie zu Hause! Die Autobahnen sind alle verstopft und alles wird von den Panzern niedergewalzt! – **so Irlmaier!**

Die 3-tägige Finsternis

Nach Anna Maria Taigi:" Gott wird 2 Strafgerichte verhängen:
1. Eines geht von der Erde aus durch Kriege, Revolutionen und andere Übel.
2. Das andere Strafgericht geht vom Himmel aus. Es wird über die ganze Erde eine dichte Finsternis kommen, die 3 Tage und 3 Nächte dauern wird. Diese Finsternis

wird es ganz unmöglich machen, irgendetwas zu sehen. Die Finsternis wird mit Verpestung der Luft verbunden sein, die zwar nicht ausschließlich, aber hauptsächlich die Feinde der Religion hinwegraffen wird. Solange die Finsternis dauert, wird es unmöglich sein, Licht zu machen. Nur **geweihte Kerzen** werden sich anzünden lassen und Licht spenden (geweihte Zündhölzer verwenden). Wer während der Finsternis aus Neugierde das Fenster öffnet und hinausschaut oder aus dem Hause geht, wird auf der Stelle tot hinfallen.

Ashtar Sheran

ASHTAR – COMMAND - PROJEKT

Es ist ein Projekt der Föderation der Milchstraße zu der unser Sonnensystem gehört, die wiederum zu der großen Föderation von 33 größeren kosmischen Sektoren gehört. Ashtar Commando arbeitet unter der Leitung von Ashtar Sheran bezogen auf die Entwicklung der Erde in Richtung einer möglichen Mitgliedschaft in der Föderation. Die Föderation verwaltet Angelegenheiten ihrer menschlichen Welten-Systeme. Jeder galaktische Sektor hat gut funktionierende Raumschiffe und Technologien.

Ashtar-Command Projekt ist als eine Friedens- und Hilfs- Botschaft für die Menschen des Planeten Erde zu verstehen, vor allem bezogen auf kommende Umwälzungen, Naturkatastrophen, globalen Außeinandersetzungen und einem eventuellen Polsprung. Bei einem Polsprung ist eine Evakuierung der Menschen vorgesehen, da in diesem Fall niemand überleben würde.

Die ganzen Sternensysteme sind in diese Hilfsaktion unter der Leitung des Erzengel Michaels, der zur Zeit auf Erde verkörpert ist, eingeschlossen. Alle diese Sternensysteme arbeiten für den Herrn diese Galaxie Wir können unter dem Namen Jesus Christus.

Buddha Jehoshuah

12.07.2015 - ZUSAMMENFASSUNG UND NEUESTE NACHRICHTEN - DIE LETZTE ZEIT - WAS GESCHIET BIS 2020?

Liebe Erdengeschwister, ich möchte uns alle auf die kurze Übergangszeit, bevor wir in die kosmische Evolution eintreten, aufmerksam machen. Dies kann ich am besten indem ich mit Garabandal beginne. Im Jahr 2011 waren 50 Jahre seit der ersten Erscheinung von Mutter Maria, Erzengel Michael und Raphael im Jahre 1961 vergangen. Die Zustände auf der Erde haben sich seither noch weiter verschlechtert. Das schlimmste steht uns noch bevor. Damit wir uns alle auf die wichtigsten Handlungen der Nächstenliebe und geistige Vorbereitungen besinnen, weil diese Zeit die Zeit der Auslese und der Trennung des Spreu vom Weizen ist, schreibe ich diesen Bericht.

Nun zu **GARABANDAL**. Ich beginne hier mit den Belehrungen von Dr. Pastor, erschienen im Magazin 2000 plus. Es waren in Garabandal 4 Mädchen-Seherinnen im Alter zwischen 11 und

12 Jahren. Das entspricht Jesaja 11/12 – Ankündigung des messianischen Reiches:" Er stellt für die Völker ein Zeichen auf" welches auf der Anhöhe bei Garabandal aufgestellt wird… 4 Mädchen wegen 4 Fristen…im Alter zwischen 11 und 12 Jahren; **11,12,18,50** sind Zahlen von Erzengel Michael, denn wegen der Urzählweise der zodiakalen Sternbilder ab dem Wassermann waren damals Schütze das elfte (Michael-Elias) und Steinbock (Christus) das zwölfte Zeichen…Diese Zahlen stellen für die Menschen der Endzeit gleichsam einen verborgenen Schlüssel dar, der sich vom Alten zum Neuen Testament über Marienerscheinungen von Guadalupe 11.12 und 12.12.1531 bis hin zu Garabandal (4 Mädchen im Alter zwischen 11 und 12 Jahren) wie ein roter Faden hindurchzieht. Dazu das Gleichnis von Johannes dem Täufer als Mond und Christus als Sonne. In der Neuoffenbarung des Evangeliums durch Jakob Lorber im Band 1, Kapitel 144, hierin sehen wir die Zahlenweise 1144, welche einer der wichtigsten Schlüssel zu den Botschaften von Garabandal darstellt. Warum ist Christus die Sonne und warum entspricht ihm die Zahl 8? Christus ist der herabgestiegene Sohn Gottes – dessen Geist dem Vater gleich ist. Die Zahl 8 steht unter anderem symbolisch für die Lemniskate, die als Verbindung von oben nach unten zu sehen ist, als Hilfe für die, die auch nach oben kommen sollen, bzw.nach Hause. Der Täufer=Elias=Michael wird als Mond bezeichnet. Warum? Die Mondsichel steht symbolisch für die Ernte auf der Erde, weil mit der Sichel wurde früher wie noch heute in einigen Gebieten der Erde das Getreide geerntet. Die Zahlen 11 und 8 (4+4) ist gleich 1144 (Kabbala) und heute noch an Conchitas Haustüre ist 11.8 sichtbar. Diese Zahl ist ein Hinweis darauf, dass Christus und Elias=Erzengel Michael zusammen wirken und ihre „Schafe" entweder retten oder je nach Ihren TATEN richten.

Elias=Johannes der Täufer war als Prophet Sehel zu Zeiten Adams vor der Flut auf der Erde inkarniert. Elias wird in den Büchern der Könige beschrieben, diese sind das 11-te und das 12-te Buch des Alten Testamens. Ist das nicht der von Nostradamus angekündigte „Schreckenskönig"? Für heute wird er als Michael vom Propheten Daniel im Kap. 12 angekündigt. Darum wäre für uns alle jetzt die Beantwortung folgender Fragen von großer Wichtigkeit (Dr. Pastor):

Warum erscheinen denn die besten und spektakulärsten Kreise in Südengland? Warum nicht bei Hamburg, Paris, oder im Garten vor dem Weißen Haus? Die Antwort ist: Silbury Hill ist ein kleiner Berg und die biblische Entsprechung dieses Hügels ist der kleine Berg bei Bethanien, wo Christus nach seiner Auferstehung „entrückt" wurde siehe Seite 85, Magazin 2000 +…(Halle der Urkunden).

Was bedeuten die wichtigsten Kornkreise im Verlauf der vergangenen Jahre? - die Wiederkunft des Herrn und das damit verbundene Gericht, die Umsetzung der Ankündigung des Täufers über die Trennung der Spreu vom Weizen in der Realität. Was bedeutet das im Klartext, worauf müssen sich die Menschen vorbereiten und vor allem die Führungen dieser Erde?

Warum erschien denn der Erzengel ausgerechnet 4 Mädchen im Alter von 11 und 12 Jahren und ausgerechnet in Garabandal und nicht in Barcelona oder in den Gärten des Vatikan?

Dr. Pastor sagt: „ so lange ich mich im Internet umschaue und die Kommentare lese, es ist in der Hauptsache nur ein einziges Herumrätseln oder gar der pure Blödsinn. Wie sind die Kornkreise wirklich zu lesen, was ist der Schlüssel hierzu, und was bedeutet dies für die Menschen auf dieser Erde heute?"

Bitte beschäftigen wir uns mit Garabandal, es ist sehr wichtig! Wegen des Datums, wann das alles stattfindet, studieren Sie bitte die Bücher und Videos über Garabandal und Pastors Schriften.

DIE WICHTIGSTEN EREIGNISSE VOR GARABANDAL, DIE WARNNUNG, DAS WUNDER UND DANACH wurden bereits vor langer Zeit weltweit vielen Sehern gezeigt. Dies geschah, damit wir uns orientieren können, wann die „letzte Stunde", für uns alle, geschlagen hat.

KRIEG IM NAHEN OSTEN
im Jahre 1999 wird der große Schreckenskönig von Nostradamus angekündigt. Dr. Pastor schrieb dazu, er kündigte einen an, der den gleichen Namen, nämlich Michael trägt – also einen Fürst und Anführer der himmlischen Heerrscharen – Richter und Erretter zugleich.

Nach Bouvier und Sufi-Prophezeiungen **beginnt ein Krieg im Nahen Osten im Februar** – die gesamte arabische Region, alle Öllquellen brennen. Vereinzelt werden Atomsprengkörper eingesetzt. Wegen der Brände liegt über dem gesamten Gebiet eine geschlossene Qualmdecke. Auch was bereits zuvor im Nahen Osten geschah wurde erwähnt. Sufi Prophezeiungen erwähnen einen großen Krieg auf der arabischen Halbinsel, dieser dauert rund 40 Tage bis zum Höhepunkt, und zum Schluß würden die Russen vorstoßen bis Alepo, weiter kämen sie nicht.

In der Zeit ist es in Arabien eher kühler, aber Europa stöhnt gleichzeitig bereits unter einer Hitzewelle. Anschließend gäbe es kriegerische Auseinandersetzungen südostwärts von Polen. Die Russen besetzen wieder die Tschechoslowakei. Man fürchtet eine russische Invasion Resteuropas. Diese kommt dann jedoch völlig unerwartet und überraschend. Am 07.02.2012 bekam ich die Botschaft, dass Mutter Maria aus Medjugorje vor einem dritten Weltkrieg warnt.

DER FINANZKOLLAPS
Katharina aus dem Oetztal sagte:" Plötzlich bricht`s. Kein Geld mehr, und überall Revolution." Dazu eine italienische Nonne, 19.Jhr.:"Die Unruhen und Revolutionen gehen in Italien los (die Priester und Kardinäle werden umgebracht, ihre Leichen liegen am Boden, während der Papst über die Leichen rennt, um sein Leben zu retten und in die Schweiz flieht). **Es ist wichtig hier zu erwähnen, dass Irlmaier 1953 zu einer Bekannten, die von Rosenheim nach Hamburg heiratete, sagte, sie müsse sofort bei Kenntnis der Papstflucht weg aus Hamburg. Da könne man auch wieder Auto fahren. Sie solle weit nach Westen ausholen, es rollt schon der russische Angriff, und nach Lindau gehen. Da, am Bodensee, sei sie sicher.**Danach beginne die Revolution in Spanien, kurz danach in Frankreich.

GARABANDAL Die Seherkinder aus Garabandal wurden in eingehenden Visionen von einem UNABWENDBAREN STRAFGERICHT unterrichtet.

Während dieser Revolution in Spanien, sagte die Haupseherin von Garabanal, Conchitta, findet zuerst die Warnung und danach das Wunder in Garabandal statt. Als eine Bekannte Conchita über diesen Zeitpunkt ausfragen wollte, sagte sie:" Da fällt Schnee!" Darauf die Fragerin:" Also zur Winterzeit?" Conchita antwortete verneinend:" Es kann ja auch im Sommer schneien!" Dem Pater Andre wurde damals in Garabandal das Wunder gezeigt. Er schrie:" Wunder, Wunder", und dannach auf dem Heimweg verließ er seinen Körper. Dr. Pastor schrieb, er war einer von den vier Brüdern.

Nostradamus schrieb:" Land und Luft gefroren, soviel Wasser, dann beginnt man den Donnerstag zu heiligen. Es geschieht so etwas Herrliches wie nie zuvor; aus allen vier Himmelsrichtungen kommt man an um zu beten.**"Noch vor dem Wunder also, findet die Warnnung an die gesamte Menschheit dieses Planeten statt."**

-

Erst danach ist das Wunder in Garabandal und alle Kranke, die nach Garabandal gebracht werden, werden geheilt, egal wie schwer krank sie sind und welche Krankheit sie haben. Es folgt unmittelbar danach der russische Angrif. Dr. Pastor schrieb:" Kurz danach findet der zweite Exodus statt!" Das ist das letzte Wunder, das Christus für diese Menscheit machen werde.

ANMERKUNG d. Verf. Bitte bachten Sie das schon jetzt mitgeteilt wird, dass die Regierungen in Europa den Bargeldlosen Zahlungsverkehr planen. Das bedeutet, dass die Einführung des MIKROCHIP nicht weit entfernt ist. Im Neuen Testament, in der Offenbarung des Johannes steht geschrieben:"Wer die Zahl des Tieres trägt, wird nicht gerettet – und es (das Tier) macht, dass sie allesamt, die Kleinen und Grossen, die Reichen und die Armen, die Freien und Sklaven, sich ein Zeichen machen an ihre rechte Hand oder an ihre Stirn, und dass niemand kaufen oder verkaufen kann, wenn er nicht das Zeichen hat, nämlich den Namen des Tieres, die Zahl eines Menschen und seine Zahl ist 666! Diesen Mikrochip tagen schon weltweit viele Menschen und Tiere, vor allem in Amerika und er wird nach der Einpflanzung mit einem Scanner zur Kontrolle abgelesen.
Ein Hinweis:" Günther Hannich schrieb noch vor lange Zeit in seinem Buch:"Börsenkrach und Weltwirtschaftskrise – der Weg in den 3. Weltkrieg" deutlich, dass diese Geldkrise kommen muss, weil diese Krise die Folge von Zinsen sein wird.

WARUM KOMMT DIE KÄLTE IM SOMMER?
Über die große Kälte haben schon viele Seher geschrieben. Ein Seher aus Matrei sagte:"Da wird es im Sommer bitterkalt und die Almen vereisen. Das Eis will gar nicht mehr weichen, so dass die Bauern fürchten, dieses Jahr gar kein Heu einfahren zu können, und das Vieh müsse Hungers verderben." Eine andere Frau sah, dass mitten im Sommer schlagartig eine Woche lang bitterste Kälte beginnt. Danach wird es fünf Tage lang ein wenig erträglicher..." **Jetzt sei letzte Gelegenheit, noch etwas einzukaufen, weil anschliessend länger als einen Monat minus 40 Grad herrschen wird.** Sie sieht Hochhäuser, die außen mit einer Eisschicht bedeckt sind (offenbar sind die Rohre der Heizungen geborsten vor Kälte). Ein Mann erlebt folgendes:" Draussen ist „merkwürdiges Wetter". Es ist Sommer. Der benachbarte Teich ist jedoch fest gefroren, und ihm wird unheimlich - er geht wieder Richtung nach Hause. Inzwischen ist es so bitterkalt geworden, dass seine blossen Hände praktisch steifgefroren sind und er es fast nicht mehr schafft, den Schlüssel im Schloss der Haustüre zu drehen.
Eine Seherin sagte:" Es kommt eine große Heimsuchung. Im Osten geschehen entsetzliche Dinge, dann sehe ich Furchtbares im Norden: Eismassen stehen wie gewaltige Hügel und Berge da (warscheinlich in der Nordsee). Wegen der grossen Kälte erstarren die Menschen. Furchtbar ist dieser Tod. England versinkt, wird vom Meer überspült. Das war einmal England."
KÜSTEN-ÜBERFLUTUNGEN hängen mit diesem Kälteeinbruch im Sommer zusammen, weil ein Weltbeben beschrieben wurde und es wurde gesagt, dass der ganze Süden Norwegens überflutet ist, Dänemark war verschwunden und mit Wasser bedeckt, ebenso Holland, der Norden Deutschlands bis hin nach Königsberg. Ein Seher sagte, dass das Wasser aus Holland nicht mehr weggeht und ein anderer sah, dass Teile von England, besonders der Süden und Nordeuropa überflutet sind.

ALOIS IRLMAIER und einige andere Seher sagen darüber folgendes:" Ein entsetzliches Weltbeben kommt... Betroffen sei vor allem der Andreasgraben und der gesamte Nordosten der USA. In den ganzen USA gäbe es keine Elektrizität mehr. Anschließend brechen in der Städten

Unruhen aus, auch in Deutschland. Sicher sei man nur auf dem flachen Land. Seher David Wilkersons beschreibt in seinem Buch „Die Vision" das schwerste Erdbeben in der Geschichte der USA. Florida wird bei diesem Erdbeben zerstört. Dazu sagt Brinklay aus Kalifornien - Kalifornien versinke teilweise im Pazifik. Japan gehe groesstenteils unter, der Grand Canyon breche, Land tauche im Atlatik auf, der Suezkanal falle trocken." **WICHTIG:" IRMAIER hat gesagt:" Vorher, vor dem dritten Weltkrieg, kommt ein weltweites Erdbeben. Betroffen seien vor allem die USA. Bei uns wären die Beben am stärksten entlang des Rheingrabens. Im Bayern sind die Beben auch zu spüren. Während des russischen Feldzugs gäbe es noch immer Nachbeben und zwar in solcher Stärke, dass sowohl die Angriffs – als auch die Verteidigungsoperationen darunter litten. Sichere Gebiete sind der Süden Bayerns, Gebiete westlich des Rheins, Schwarzwald...**

„ES WIRD KRACHEN" ist eine Aussage von dem wohl wichtigsten und begabtesten Seher Deutschlads, **ALOIS IRLMAIER.** Bezogen auf den dritten Weltkrieg sagt er folgendes: „Die Einflussbereiche und Interessengebiete der USA und Russlands stoßen aneinander. Es gibt bereits kleinere Gefechte. Der amerikanische Präsident wird ermordet, daraufhin erklärt der Vizepräsident Russland sofort den Krieg. (Siehe dazu Magazin 2000 plus 2012 Nr. 157 v. 2001, Seite 28:" Die Todesprophezeiungen des Shawnee - Häuptlings" von Hartwig Hausdorf und sein Buch „Geheime Geschichte" - Kapitel 17, zu bestellen beim Argo Verlag.) Weiter Irlmaier:" Gleichzeitig rollen auf der Autobahn bei Passau ungeheure Mengen russischer Panzer nach Westen. Die Einwohner von Passau sind erstarrt vor Überraschung und Entsetzen. Das bedeutet, das die Russen zu diesem Zeitpunkt bereits die Tschechei erobert haben und von dort aus angreifen!. Im Süden fliehen die Österreicher auf beiden Spuren der Autobahn von Salzburg Richtung München zu Zehentausenden in heller Flucht. Die Russen schieben mit ihren Panzern auf der Autobahn westlich Passau Fluchtfahrzeuge aus dem Weg und fahren mit großer Geschwindigkeit Richtung Rhein. Nach drei bis vier Tagen setzt Westwind ein und westliche Flugzeuge werfen zwischen Salzburg und der Ostsee in einem Streifen soviel **„gelben Staub"** ab, dass es darunter finster wird. In Wien überlebt niemand. Von einem U-Boot aus wird Denver eingeäschert. Russen landen in Alaska. Am Himmel steht ein „zweiter Mond" (wohl ein Raumschiff-UfO). In Norddeutschland überlebt niemand. Bei Aachen ist die größte Schlacht der Weltgeschichte. Der Boden in Westdeutschland wird durch eine Kraft 10 Meter tief verbrannt. Aus dem Sande der Wüste Afrikas steigen die großen Vögel auf mit Todeseieren ohne Männer (unbemannte Kampfflugzeuge, heute bereits im Einsatz). Ein Räuberfürst im Süden wird gegen Russland antreten und großen Schaden machen (Chinesen). Die Mutter Gottes wird viel kommen und warnen.

In Asien, in Indien und Lateinamerika wird eine Hungersnot ohne Grenzen sein, die Menschen werden ausgerottet durch eine fremde Kraft (beschrieben von E. Korkowski in :"Kampf der Dimensionen I + II)! Viele Gute werden ermordet bis zum Krieg, denn nur Gott gewinnt. England wird für alles bestraft. Ich sehe ein großes schwarzes Kastl, da sitzt niemand drinnen (abgeworfene Bomben von unbemannten Kriegsflugzeugen), dann Feuer, dann Rauch und es war England... Die Toten werden haufenweise auf den Straßen liegen, die Bauernhäuser leer sein und das Vieh brüllen, da es niemand tränkt. In einer eisigkalten Nacht wird Donner ertönen, dann schließt die Tür und Fenster, es bleibt drei Tage finster wie in tiefsten Nacht, die Kräfte des Himmels werden erschüttert sein. Habe ein geweihtes Licht zur Hand. (das gleiche teilte Christus Pater Pio mit und sagte, daß wir uns auf den Boden werfen und beten sollen damit viele Seelen gerrettet werden können, d. Verf.)

Weiter Irlmaier:" Gehet gerade den Weg, wenn Amerika alles übernehmen will. Die vier Weltmächte kommen nicht überein... Die USA werden ab 1920 innerhalb von 95 Jahren untergehen im Mahlstrom der Zeit. Belzebub zieht nach China. (Für alle die nicht wissen wer

Belzebub ist:" Es handelt sich um einen ganz großen Dämon, der sehr gefürchtet wird, besonders von ihm untertanen Dämonen)." Dazu möchte ich erwähnen eine Vision von Herrn Korkowski:" Eine innerasiatische Weltmacht, deren Anführer nicht irdische Menschen, sondern Wesenheiten kosmischer Nachbarn sind, stellen in Zentral-China durch GENMANIPULATION bereits ANDROIDEN – SOLDATEN – her. Das sind mit primitiven Seelen beseelte Körper, weil andere Seelen gehen da nicht hinein, die später nach der russischen Invasion auch Russland, Europa und noch einige andere Teile der Erde überfallen werden. Sie arbeiten daran, dass sich die weiße Rasse durch einen Krieg gegenseitig vernichtet. Die übrigen Völker möchten sie dann ganz ausrotten.

Jakob Lorber schrieb für die Endzeit:" Die Machthaber werden sich der Menschen wie der Tiere bedienen und werden sie kaltblütig und gewissenlos hinschlachten lassen, so sie sich nicht ohne alle Widerrede dem Willen der Glänzenden (neue Weltherrscher) fügen werden.

TAG DES GERICHTS
Offenbarung 6, 12-13
„Die Sterne des Himmels werden auf die Erde fallen und ein großes Erdbeben geschieht, die Sonne wird finster wie ein schwarzer Sack und der Mond wie Blut ... weiter Jesaja 13,5 – 13...
denn siehe, des Herrn Tag kommt grausam, zornig, grimmig, die Erde zu
verwüsten und die Sünder von ihr zu vertilgen, denn die Sterne am Himmel und sein Orion scheinen nicht hell, die Sonne geht finster auf, und der Mond gibt keinen Schein (3 Tage + 3 Nächte totale Dunkelheit). Nach dem Krieg der durch eine Großkatastrophe ENDET. Ich will den Himmel bewegen und die Erde soll beben.

Rote Sterne Roter Mond
viele Propheten beschreiben diese Vision. Sie sehen daß ein großer Komet mit der Erde kollidiert und eine Art blutroter Verunreinigung über Flüsse, Seen und Meere ausstreut, und dadurch auch das Erscheinen ungewöhnlicher Zeichen am Himmel verursacht. In einer indianischen Prophezeiung ist erwähnt:" Nacht der blutenden Sterne!"Der gesamte Himmel ist rotverfärbt, was eine Woche anhalten soll.

Letzte Chance für den Rest der Bevölkerung
... die Sonne wird sich verfinstern und der Mond seinen Schein verlieren, und die Sterne werden vom Himmel fallen, und die Kräfte des Himmels werden ins Wanken kommen. Und das ZEICHEN DES MENSCHEN SOHNES (das Kreuz) wird erscheinen... (Mathäus 24,29).
JESAJA, eine Weissagung ca 700 v. Chr. „ Sie kommen aus fernen Ländern, vom Ende des Himmels, ja der Herr selbst samt den Werkzeugen seines Zorns, (Gottes Lichtarmee d. Verf.) – Nostradamus nannte sie „ bewaffnete Patres" - um zu verderben die ganze Erde. Heulet, denn des Herrn Tag ist nahe...

FUNKENREGEN
In der Nacht vom 14. auf 15. Juni bekommt ein Priester, Astronom und Schrifsteller aus Stift (Österreich) ein"seltsames Traumgesicht." Um die Mittagszeit – ein herrlicher Frühsommertag...dann wurde es plötzlich finster. Die Sonne war verschwunden. Am Himmelsgewölbe erscheinen die Sterne. Mit einem sah ich hinter der Kirche von Kirchberg eine rote Lohe aufschießen als stünde das ganze Dorf in Flammen... Ein anderer Seher sah sich ca um 10 Uhr vormittags in seinem Dorf stehen als sich plötzlich die Sonne zu verfinstern begann und es bald dunkel wurde... Am Himmel sah er plötzlich massenhaft weisse Punkte, im Osten beginnend, sich über gelblich bis rot verfärbend, zu Boden fallen. Diese Lichtpunkte entzündeten das auf den Feldern stehende Getreide und trockene Gras, woraufhin das Feuer auch auf Wälder übergriff. Einige Zeit später veranlasste ihn ein aus Norden kommendes Geräusch sich mit dem Gesicht nach unten auf den Boden zu werfen. Das Geräusch klang wie eine entfernte Detonation... Er glaubte die Ursache war ein Komet.

SCHRECKENSKÖNIG – VISION VON NOSTRADAMUS FÜR 11.08.1999

Nostradamus verkündet Erzengel Michael als "den Mann vom 50° Breitengrad und nennt Ihn "Roy d' Angoumlois." Der Übersetzer Robb schrieb:" Ein Schreckenskönig wird mit Flugkörpern aus dem Weltraum vom Mars kommen. Mars steht für Krieg. Da lag er nicht einmal so falsch, weil alle Großen, die von oben kommen, müssen ja mit einem Flugkörper aus dem Weltraum gebracht werden oder kommen (d.Verf.).

Dr. Pastor beschrieb die Zahlen von Erzengel Michael als 11, 12.,18, 50 und noch eine verborgene Zahl. Nostradamus meinte einen Himmels-König der seinen Namen trägt: Michael! Der Erzengel Michael ist tatsächlich für diejenigen die „GERICHTET WERDEN" ein Schreckenskönig. Für uns andere Menschen, die wir alle unsere bösen Taten bereuen und um Vergebung bitten, ist der Erzengel Michael unser Erretter, der als

Zahl 11 (diese Zahl steht auf Conchitas Haustüre in Garabandal mit der Zahl 8=Christus), uns errettet und abholt, weil er unser Urvater ADAM ist und weil er uns liebt.

Als Sehel wurde er selbst bei der Sintflut von einem ausserirdischen Raumschiff evakuiert, als Erzengel Michael ersäufte er das Heer der Ägypter zu Abertausenden, als Elias teilt er das Wasser mit seinem Mantel, als Täufer taufte er mit Wasser. Auch Sodom und Gommorha wurden durch die Erzengel Michael und Raphael planmäßig gesprengt, um die schwer versündete Menschheit dort auszulöschen und jetzt zur Endzeit...?

Die ganze Erde ist jetzt Sodom und Gommorha... In seinen Büchern:" Kampf der Dimensionen I+II, beschreibt Herr Korkowski einen Asteroidenbeschuss und Polsprung durch einen automatischen kosmischen Ordnungswächter, der wegen der Hilfeschreie der Erde zum Einsatz kommen wird. Dabei möchte ich noch erwähnen, dass dies bisher schon geschah. Damals vor Gründung von Lemurien und Mu, als erste Kriege mit Laserstrahlen und Atomwaffen auf der Erde stattfanden, wurde die Erde auch mit Asteroiden beschossen und danach war dann für lange Zeit Eiszeit. Die damaligen Reptiloiden mutierten in große Reptilien, Dinoiden in Dinosaurien und die Menschen, die helfen wollten und nicht mehr nach Hause zu ihrem Heimtplaneten zurückkehrten, weil sie ihren Planeten mit Radioaktivität verseucht hätten, in Neandertaler.

DIE ZEICHEN AM HIMMEL

Der Mond ist Symbol für Erzengel Michael. Die Mondfinsternis vom **03.03.2007** begann genau um 23.44 Uhr. Damals war ich auf Teneriffa und sah eine Stunde lang einen roten Mond. Wer hat den Mond und die Erde so lange in dieser Position gehalten? Die Zahl 23.44 besteht aus Zahlen 11+12. Das sind Zahlen von Erzengel   Michael 11 + 12 = 23. 23.44 Uhr ist die Zeit zwischen 11 und 12 Uhr im vierten Viertel des Tages. Für diese Tageszeit ist das Wunder in Garabandal von Conchita angekündigt. Die Minuten sind die Zahlen 44=8=Sonne=Christus= Wiederkunft von Elias und Christus.

MONDFINSTERNIS am 10.12.2011

Ich sah in Indien 50 Minuten (eine der Zahlen von Erzengel Michael) lang die Mondfinsternis. Es war ein SAMSTAG. Samstag ist SATURN TAG. Saturn ist Wappen der Cherubime. Saturn steht auch für Karma und für Ernte. Der Mond war astrologisch gesehen in Zwillingen. Dies also war Geburstagskarte an Elias von seinen Brüdern aus dem All. Große Leute bekommen große Geburtstagskarten. So ist das.

WANN IST WAS?

Im Februar - Beginn des Krieges in Iran – Dauer ca 4 Wochen – alle Ölquellen brennen – Verhängung eines Ölembargos gegen Europa und Amerika, im März/April gleich danach Weltweit grosser Geldcrash + Wirtschaftskrise. In Italien Beginn der Unruhen , Papstflucht! Eine italienische Nonne, 19.Jahrhundert."Die Unruhen und Revolutionen gehen in Italien los und dauern eine Weile. Dann springt die Revolution über nach Spanien. Hier beginnt die große beschriebene Kälte und es kommt zum Wunder in Garabandal. Evakuierungen finden statt. Ein zweiter Exodus findet kurz danach statt (Dr. Pastor). Die Nonne:" Die französische Revolution ist die kürzeste, nur drei Wochen, denn dann beginnt der Krieg. Die Russen greifen an quer durch Deutschland... nur bis zum Rhein, denn da werden sie aufgehalten.

Kurz vor diesem letzten Krieg (Beginn ca Ende Juli) kommt es zu großen Erdbeben vor allem in Amerika. Eine Frau aus dem Rheinland :**"Mitten im Sommer setzt schlagartig eine Woche lang bittere Kälte ein... Letzte Gelegenheit um Nahrungs Vorräte einzukaufen, weil anschließend länger als einen Monat minus 40 Grad herrschen wird.** Die ganzen Überflutungen werden mit diesem grossen Weltbeben zu tun haben, da große Tsunamis entstehen werden und viele Teile der Erde überfluten werden.

Das wichtigste was wir wissen sollten, um uns vorzubereiten, habe ich geschrieben. Jeder sollte nach seinem Veranwortungsgefühl und Gewissen handeln.

Nun habe ich für uns die wichtigsten Kornkreise vom Juli 2011 ausgesucht.
Bitte schaut euch diese an.

DIE WICHTIGSTEN KORNKREISE - JULI 2011 - Erklärung von Dr. J.Pastor.

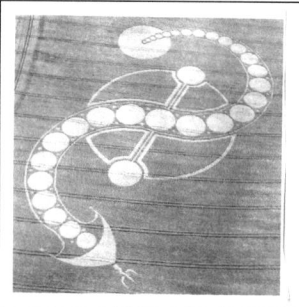

SCHLANGE – JULI 2011 – INKEN WEST WOODHAY DOWN – N. INKPEN WILTSHIRE - ENGLAND

Die 29 Sonnen in der Schlange können eine Zeitangabe sein, aber es sind keine Jahre. Die Kreise (große Sonnen) sind von 4 kleinen Kreisen (kleine Sonnen) umgeben. Das ist die Ordnungszahl Gottes, so ist die Schöpfung bis hin zum gesamten Weltall geordnet. Die dreizackige Zunge der Schlange bedeutet die Perfektion der Lüge, die die großen Weltverschwörer bereits erlangt haben. Man sagt ja: „der spricht mit gespaltener Zunge". Aber diese Teufelsbrut redet nicht nur mit zweifach, sondern bereits mit dreifach gespaltener Zunge. In der Heiligen Schrift steht geschrieben:

Jesus sagt: „Seid wachsam – seid klug wie die Schlange!" – das will heißen: „Seid genauso klug wie die Schlange – durchschaut sie!".

ALIEN MIT FRIEDENSPFEIFE 27. JULI 2011 – CHERHILL WHITE HORSE, N. CALNE WILTSHIRE – ENGLAND - Erklärung von J.P.

Es werden auf jeden Fall 2012/2013 bedeutende Ereignisse stattfinden, aber genau auf ein Jahr

soll man sich nicht festlegen. Vor dem Strafgericht – ein Beschuß mit einem großen Asteroiden auf der materiellen Ebene- wird auch eine Massenlandung stattfinden. Der Kornkreis des „Alien mit der Friedenspfeife" kündigt dieses Ereignis bereits an, so wie es einer der Wächter bereits Betty Andreasson vor Jahrzenten sagte: Sie werden auf die Erde kommen, aber die Menschen werden sich davor fürchten!". Er sagt aber auch: „Sie lieben die Menschen, aber sie können es nicht dulden, dass sie den Weg weiterbeschreiten, den sie

eingeschlagen haben und es ist besser, ein paar müssen gehen als dass alle verloren gehen". Das ist deutlich. Gut für jene, die sich auf dieses große Ereignis vorbereitet haben, denn es entspricht dem Vorfall zu Zeiten des Noah kurz vor der großen Flut, als „tausende von Engeln aus dem Himmel auf die Erde herunter kamen."

Die sieben Federn bestehen aus jeweils 4 Kreisen. Die 4 Kreise entsprechen vier Sonnen und das steht für die essentielle Ordnungszahl des Universums (z.B. die vierfach gestaffelte Hierarchie der Zentralsonnen: unsere Sonne ist eine Planetarsonne, die von einer Sonnengebiets-Zentralsonne beherrscht wird, in unserem Fall dem Sirius. Die astronomischen Erkenntnisse der Wissenschaftler sind komplet falsch, da diese auf der Lichtgeschwindigkeit zur

Entfernungsmessung beruhen, diese Methode ist aber nur im näheren Umfeld hinlänglich genau, also bis hin zu den nächsten benachbarten Sonnen wie Alpha Centaury usw. Die nächste Ebene sind die Zentralsonnen der Galaxien – darüber stehen die Zentralsonnen der Galaxienhaufen, darüber letztlich die Urzentralsonne eines lokalen Universums). Die 7 Federn stehen für die 7 göttlichen Ureigenschaften: LIEBE – WEISHEIT – WILLE –ORDNUNG – ERNST – GEDULD – BARMHERZIGKEIT .

Es wird verdeutlicht, dass dies die von Gott selbst bestellten Wächter über die Ordnung in seiner Schöpfung sind. Die Menschen werden ermahnt, sich darauf zu besinnen, sie haben gegen diese Forderung Gottes verstoßen.

Die Zahl 23 ist deshalb mit Michael verbunden, weil ihm Gott die Macht über die Erde als Wächter übertragen hat. Die Erdbahn ist zur Sonnenebene im Winkel von 23 Grad geneigt. 23 ist also eine Kern – Ordnungszahl dieses Planeten. Daher ist Shri Sathya Sai Baba Varu an einem 23. geboren worden (Anm.der Verf). Der Winkel ändert sich aber graduell mit dem Umlauf des ganzen Sonnensystems um die Zentralsonne SIRIUS, und wie auf der Erde 4 Jahreszeiten aufeinander folgen, so trifft dies für das gesamte Sonnensystem beim Umlauf des Sirius zu, es folgen also 4 Sonnensystem – Jahreszeiten aufeinander. Ein Umlauf beträgt rund 28000 Jahre, eine Sonnensystem – Jahreszeit also etwa 7000 Jahre, und das bedeutet im großen wie im kleinen: So wie auf der Erde nach einem Winter im Frühling die ganze Fauna und Flora auflebt, im Sommer zu Vollblüte kommt und im Herbst reif zur Ernte steht, genauso wechseln sich alle 7000 Jahre in unserem Sonnensystem ganze Schöpfungsperioden nacheinander ab. Menschengeschlechter entstehen und vergehen wieder.

Das Menschengeschlecht, das im „Sirianischen Sommer" dieses Sonnensystems gedeiht, wird ein anderes sein, hervorgegangen aus den Besten und Edelsten des alten Geschlechts, das weichen muß. So wie ein guter Gärtner im Frühling nach dem harten Winter aussortieren muß, die vorkommenen, kaputten und erfrorenen Pflanzen ausgräbt und auf den Kompost wirft, aber die guten Pflanzen sorgsam mit der Wurzel aushebt, in einen Topft mit guter Erde an geschütztem Platz zwischenlagert, um dann den Garten umzupflügen und danach die aufbewahrten Pflanzen an den besten Stellen neu auszupflanzen – so wird es mit Menschen der Erde in dieser Zeit geschehen.

Aber so hilft der böse Geist des Luzifer, der tatsächlich in der Tiefe dieses Planeten eingehülst und gefangen war und wieder wird, entgegen seinem ursprünglichen Vorhaben sogar mit, die Spreu von Weizen zu trennen, er ist in seiner unsäglichen Dummheit sozusagen ein Examensprüfungshelfer wider eigenemWillen! Wer eben in der Endzeit lieber in das Gefolge des Vaters der Lüge eintritt, der braucht sich nicht zu beschweren, wenn sein Seelengewand dadurch so schweren Schaden nimmt, dass es seinen Glanz verliert, und dann kann er eben nicht entrückt werden. Georgio Dibitonto hat das ganz genau und getreu aufgeschrieben: „Es war als trugen die Geretteten ein Zeichen an sich, ihre Körper leuchteten hell."

Auch Betty Andreasson beschreibt eine Szene, wo sie als Jugendliche in eine Kirche sitzt, und unter den Anwesenden waren Menschen, von denen ging ein Lichtglanz aus, andere waren wie von einer dunklen Wolke umgeben, andere wieder völlig neutral – weder hell noch dunkel.

Die „Zahl des Erzengels Michaels" nach Kabbala ist 23. Wenn im Alten Testament die Sprache auf ihn kommt, ist dies meist mit der Zahl 11/12 bzw. deren Sume 23 verknüpft, ebenso bei den echten Kornkreisen, die sich auf diese Bibelstellen beziehen. Er ist der Vollstrecker des göttlichen Gerichts und er war der biblische Sehel, Elias, Johannes der Täufer und jetzt sollte er nach Lorbers Aussagen als Elias schon lange wieder unter den Menschen leben.

ERGÄNZUNG MIT WICHTIGEN INFORMATIONEN ÜBER EVAKUIERUNGEN

In allen Kontinenten der Erde bricht ein Sturm kosmischen Erwachens aus. Seit 1988 erfaßt nun eine Welle von UFO-Landungen Russland. Direkte Kontakte und Mitflug eines hohen

Regierungsbeamten wurden schon bekannt. Im ganzen Land herrscht eine aufgeschlossene Atmosphäre für die UFO-Forschung. Wie russische Presseorgane berichten, nehmen sich inzwischen auch akademische Kreise der Ufologie an. In Moskau finden Seminare statt mit dem Ziel, sowjetische Berufs-Ufologen auszubilden.

WEITERE BELEHRUNGEN VON HATONN – IM AUFTRAG DES ASHTAR-KOMANNDOS

Eurem gesamten Sonnensystem ist es bestimmt, sich auf einen Zustand höherer Schwingung auf seiner Umlaufbahn vorzubereiten. Dadurch wird euere gesammte Welt in so hohe Schwingungen versetzt werden, dass nur friedlich Gesinnte darin überleben konnen…Der Krieg wird auf eurem Planeten abgeschafft, geächtet werden, und alles Unreine eurer Lebensweise wird aufgrund der nun anstehenden Veränderungen entfernt werden.

DESHALB WURDEN WIR VON DER GEISTIGEN HIERARCHIE ERMÄCHTIGT, UNS BEI EINEM VERSUCH ATOMARER MASSENVERNICHTUNG IN DIE ANGELEGENHEITEN DER ERDE EINZUSCHALTEN. DIESE VERNICHTUNG WIRD VON DEN HÖHEREN, EURE BELANGE ÜBERWACHENDEN WESEN NICHT ZUGELASSEN WERDEN.

AN DIE FRIEDENSSTIFTER UNTER EUCH:

Euer Lohn wird euch zukommen. Außerdem sollt ihr bei der Zerstörung, für deren Vermeidung ihr euch so standhaft eingesetzt habt, nicht anwesend sein. Ihr werdet aus dem Chaos entfernt und in unseren, euch in Sicherheit bringenden Raumschiffen aufgenommen werden.

DREI PHASEN DER EVAKUIERUNG

Die erste Stufe soll die geheime Entfernung jener Auserwählten umfassen, deren Hingabe für die Wahrheit und das Licht auf der Erde unser Programm erst möglich gemacht hat. Sie werden zu einem bereits für sie vorbereiteten Ort gebracht werden.

Als nächstes wird der Ruf an alle jene ergehen, deren Erkenntnisreife entwickelt ist, die Ohren haben zu hören und den Mut und Glauben zum Verständnis des Geschehens besitzen. Das Ausmaß dieser Phase der Evakuierung ist sehr beachtlich und umfasst eine größere Zahl als man sich im allgemeinen vorstellt. Jene, die sich vorbereitet haben, werden durch die kleineren Schiffe zu den städtegroßen Raumplattformen gebracht werden, die sich bereits hoch über Eurem Planeten befinden.

Die letzte Phase, wenn diese beiden Gruppen bereits in Sicherheit sind, wird die Aufforderung zur Massen-Evakuierung sein. In dieser letzten Massenaktion werden die Kinder zuerst an Bord genommen werden, um dann mit den anderen zusammen zu einem vorbereiteten Ort gebracht zu werden. Wenn der Planet gereinigt und erneuert worden ist, werden jene, die sich bewährt haben, in einem neuen Zeitalter zu einem neuen Leben auf diesen erneuerten Planeten zurückgebracht werden, in der Gemeinschaft und Freundschaft mit jenen, die sie in Sicherheit gebracht haben... Sendet Euere liebevollen Gedanken hinauf zu diesen hingebungsvollen Wächtern, die euere Himmel patrouillieren wie die Schutzleute euere Straßen. Sendet Euere Dankbarkeit und Liebe zu Ihnen, denn Gott selbst hat sie beordert. In der Stunde, wenn Euere Not am größten sein wird, werden sie da sein! Wer nach seiner Natur nicht kann oder wer nach seinem eigenen freien Willen nicht auf höhere Schwingungsebene aufsteigen will, muß nach dem Naturgesetz auf eine Stufe hinabsinken die ihn trennt von dem Teil der Erde und ihrer Bewohner, die fähig sind, sich zu erheben zu einem reineren Dasein. Über Evakuierung lesen Sie bitte Vortrag von Oscar Magosci (Gütersloh 1997- Ufo Kongres): „EPOCHE END-ZEIT" Der Weg zur Kosmischen Evolution. Seite 38.

Ashtar Command ist ein Projekt der Föderation der Milchstraße zu der unser Sonnensystem gehört, die wiederum zu der großen Föderation von 33 größeren kosmischen Sektoren gehört. Ashtar Commando arbeitet unter der Leitung von Ashtar Sheran bezogen auf die Entwicklung der Erde in Richtung einer möglichen Mitgliedschaft in der Föderation…Ashtar-Command Projekt ist als eine Friedens-und Hilfsbotschaft für die Menschen des Planeten Erde zu verstehen, vor allem bezogen auf kommende Umwälzungen, Naturkatastrophen, usw… Wenn wir die Hilfe von Freunden aus dem Weltraum nicht annehmen, wird es zu einer Auseinandersetzung zwischen Gut und Böse kommen… **Der größte Science Fiktion alles Zeiten steht uns bevor…**

Der „schlafende Prophet" Edgar Cayce schrieb:" Die Pyramiden und der Sphinx sind ein kosmisches Mahnmal für den zerstörten Planeten Mallona in diesem Sonnensystem. Sie sind auch ein Hinweis auf die Herkunft und Wiederkunft Jesu Christi, der Herr dieser Galaxie ist.

UFO´s, Kornkreise, und Marien Erscheinungen werden von der Raumschiffen des Himmelsheeres mittels überlegener Technologie erzeugt und sind apokalyptische große Zeichen zur Warnung für die Menschen der Endzeit…

Der Herr dieser Galaxie, JESUS CHRISTUS, teilt uns in seinen Belehrungen für die Menschen der Übergangs-Zeit folgendes mit: „Die Ereignisse werden in China beginnen… Vertraut uns unbedingt und unbeirrbar!... Das Ende der Zeit ist nahe… Ich habe die Macht über die Erde… Die Menschheit hat allen Grund, sich zu freuen. Wir werden die Erde wieder aufbauen… **In Zukunft werdet ihr auf euerer Erde und im Sonnensystem Reisen machen können – sogar in der ganzen Galaxie, zu der ihr gehört. Reisen werden es sein, die ihr euch heute noch gar nicht vorstellen könnt"…**

Liebe Leser, habt ihr euch schon jemals gefragt, was es bedeutet und wie schwer es ist hier auf diese Erde kommen zu müssen, um zu helfen oder irgendeine Aufgabe zu erfüllen. Unser grosser DANK ist allen Denen veprflichtet, die kommen um uns zu helfen, uns zu lehren und uns geistig weiter zu bringen. Shri Sathya Sai Baba ist der EINE, der als Avatar kam, um uns weiterzubringen. Nur der höchste Gott, Erschaffer aller Welten kommt als AVATAR und kein anderer. Wir haben auf den Knien zu danken wegen dieser großen Gnade, die uns dadurch zuteil wurde. Der gleiche DANK gilt auch dem Erzengel Michael, Raphael und allen anderen Engeln der Heerscharen, die uns weiterhelfen, damit wir in die KOSMISCHE DIMENSION endlich aufsteigen dürfen.

Spurlos verschwunden! – aus dem Buch:"Ashtar in kommenden Tagen".

Dieses wurde auch unter dem Titel „Die letzte Posaune" veröffentlicht. Die Geschichte wurde einem alten Mann in Norwegen als Vision bei der Morgenandacht

eingegeben. Einen Mann im 80. Lebensjahr wählte man aus, weil zu Beginn des ersten Exodus der alte Mose 80 Jahre alt war.
Dies geschah am 11.12.1952, ein Jahr bevor Elias auf der Erde geboren wurde.

Ein Bericht über das Finanzgenie und Vorstand der Finanzberatungs Firma Prinzen Economics Martin Armstrong, sowie seine Zukunftsprognose für EU. Von Dawa Dzöcen

„The Forecaster" ist ein Dokumentarflim über diesen bemerkenswerten Menschen. Martin Armstrong war alleinerziehender Vater von 2 Kindern und ist Vorstand der Beratungsfirma Prinzen Economics, die weltweit 250 Mitarbeiter hat. Er entdeckte einen Code mit der Zahl Pi, der den Weltrhytmus beeinflusst. Seine Firma war berühmt für ihre Vorhersagen. Martin Armstrong war auch Berater der RepublicNational Bank, dessen Vorstand Herr Safra war. Mit dem Code von Martin konnte man einen Fall und einen Aufstieg von einem Land vorhersagen. Ein Gerücht war, dass Safra für den CIA arbeitet.

1999 entdeckte Martin, dass die „Finanzelite" Rusland übernehmen will. Safra war ein Drahtzieher. Gadafi und andere Investment Banken waren auch dabei, die alles manipulieren auf Kosten von ganzen Staaten. Safra organisierte ein Essen für den IWF und wollte Martin unbedingt dabei haben. Dabei kam heraus, dass Russland 98/99 kollabiert und übernommen wird. Sie bezahlten Schmiergelder an IWF. 1998 war Rusland zahlungsunfähig. Im August 1999 wollten sie Jelzin zum Rücktritt zwingen. Berezovski sollte neuer Präsident werden. Sie zwangen Jelzin beim IWF 7 Milliarden zu leihen, danach sagten sie zu ihm, er hätte 7 Milliarden gestohlen und er soll seinen Rücktritt ankündigen. Jelzin sah ein, dass er betrogen wurde und kündigte seinen Posten als Regierungschef. Dann kam Putin. Niemand wusste etwas über ihn. Wenn ein Staat pleite ist, rennen die Banken zum Staat und wollen gerettet werden indem sie den Staat einfach erpressen. Martin hat ihre Spiele und Machenschaften aufgedeckt und festgestellt, *dass die Banken die Staaten kontrollieren.*

Der ganze „KLUB" um Safra war eine kriminelle Gruppe und deswegen haben sie Safra umbringen lassen. 1967 wurde er im Montecarlo umgebracht. Die Mitararbeiter der Republic National Bank haben Martins Konten „bearbeitet" und haben Martins Geld auf andere Konten überwiesen. Das war Erpressung um an Martins Code mit der Zahl Pi zu gelangen. Martin wollte aber diesen Code nicht verraten. Sie haben allen seinen Mitarbeitern gedroht, ohne Erfolg.
Am 14.1.2000 mußte Martin ohne Anklage ins Gefängnis. Die Republic National Bank hat Martins Geld gestohlen und niemand glaubte Martin, obwohl es Beweise für seine Unschuld gab. Sie wollten unbedingt den Code.Einer dieser Banker kam ins Gefängnis und sagte zu Martin:"Sie bleiben bis sie gebrochen sind!" Martin schrieb im Gefängnis Berichte über alles was draußen geschieht.Seine Freunde haben diese Zettel rausgeschmuggelt und veröffentlicht.
Martin deckte auf dass alle 8,4 Jahre ein Pi Zyklus beginnt. Er sagte voraus:
1987- Aktien Crash; 98 – Kollaps Russland; 99- Low God + Ölindustrie; 2007 – Real Estate; 2015 – ab 1.Oktober Euro und Yen Crash
2014 beginnt ein Kriegszyklus mit Feindseligkeiten, weil die Regierungen immer mehr Probleme haben. Kriege entstehen aus wirtschaftlichen Gründen. 2016 werden die Zinsen steigen, weil die Banken Geld brauchen. Bevor man zahlungsunfähig wird, muß man umstrukuieren, umdenken, das Vorhandene besser verwalten. Unruhen beginnen, weil die Menschen rechnen mit etwas was es nicht gibt. Am 1.12.2012 begann der Euro Wendepunkt. Am 1.10.2015 ist Euro Crash, danach beginnt eine wirtschaftliche Abwärtsspirale bis 2020. Währungen kann man nicht einfrieren. Eine Währungskoppelung ist mit Verlust verbunden. Der Euro wird abstürzen. Der Franken wird abgekoppelt und sie werden es nicht verhindern können. 2016 werden wir sehen, dass sich die Bürger gegen Flüchtlinge wenden. Extremistische Zeichen werden überall auftreten. Wir Bürger müsen gesetzlich festlegen, dass die Staaten kein Geld leihen und Schulden machen dürfen. Bevor Kriege beginnen, wird Geld immer zuvor

verschoben. **Die Staaten sind die einzigen, die ihre Schulden nie bezahlen.** Sie denken immer dass sie jemanden haben, dem sie Geld nehmen. Problem beginnt wenn Sie mehr bezahlen müssen als sie einnehmen. Martin ist inzwischen frei und begann mit seiner Finanzberatungsfirma in Thailand wieder neu an weltweit zu arbeiten.

LITERATURVERZEICHNIS

Omnec Onec „Die unbekannte Geschichte unseres Sonnensystems" – Omega V.
Omnec Onec „Ich kam von der Venus" – Omega Verlag
Omnec Onec „ Die venusische spiritualität" – Omega Verlag
Adrian Snyman „Worte eines Propheten"- Argo verl.
Franz Bardon „Der Weg zum wahren Adepten"- Dieter Rüggeberg Verlag
Franz Bardon „Die Praxis der magischen Evokation" – D. Rüggeberg V.
Franz Bardon „Der Schlüssel zur wahren Kabbalah" – D. Rüggeberg V.
Franz Bardon „Frabatao" – D. Rüggeberg V.
Dr. Lumir Bardon Erinnerungen an Franz Bardon" – D. Rüggeberg V.
Dieter Rüggeberg „Fragen an Meister Arion (Franz Bardon) – D. Rüggeberg V.
Dr. Georg Lomer „Lehrbriefe zur geistigen Selbstschulung" D. Rüggeberg V.
Khetsün S. Rinpoche/J.Hopkins „Die praxis des Tantra" – Diederichs Verl.
Lati Rinpoche/J Hopkins „Stufen zur Unsterblichkeit" – Diederichs Verl
Dion Fortune..."Durch die Tore des Todes ins Licht, Smaragd Verlag
Thorwald Dethlefsen „Schicksal als Chance" – Goldmann Verlag
Louise L. Hay „Heile Deinen Körper", Alt Lüchow Verlag
M.Ana Lindmayr „Mein Verkehr mit Armen Seelen, Christiana Verlag
Dr. Carl Wickland „Dreissig Jahre unter den Toten – Reichl Verlag
Dieter Rüggeberg „Theosophie und Anthroposophie im Licht der Hermetik D.R.V.
Ashtar Sheran „Via Terra" + 13 weitere Broschüren – ISBN 3-935422-00-8
Ashtar Sheran „In kommenden Tagen..." Turmalin Verl; 33330 Gütersloh
Giorgio Dibitonto „Engel in Sternschiffen" – Turmalin Verl.
Elisabeth Klarer „Jenseits der Lichtmauer" – Turmalin Verl. Tel. 05241-24750
Dr.F.W.Sumner „Das kommende Goldene Zeitalter" – Turmalin Verl.
Tuella „In Erden – Mission" – Turmalin Verl.
Enrique Castillo Rincon „Die große Mogendämmerung der Menschheit – Turmalin V.
Orfeo Angelucci „Geheimnis der Untertassen" – Turmalin Verl.
G.S.Leona/K.u.A.Veit „Evakuierung in den Weltraum" – Turmalin Verl.
Howard Menger „Aus dem Weltraum zu Euch" – Turmalin Verl.
Oscar Magoscsi „ Meine Weltraum-Odyssee in UFO's" – Turmalin Verl.
Oscar Magoscsi „ Meine Freunde aus dem Weltraum" – Turmalin Verl.
Oscar Magoscsi „Die Buzz Andrews Story & danach" – Turmalin Verl.
Dick Miller „Kontakte mit Sternenmenschen" – Turmalin Verl.
Buck Nelson „Meine Reise zum Mars, zum Mond und zur Venus" Turmalin Verl.
Dr. Daniel Fry „UFO-Erlebnis von White Sands" – Turmalin Verl.
Bob Renaud „Meine Kontakte mit Außerirdischen – Turmalin Verl.
Tuella „ Projekt - Weltevakuierung" – Turmalin Verl
Angelucci „Gehemnis der Untertassen" – Ventla Verlag
Urgemeinde „Sieben Himmelsstrufen" – Turmalin Verlalg
Urgemeinde „Gethsemane – Golgatha" – Turmalin Verlag
Pedro Romaniuk: „Aus dem Kosmos werden wir überwacht" – Turmalin Verl.
Frank Hills „Chemische Kondensstreifen („Chemitrails") über Deutschland - Pro Fide Catholica - Verlag Anton A. Schmid, Pf 22, 87467 Durach
Frank Hills und seine weiteren Bücher „Die Weltordnung des Antichristen"; „Das globale Killernetzwerk"; „Die Liquidierung Deutschlands"; „Deutschland im

Würgegriff seiner Feinde" ; „Satanismus" – Die ideologische Grundlage der Neuen Weltordnung; „Das globale Killernetzwerk"; „Der Bericht von Iron Mountain – Geheimplan zur Bevölkerungskontrolle"; Terror im „Heiligen Land"; „Das Zeitalter der Lügen"; „Geschichte des Schreckens"; „Die Erde im Chaos"; Die Entschlüsselung der Apokalypse und die Gerechtigkeit Gottes"; Der Greuel der Verwüstung an heiliger Stätte"; „Die USA in der Hand des Großen Bruders";"Rassismus und Antisemitismus im Nahen Osten";

J. Rothkranz „ Die Protokolle der Weisen von Zion" Band I + II- Pro Fide Cath.V.
J. Rothkranz „Freimauerersignale in der Presse" – Pro Fide Cath. V.
J. Rothkranz „666 – Die Zahl des Tieres" – Pro Fide Catholica Verl.
J. Rothkranz „Sichere Zeichen der Endzeit" – Pro Fide Catholica Verl.
J. Rothkranz „Die 13 satanischen Blutlinien" – Pro Fide Catholica Verl.
J. Rothkranz „Die kommende Weltdiktatur und die Herrschaft des Antichristen" Band I+II+III – Pro fide Catholica Verl.
J. Rothkranz „Die zehn Gebote Satans" – Pro Fide Catholica Verlag
Verlag das Wort „Der Schattenwelt neue Kleider – Die Inquisition der Jetztzeit"
Verlag das Wort „Das ist Mein Wort" - Das Evangelium Jesu
Raymond E. Fowler "Die Allagash Entführungen" – G.Reichel Verlag
Raymond E. Fowler "Der Andreasson Fall" – G. Reichel Verlag
Virgil Armstrong „Der Armstrong Report" Außerirdische und UFO's – G. Reichel V.
Günter Hannich „bloß weg!" – Ihr zweites Standbein im Ausland – G.Hannich V.
Günter Hannich „Geldcrash – So retten Sie Ihr Vermögen" – G.Hannich V.
Günter Hannich „Börsenkrach und Weltwirtschaftskrise" – Der Weg in den 3. Weltkrieg – G. Hannich Verlag
Dr. Hulda R. Clark „Heilung ist möglich" – Dr. Clark Behandlungszentrum GmbH, Bielstrasse 12, 3053 Münchenbuchsee, Schweiz, ISBN: o-9740287-5-4
Dr. Hulda R. Clark „Heilverfahren bei allen Krebsarten" – gleich wie oben
Dr. Hulda R. Clark „Heilverfahren bei HIV und AIDS" – gleich wie oben
Dr. Hulda R. Clark „Heilverfahren bie fortgerittenem Krebs" – gleich wie oben
Werner Frank/Joh.Lieder „Taschenatlas der Parasitologie" – Kosmos Verlag
Dr. Max Daunderer „ Amalgam" – Ecomed Verl. Adresse; Dr. M. Daunderer, Tox Center, Hugo Junkerstr. 13, 82031 Grünwald Tel: 089-64 914 949
Dr. Max Daunderer „Der Klassiker der Umwelttoxikologie" – gleich wie oben
Dr. Max Daunderer „Handbuch der Umweltgifte" – gleich wie oben
Dr. Max Daunderer „Klinische Toxikologie" – Drogen Handbuch
Theron G. Randolph, Ralph W. Moss "Allergien: Folgen von Umwelt und Ernährung" – Chronische Erkrankungen aus der Sicht der Klinischen Ökologie – C.F. Müller Verl.
Uwe Karstädt „entgiften statt vergiften" Hrsg. TAS Distribution Ltd.,London
Dr. Matthias Rath „Fortschirtte der Zellular Medizin" – MR Verlag
Edward Korkowski „Kampf der Dimensionen" Band I+II – Konny Müller Verlag Telefon 0223 – 856273
H.J. Andersen „Polsprung und Sintflut" – Konny Müller Verlag
Dr. J. Pastor „Die Halle der Urkunden" – Schriften erschienen im Magazin 2000 plus, Argo Verlag, Sternstr. 3, 87 616 Marktoberdorf
David Ice „Die größte Geheimnisse" – Band I+II, Mosquito Verlag
Universal Link Dänemark..."Die Stimme von oben" – H.Jacob, CH, Verlag
Andreas von Retyi..."Skull & Bones" – Kopp Verlag
Marias Botschaften an die Welt – Falk Verlag
PSI und der dritte Weltkrieg – XY Verlag

.